Infidélité, et après ?

Chez le même éditeur

Laurie Ashner, Mitch Meyerson, *Qu'est-ce qui m'empêche de me sentir bien ? – Pour en finir avec l'insatisfaction chronique*

Nelly Bidot et Bernard Morat, *Que faire quand la vie nous malmène... agir ou subir ?*

Cégolène Colonna, *Intégrez la dynamique du coaching dans votre vie... ou comment devenir votre meilleur allié*

Denis Donovan, Deborah McIntyre, *Qu'est-ce que je viens de te dire !?! – Comment parler aux enfants pour être (enfin) compris*

Bruce Fisher, *Après la rupture – Reconstruire sa vie après un divorce ou une séparation*

Susan Forward, *Le Chantage affectif – Quand ceux que nous aimons nous manipulent*
- *Quand le prince n'est plus charmant – Comment sortir de l'enfer à deux*
- *Quand votre conjoint vous ment – Le couple et les blessures du mensonge*

Fabrice Lacombe, *Arriver à le dire...même quand c'est difficile - Trouver les mots vrais, le ton juste et l'attitude adaptée*

Roger Lécuyer, *Comprendre l'intelligence des bébés... en 40 questions*

Jean-Marc Louis, *Mon enfant est-il précoce ? – Comment l'aider*

Gilles Prod'homme, *Le Développement personnel, c'est quoi ? – Savoir enfin de quoi l'on parle*

Josiane de Saint Paul, *Estime de soi, confiance en soi – Les fondements de notre équilibre personnel et social*

Samuel Shem, Janet Surrey, *Il faut qu'on se parle – (Re)construire un dialogue épanouissant pour le couple*

Claude Steiner, *Le Conte chaud et doux des Chaudoudoux*

Sylvie Tenenbaum, *Bien vivre sa vie de couple – Affectivité, psychologie, communication*

Steven Vannoy, *Vivez bien avec vos enfants*

DON-DAVID LUSTERMAN

Infidélité et après ?

Trouver sa réponse
sans se détruire ou tout détruire

Traduit de l'américain par Larry Cohen

InterEditions

L'édition originale de cet ouvrage a été publiée aux États-Unis par New Harbinger Publications, Inc., Oakland, Californie, sous le titre de
Infidelity - A survival guide.

ISBN 2 10 006572 6

TABLE DES MATIÈRES

INTRODUCTION

Quelle va être votre attitude ?

Nombreuses sont les vies touchées par l'infidélité en amour. Le fait que vous ayez pris ce livre entre les mains peut avoir diverses explications :

✓ vous avez découvert l'infidélité de votre partenaire ;
✓ vous êtes vous-même infidèle et vous vous sentez tiraillé(e) ;
✓ étant le « troisième angle » d'un triangle amoureux, vous êtes mal à l'aise ;
✓ l'un de vos parents trompe l'autre ;
✓ l'un de vos enfants est concerné d'une façon ou d'une autre par une infidélité ;
✓ en tant qu'ami, médecin, thérapeute, conseiller conjugal, avocat ou ministre d'un culte, vous cherchez à secourir un individu qui se trouve aux prises avec le problème de l'infidélité.

Si tous ceux qui correspondent à l'un de ces profils peuvent certainement profiter de la lecture de ce livre, je m'adresse en priorité aux couples mariés ou engagés de longue date dans une relation exclusive. J'espère que cet ouvrage les aidera à mieux comprendre les origines de l'infidélité, les enseignements à en tirer et les moyens de la surmonter. Nombre de personnes constatent en effet qu'une fois que l'inconstance a été découverte et que ses séquelles appartiennent au passé, leur relation se révèle plus solide que jamais, à tel point qu'il paraît peu probable que le problème se reproduise. Dans certains cas, cependant, l'infidélité est le prélude au divorce. Lorsqu'elle prend la forme d'une véritable liaison, percer à jour son sens et son enracinement dans la vie du couple peut permettre aux deux partenaires de se quitter, si besoin est, avec le moins d'agressivité et d'acrimonie possible. Et ceux qui ont des enfants offrent ainsi à ces derniers les meilleures chances de pouvoir s'adapter sainement à la nouvelle situation. Soulignons toutefois que les couples non mariés, et qu'ils soient hétérosexuels ou homosexuels, souffrent tout autant en pareil cas. Leur sentiment de trahison ne se distingue guère de celui qu'éprouvent les personnes mariées, et c'est sensiblement de la même manière qu'ils doivent le dépasser.

Je vous encourage vivement à tenir un journal à mesure que vous avancez dans la lecture de ce livre pour pouvoir en bénéficier au maximum. Que vous vous en serviez pour faire les exercices conseillés ou pour vous rappeler les passages ayant stimulé votre réflexion personnelle, vous trouverez, comme tant d'autres, que la tenue de ce journal vous confère un sentiment de maîtrise à une étape de votre vie où tout ou presque semble échapper à votre volonté.

Il faut néanmoins insister sur un point capital: tout le monde n'est pas capable de se remettre d'une infidélité grâce à ses seules lectures. S'il s'avère que vous avez besoin de faire appel à un professionnel, les indications présentées au dernier chapitre vous aideront à coup sûr à vous orienter dans votre choix. Puis, une fois en thérapie, votre thérapeute et vous-même verrez que lectures et tenue du journal contribuent à mettre en perspective les questions les plus importantes qui se posent.

J'ai consacré des milliers et des milliers d'heures, au fil des ans, à conseiller des individus contraints d'affronter ce problème pénible. Depuis moins longtemps, je parcours par ailleurs la Toile à la recherche de messageries et de forums axés sur la question de l'infidélité, ce qui m'a donné l'occasion d'échanger mes idées avec d'autres encore. Je considère ma vision globale de cette question comme le fruit de ma collaboration avec mes patients et mes correspondants sur Internet, et je tiens donc à exprimer ma gratitude envers eux tous.

J'ai affiché dans ma salle d'attente une calligraphie chinoise sous laquelle on lit cette inscription: « Ceci est la représentation en chinois du mot *crise,* constituée de deux éléments, dont l'un signifie *danger* et l'autre *opportunité.* Et vous? Abordez-vous votre crise comme un danger ou comme une opportunité? »

J'espère que ce livre vous permettra de déceler, dans la crise de l'infidélité, une nouvelle occasion de développement et de renouveau.

CHAPITRE 1

Première période : le choc de la découverte, l'effondrement

La violation d'un engagement librement consenti

Être infidèle, c'est, selon le dictionnaire, manquer à ses engagements envers quelqu'un. Quand deux individus s'unissent par les liens du mariage, ils s'engagent, devant leurs amis, leurs proches, l'État et parfois leur Dieu, à rester fidèles jusqu'à leur mort. C'est d'ailleurs leur foi dans la confiance réciproque qui fonde leur attachement l'un à l'autre. Un élément important de cette confiance est le vœu tacite d'exclusivité sexuelle. Un autre est qu'il existe un certain niveau d'intimité réservé au couple, à ne partager avec personne d'autre. Compte tenu de cet engagement de fidélité, on ne s'étonnera pas du choc vécu par celui qui découvre que son partenaire l'a enfreint. Il y a infidélité lorsque l'un des deux partenaires continue de croire que le contrat de fidélité reste en vigueur alors que l'autre le viole en secret.

Nul besoin de convoler en justes noces pour subir l'infidélité. Nombreux sont les couples qui, sans être passés par le mariage, sont unis dans une relation durable et exclusive (ne dit-on pas qu'ils « vivent maritalement »?). Cet état de fait peut découler d'une décision commune, du refus de l'une des deux personnes de se marier ou d'une nécessité (comme c'est souvent le cas des couples homosexuels). Ainsi, si les idées et les recherches dans lesquelles j'ai puisé portent en grande partie sur les couples mariés, les couples de longue durée mais non mariés se trouvent souvent face aux mêmes problèmes. C'est pourquoi je serai amené à parler tantôt des questions propres au mariage, tantôt de celles qui concernent toutes les relations amoureuses exclusives.

Le mot *exclusif* nous rappelle que toute relation intime comporte des sentiments et des expériences qui appartiennent aux deux partenaires et à personne d'autre. Qu'elle se trouve en quelque sorte entourée d'une clôture sur laquelle un panneau avertit: « Propriété privée. Défense d'entrée. »

Une avalanche d'émotions

Dès que vous découvrez l'infidélité de votre partenaire, vous êtes atterré, votre esprit submergé d'interrogations: « Cela dure depuis combien de temps? Est-ce la fin de notre couple? Qui d'autre est déjà au courant? Comment ai-je pu lui faire confiance? Comment a-t-il/(elle) pu me faire cela? Comment pourrais-je retrouver ma confiance dans mon partenaire, même si je le voulais? Est-ce le premier incident de ce genre? Faut-il tout de suite lui demander des comptes? Ou devrais-je plutôt laisser courir dans l'espoir que ce ne sera qu'une passade? Ou encore essayer de lui tendre un piège? Conviendrait-il d'en parler autour de moi? Par exemple, à cette connaissance qui a récemment vécu une situation semblable? »

Ces pensées s'accompagnent d'une avalanche d'émotions: rage, honte, humiliation, jalousie, peur, incertitude. Certains éprouvent à ce stade un tel accablement qu'ils manifestent de forts symptômes somatiques. Nombre de mes patients ont subi des nausées ou des coliques, tandis que d'autres, des individus en général d'un calme olympien, avouent avoir perdu la voix à force de hurler, fracassé des objets ou agressé physiquement le partenaire infidèle. D'autres encore ont songé au suicide… ou à l'homicide.

La plupart de mes patients signalent que, au moment de la découverte, c'est le désespoir, le sentiment que leur relation est perdue, qui prédomine. Or, en réalité, la majorité des couples qui m'ont consulté en raison d'un problème de ce type ont non seulement survécu à l'épreuve, mais en sont sortis renforcés. Vous constaterez, à mesure que vous lirez ces pages, que l'infidélité a souvent des causes précises et que, pour peu que les deux membres du couple acceptent de consentir des efforts pour y remédier, leur relation y gagnera en solidité.

Le partenaire trompé n'est pas toujours le seul à souffrir: l'infidèle peut aussi être envahi d'idées et d'émotions douloureuses. Nombre de ceux qui enfreignent la norme de la monogamie ne sont pas convaincus qu'ils veulent réellement mettre fin à leur relation de long terme. Ils semblent avoir rangé dans un compartiment spécial de leur esprit toutes les pensées et tous les sentiments concernant leur liaison avec un tiers, comme si celle-ci n'avait aucun rapport avec leur vie de couple. Certains n'imaginent même pas qu'ils puissent être découverts tant que la vérité n'a pas éclaté ou qu'elle ne leur paraît pas sur le point de transpirer.

Ils ne conçoivent pas non plus l'impact ravageur de leurs actes sur leur partenaire, leurs enfants, leur entourage familial, leur amant (ou maîtresse) ou eux-mêmes. Une fois découverts, ils peuvent connaître des émotions aussi intenses que celles de la personne abusée. « J'ai peur, m'a confié un patient, de détruire mon couple. Je n'ose pas penser à ce que cela ferait à mes enfants, et je ne suis même pas sûr que j'ai cessé d'aimer ma femme. Mais je crains tout autant de perdre tout ce que j'ai avec ma nouvelle petite amie. Elle me fait vivre si intensément, avec tellement de passion. Je n'avais rien connu de tel depuis des années. » Il a ajouté qu'il redoutait des représailles de la part de sa maîtresse si jamais il essayait de rompre avec elle. Ses peurs et ses hésitations sont assez caractéristiques de ceux pour qui l'heure de vérité approche ou vient de sonner.

Signes avant-coureurs et dénégation

Passé le moment du choc et de la consternation devant la vérité d'une infidélité, les deux partenaires entament souvent une réflexion qui les conduit à reconnaître toute une série d'actions, d'indices et de comportements ayant précédé non seulement la révélation, mais aussi le début de la liaison extra-conjugale. Il s'avère que chacun s'applique, souvent depuis longtemps, à ne pas voir une multiplicité d'autres sentiments ou idées.

Un mot résume bien cette capacité d'aveuglement: la *dénégation.* Il ne s'agit évidemment pas d'un acte conscient par lequel l'individu s'efforcerait de nier les évidences. Et pourtant, la dénégation a bel et bien lieu. On pourrait la définir comme un mécanisme de résolution des conflits psychiques et d'apaisement des angoisses qui passe par le démenti inconscient de pensées qui, sinon, seraient insupportables. Dans la plupart des cas, l'intuition diffuse que « quelque chose ne va pas » taraudait avec une intensité grandissante le partenaire qui se rend enfin compte de la tromperie. Mais compte tenu du caractère inavouable de cette idée, il ne s'arrache à la dénégation que lorsque les preuves deviennent écrasantes. Si vous avez récemment appris l'infidélité de votre partenaire, il vous arrivera peut-être de vous souvenir à présent d'un certain nombre d'éléments qui, vus rétrospectivement, auraient dû vous alerter: changement brusque de ses habitudes de travail, dépenses extraordinaires mais inexpliquées, avertissements donnés par des amis. À un niveau plus profond, la qualité de votre vie de couple avait peut-être subi une nette érosion que vous avez longtemps refusé de reconnaître ou d'exprimer par des mots. J'ai insisté dans l'introduction sur l'utilité de tenir un journal: profitez-en pour chercher à recenser les signaux qui ont pu vous échapper jusqu'ici mais qui vous aideront à cerner la nature du problème. Roger et Anne, dont j'ai évoqué le problème de couple plus haut, ont chacun commencé, à mon instigation, à tenir chacun un journal après la découverte de la liaison de Roger. Voici deux extraits, un de chaque journal:

— Anne: *Pendant plusieurs, années, nous n'avons parlé pratiquement de rien d'autre que des enfants. Je m'aperçois maintenant que, chaque fois que Roger avait envie que nous passions du temps à deux, ils étaient là avec nous. Ils servaient en quelque sorte de barrière. Roger a dû sentir que je le tenais à distance. Mais il y avait plein de choses que je ne voulais pas voir chez lui et qui m'auraient certaine-*

ment mis la puce à l'oreille. Soudain, ses horaires de travail avaient changé, et je n'arrivais plus à le joindre quand il le fallait. Il ne cherchait plus à me séduire. Mais comme il acceptait encore de faire l'amour quand c'était moi qui faisais les avances, je me racontais que tout allait bien, alors que nous n'avions jamais fonctionné comme ça auparavant. Il a même décidé de se raser la moustache. J'aurais dû deviner que c'était pour faire plaisir à quelqu'un d'autre.

— Roger: *Combien de fois ai-je eu envie de m'asseoir avec Anne pour lui dire à quel point je m'ennuyais dans notre vie de couple ! Peut-être que je me trompais, mais quand je rentrais du travail, j'avais l'impression qu'elle ne s'intéressait plus du tout à moi. C'était sans doute à cette époque-là que j'aurais dû aborder le sujet. Au lieu de quoi j'ai tout simplement enfoui toutes ces pensées. Je n'ai jamais su lui exprimer mon mécontentement. Je n'aime pas les disputes, et Anne semble fondre en larmes si facilement. C'est peut-être pour cela que ma relation avec Sandra me plaisait tant au début. Je n'avais jamais besoin de m'expliquer et elle était toujours là pour moi quand je le voulais.*

La duplicité imparable

Il est cependant des infidèles qui mentent avec une telle habileté qu'il ne vient pas à l'esprit de leur partenaire de les soupçonner. En pareil cas, les innombrables indices que certains préfèrent ne pas voir en phase de dénégation ne sont même pas apparents avec le recul. Ainsi, Rachel m'a consulté à la suite d'une découverte si bouleversante qu'elle avait été hospitalisée à la suite de symptômes qui lui semblaient annoncer une crise cardiaque mais qui n'avaient été qu'un fort accès d'anxiété.

Et elle qui croyait filer le parfait amour! Son fiancé avait toujours été capable de dialogue, très attentionné et plein de tendresse. Les parents de Rachel ne tarissaient pas d'éloges sur Jean et, au bout de deux années en jeunes amoureux, le couple avait fixé la date du mariage. Les faire-part étaient postés, la salle était réservée, les demoiselles d'honneur étaient choisies. Puis, l'avant-veille de la cérémonie, Rachel décida de passer rapidement chez Jean afin de mettre au point quelques derniers détails pratiques. Or elle le surprit au lit avec une autre femme. Au cours des mois de thérapie qui suivirent, elle chercha dans le passé les signes avant-coureurs qui auraient pu lui permettre de prévoir ce comportement, mais en vain. Jean s'était montré infailliblement gentil et prévenant, et ils n'avaient jamais connu la moindre prise de bec.

Rachel éprouvait dès lors une telle méfiance qu'elle allait mettre deux ans avant d'oser adresser la parole à un autre homme. Elle se sentait totalement sans défense face à une trahison future. Car cette expérience ne lui offrait absolument aucun enseignement qui l'eût aidée à mieux jauger les hommes. Pendant l'une de nos séances, elle me dit qu'elle aurait même préféré s'être cramponnée à une pratique de dénégation, qui l'aurait mieux préparée à la détection d'éventuelles tromperies dans des relations futures. Force est de reconnaître qu'elle n'avait pas tort. Dès lors que l'on a identifié ses points d'aveuglement précédents, on peut les corriger, peut-être pas dans son couple d'aujourd'hui, mais du moins dans celui de demain.

Cloisonnement et dénégation

L'inconscient de l'individu qui se livre à des dénégations lui joue en fait des tours. Tout se passe comme si les traces des sentiments gênants avaient été entièrement effacées. En revanche, il y a des situations où la personne a parfaitement conscience de ses actes mais acquiert une capacité à opérer une séparation totale entre cette conscience et les autres aspects de sa vie. C'est exactement ce que montre l'exemple qui suit.

Patrick était marié depuis une dizaine d'années. Il avait pensé au départ qu'il vivait une situation idéale, puis, presque à son insu, son couple semblait se vider progressivement de toute joie. Avec l'arrivée des enfants, sa femme Charlotte commençait à remarquer chez lui une tristesse quasi permanente. Elle cherchait de temps en temps à le sonder. « Ça ne va pas, Patrick? » demandait-elle. Ou encore: « Je ne sais pas ce que tu as. Avant, tu étais tellement jovial. Je crois bien que cela fait des années que je ne t'ai pas vu sourire franchement, du fond de ton cœur. » Or Patrick avait beau essayer, il ne parvenait pas à citer un seul facteur susceptible d'expliquer sa morosité. En plus, la sollicitude exprimée par sa femme ne faisait que l'agacer. Il ne lui mentait pas: c'est tout simplement qu'il était coupé de ses affects. Aux rares occasions où il prenait conscience d'éprouver un sentiment quelconque, comme son dépit de constater la baisse de l'attention que Charlotte lui consacrait depuis la naissance des enfants, il s'en débarrassait rapidement en se disant que c'était finalement quelque chose d'assez normal.

Patrick ne percevait aucun lien entre sa mélancolie et ces pensées. Si on l'avait interrogé à ce stade sur l'état de son couple, il aurait probablement répondu que, sans être génial, cela allait quand même. D'où son léger étonnement quand il glissa dans une liaison avec une collègue de travail: cela ne lui ressemblait décidément pas. Cette aventure lui plaisait d'autant plus qu'il y trouvait l'attention et l'intensité émotionnelle qu'il avait perdues avec Charlotte. Mais si on lui avait signalé le rapport entre ce comportement et son humeur maussade, il aurait réagi avec perplexité.

Autre raison d'être surpris: la bouffée d'énergie qu'il tirait de sa liaison. Au travail, Patrick passait une grande partie de la journée à transmettre des billets doux à Constance, sa petite amie, et à attendre avec impatience les réponses, pensant sans cesse à elle. Parfois, ils s'éclipsaient pendant quelques heures pour aller faire l'amour à l'hôtel. Patrick n'en revenait pas de son impression de vitalité, qui ressemblait presque à celle qu'il avait connue au début de sa relation avec Charlotte. Le plus curieux, c'est que, dès son retour à la maison, il oubliait Constance ou presque. Il pouvait faire l'amour avec son épouse sans remords ni malaise. On aurait dit que son esprit était divisé en deux compartiments – un pour chaque femme – parfaitement étanches et indépendants l'un de l'autre. Certains psychologues parlent à cet égard de *cloisonnement.* Mais, contrairement à la dénégation, il s'agit dans ce cas d'un acte conscient. Patrick savait pertinemment qu'il était marié, qu'il avait entamé une aventure extra-conjugale. Et, bien sûr, il y trouvait son compte.

Cloisonnement et dénégation coexistent parfois chez un même individu. Car parallèlement à son aptitude à scinder sa vie affective en deux, le partenaire infidèle peut très bien avoir du mal à s'avouer ses problèmes conjugaux. Patrick, nous l'avons vu, avait parfaitement conscience du côté grisant de sa liaison, alors que ses sentiments quant à sa vie de couple lui demeuraient inconnus. La pratique du cloisonnement lui permettait d'affirmer à sa femme - et en toute bonne foi - qu'il ne voyait pas le rapport entre son aventure au bureau et sa relation avec elle. Il estimait par ailleurs qu'aucun effort pour modifier le fonctionnement de celle-ci n'atténuerait son besoin d'avoir une maîtresse. Enfin, il lui paraissait tout aussi inconcevable de devoir rompre avec l'une femme qu'avec l'autre.

La situation de Patrick n'est pas exceptionnelle. Lorsque je m'entretiens à tour de rôle avec chacun des deux partenaires après la découverte d'une infidélité, j'apprends souvent qu'ils n'ont jamais discuté beaucoup ni sérieusement des satisfactions et des insatisfactions liées à leur couple. Dans certains cas, c'est bien ce refus obstiné et commun d'affronter ensemble leurs problèmes qui a créé les conditions de la liaison extra-conjugale. Dénégation et cloisonnement jouent des rôles qui varient selon le type d'infidélité.

De quel type d'infidélité s'agit-il? Premier cas, l'aventure sans lendemain

Chaque type d'infidélité entraîne des problèmes qui lui sont propres, et chacun peut exiger des solutions bien adaptées. Que vous soyez le protagoniste ou la victime d'aventures extra-conjugales, efforcez-vous, à la lecture de cette classification, de déterminer dans quelle catégorie vous vous trouvez actuellement. Il vous sera peut-être utile de recourir à votre journal pour rapprocher votre situation de celles que vous lisez dans ce passage.

Anita était entrée tout agitée dans mon cabinet. Au cours d'un récent déplacement professionnel pour aller à un congrès, m'avait-elle raconté, elle avait rencontré un homme. Après avoir pris plusieurs verres avec lui, elle l'avait invité à sa chambre d'hôtel et ils avaient fait l'amour. Elle avait éprouvé sur le coup une impression de puissance et de passion, mais dès le lendemain matin, elle se sentit très mal. Les idées se bousculaient désormais dans sa tête: « Est-ce que quelqu'un nous a vus partir ensemble à l'hôtel? Nous étions tous deux ivres, et c'était une bêtise de faire ça, même si cela m'a beaucoup excitée sur le moment. Et si j'ai attrapé une maladie sexuellement transmissible? Devrais-je en parler à mon mari? » Anita m'a assuré que c'était sa première aventure de ce type, et que ce serait la dernière. « C'est drôle, dit-elle, c'est comme la fois où j'avais pris du LSD à la fac. Il y avait l'attrait de la nouveauté. Mais le lendemain, j'ai été effrayée par ce que je venais de faire, et je me suis imaginé toutes sortes de conséquences graves. C'est pour cela que je n'en ai plus jamais repris depuis. La différence, c'est qu'avec la drogue je ne risquais que ma propre santé, tandis que cette aventure de l'autre soir pourrait faire mal à mon mari et mettre en danger mon couple. » Notre discussion avait par la suite révélé qu'Anita jugeait que son mari et elle-même étaient globalement satisfaits de leur relation, qu'ils avaient d'excellents rapports sexuels, qu'ils éprouvaient une grande tendresse l'un pour l'autre et qu'ils dialoguaient facilement. Il n'empêche: elle redoutait la réaction qu'elle déclencherait si elle lui racontait l'histoire de sa nuit à l'hôtel.

Deuxième cas, les incartades à répétition

Il ne m'a encore jamais été donné d'avoir pour patient un coureur de jupons venu me consulter de bon gré, et Frank ne faisait pas mentir cette généralité. Il n'était là, m'affirmait-il, que parce que sa femme, Jeanne, l'avait prévenu que, s'il ne venait pas, elle prendrait aussitôt rendez-vous avec un avocat spécialisé dans les divorces. Pendant notre première séance à trois, Jeanne eut le plus grand mal à contenir sa rage. Elle s'était levée à plusieurs reprises pour faire les cent pas. « Tu me trompes depuis des années ! » avait-elle hurlé. Comme Frank cherchait à nier l'accusation, elle avait plongé la main dans son sac et en avait retiré plusieurs feuilles de papier qu'elle lui avait littéralement jetées à la figure en lui disant : « Tiens, voilà le registre de tes conquêtes ! » J'ai pu attraper l'une des feuilles, de toute évidence une sortie sur imprimante répertoriant le nom des femmes, la ville où il les avait rencontrées et l'hôtel où ils étaient descendus ensemble, le tout assorti d'une espèce de classement. Acculé à ce stade, Frank avait dû jeter le masque et reconnaître qu'il aimait faire une nouvelle conquête toutes les nuits où il se trouvait en déplacement. Il avait protesté, quoique sans grande conviction, qu'il aimait sa femme, qu'il tenait à la survie de son couple, qu'il adorait ses enfants et qu'il ne comprenait rien à sa manie d'enchaîner les conquêtes amoureuses. Il jugeait « très bonne » son entente sexuelle avec Jeanne, alors que, de son propre aveu, ses amours de rencontre ne lui apportaient que de maigres satisfactions. Effrayé par la furie de sa femme et apparemment soucieux de sauver son couple, il n'en avait pas moins répété qu'il ne voyait pas pourquoi Jeanne faisait tant de cas de ses incartades, qui avaient si peu d'importance à ses yeux et qui se déroulaient toujours loin d'elle. La peine ou les regrets de Frank, à supposer qu'il en ait eus, découlaient à l'évidence du fait d'avoir été démasqué et non de ses actes en tant que tels. Si la vérité était restée cachée, il aurait tranquillement continué comme avant.

Troisième cas, la liaison

Arthur et Sarah étaient mariés depuis plus de vingt ans quand ils ont entrepris de me consulter à deux. Si ni l'un ni l'autre n'a attribué cette démarche à une crise particulière, ils ont affirmé à l'unisson leur désir d'améliorer leur communication. Ils ne semblaient pas mus par une forte volonté de renouveler leur couple, qu'ils jugeaient « bien, mais pas génial ». Puis, au bout de quelques séances et sans crier gare, ils ont abandonné la thérapie. Trois ans plus tard, j'ai reçu un appel désespéré d'Arthur : il venait d'apprendre que, à l'époque de leur bref traitement et pendant plusieurs mois auparavant, Sarah avait eu une liaison avec

Richard, un ami commun. Le pire, c'était qu'ils avaient repris leur idylle, mais à visage découvert.

De nouveau dans mon cabinet, Sarah a reconnu pour la première fois sa relation avec Richard, ainsi que les tiraillements qu'elle éprouvait. Elle n'était pas sûre de vouloir quitter Arthur, cet homme si bon avec qui elle avait tant vécu de positif. Il y avait par ailleurs une cruelle ironie à l'idée de dissoudre cette union vieille de vingt-trois ans au moment même où leur fils s'apprêtait à se marier. Et pourtant, rompre avec Richard lui paraissait inconcevable.

Arthur, de son côté, connaissait un désarroi non moindre. Il aimait toujours Sarah, mais la liaison avec Richard le mettait hors de lui. À présent, l'incrédulité le disputait à l'indignation: comment avait-il pu être à ce point aveugle? Plus encore que l'image de sa femme dans les bras d'un autre, c'était sa duplicité qui le taraudait. Voilà soudain que toute leur longue vie commune lui semblait factice: qui sait combien d'autres mensonges il y avait déjà eu?

L'effondrement; le monde a-t-il encore un sens? Et ma dignité?

Un fil conducteur parcourt les trois catégories d'infidélité que nous venons de voir: l'expérience traumatisante. Le mot *traumatisme,* du grec « blessure », peut se définir comme « l'ensemble des perturbations résultant d'un violent choc émotionnel ». La psychologue Ronnie Janoff-Bulman en décrit les effets dans un livre intitulé *Shattered Assumptions* (« Présupposés brisés »). La victime d'un fort traumatisme psychique souffre, explique l'auteur, de l'ébranlement des présupposés sur lesquels reposait sa conception du monde et qui étaient, au départ, au nombre de trois:

✓ Le monde est bienveillant.
✓ Le monde a un sens.
✓ J'ai ma dignité.

L'expérience traumatisante amène à douter radicalement de ces trois postulats. Certains affirment à ce stade que leur univers s'est écroulé. La vie leur paraît abjecte, plus rien ne semble avoir de signification et le sentiment de posséder une identité claire dont on n'a pas à rougir cède la place à ce soupçon: quiconque subit une déconvenue de cette ampleur doit avoir de graves défauts. On dit de ceux qui réagissent de la sorte qu'ils souffrent du *stress post-traumatique.*

On comprend aisément ce triple effondrement quand on songe à l'idée que se font nos contemporains du mariage. Au terme d'une étude centrée sur des personnes convaincues de la solidité de leur vie de couple, Florence Kaslow cite les qualités les plus prisées par celles-ci: « la confiance réciproque, notion englobant la fidélité, l'intégrité et la sécurité affective » ainsi que l'« engagement à pérenniser leur union ». On peut supposer que la plupart des individus ont ces mêmes exigences lorsqu'ils se marient, ou tout simplement qu'ils s'installent en couple. Ainsi, la plupart des couples qui envisagent de se marier ultérieurement se voient déjà dans une relation exclusive (sans forcément expliciter cet engagement), et cela semble généralement valoir pour les amoureux de quelque catégorie que ce soit. On connaît la rigueur, sur ce point, dont font preuve tant d'adolescents, qui refusent d'admettre le moindre comportement volage. De même, nombre de couples vivant maritalement, lesbiennes et homosexuels y compris, montrent un attachement semblable à la monogamie et souffrent terriblement en cas d'infidélité.

Vu l'enracinement de ces convictions dans l'idéal courant de la relation amoureuse, il n'y a rien d'étonnant au profond ébranlement moral que provoque la découverte d'une infidélité. Dès lors que l'on ne peut plus compter sur la stabilité de son couple, comment supposer que son poste de travail est encore assuré, que ses amis ne trahiront pas, que tout ce à quoi on a toujours cru ne se révélera pas indigne de cette confiance? Le sens même de la vie de l'individu est en cause. Nombreux sont ceux qui, dans une telle situation, commencent à se poser des questions comme celles-ci: « À quoi cela m'a avancé d'avoir été si prévenant? De m'être occupée de mon mari quand il était malade? D'avoir réconforté ma femme quand elle a perdu son emploi? D'avoir supporté mon insupportable belle-famille juste pour faciliter la tâche à mon partenaire ? » Et, en fin de parcours, de se dire : « Je ne dois pas valoir grand-chose pour que l'on se débarrasse aussi facilement de moi. »

Certes, toute victime d'infidélité n'éprouve pas la même souffrance, pas plus que tous les infidèles ne réagissent pareillement à leur situation. Mais si vous lisez ce livre, il y a gros à parier que vous-même, votre partenaire ou quelqu'un d'autre de votre entourage a vécu comme assez traumatisante une telle découverte. On ignore pourquoi exactement cette expérience anéantit tellement certaines personnes, alors que d'autres semblent rapidement s'en remettre. Ce que l'on sait en revanche, c'est que, dans la plupart des cas, l'individu concerné a le plus grand mal, au moins dans un premier temps, à mobiliser des défenses contre cet assaut psychologique. Chaque moment de la journée semble dominé par l'idée obsédante de cette blessure, qui, souvent, perturbe même le sommeil.

Marianne avait quarante-six ans au moment de notre premier entretien. Divorcée depuis plusieurs années, mère d'une fille de trois ans qui, comme elle, n'avait plus jamais revu le père, elle avait alors commencé à fréquenter Charles. Ce célibataire tenait non seulement à Marianne, mais à sa fille : il lui prodiguait des cadeaux, s'occupait d'elle quand elle était malade et se comportait à tous points de vue comme un père. Lui-même enfant de divorcés, il a dit assez tôt que, compte tenu de l'affreuse expérience de ses parents et de la rupture acrimonieuse vécue par Marianne, ils feraient mieux de s'installer en couple sans passer devant le maire. Pas de doute pourtant sur son sérieux : Charles n'avait-il pas été jusqu'à désigner la fille de sa nouvelle compagne comme bénéficiaire de son assurance décès ? On imagine bien la stupeur de Marianne quand elle apprit qu'il la trompait avec une autre femme. Elle réagit avec une telle intensité que Charles s'était empressé de l'assurer qu'il s'était aussitôt rendu compte de son erreur et qu'il allait mettre fin à sa liaison.

Leur vie à deux reprit donc son cours, mais Marianne avait désormais l'impression, disait-elle, de « cohabiter avec l'ennemi ». L'idée même de se trouver dans le même lit que lui l'écœurait. Il suffisait d'un rien pour la plonger dans des émotions extrêmes : tel film relatant une histoire d'adultère la faisait pester plusieurs jours durant, le récit de telle amie s'étant découverte victime d'infidélité déclenchait chez elle des crises de larmes à n'en plus finir. Elle avoua à Charles que, tout en croyant à sa sincérité actuelle, elle était tourmentée par des rêves dans lesquels elle le voyait avec l'autre femme. Elle revécut maintes fois le moment où elle avait su la vérité, ressentant le choc presque physique éprouvé sur le coup. Sans cesse, elle évoquait les événements ayant précédé sa découverte. Elle avait beau chercher à en chasser le souvenir, ils revenaient toujours au triple galop. Quelquefois, elle songeait à rompre définitivement, puis, l'instant d'après, la vie sans Charles lui paraissait inconcevable.

Si votre expérience ressemble à celle de Marianne et que vous avez deux ou plusieurs des symptômes énumérés ci-dessous, c'est que vous souffrez probablement du stress post-traumatique :

✓ troubles de sommeil ;
✓ irritabilité ou accès de colère ;
✓ problèmes de concentration ;
✓ méfiance excessive ;
✓ tendance à sursauter facilement ;
✓ réactions somatiques (nausées, tremblements) à tout ce qui rappelle l'infidélité subie.

Il s'agit là de manifestations assez courantes face à la découverte d'une infidélité. On aurait donc tort d'y voir le signe d'un grave trouble psychique, encore que, si le problème persiste, il vaudrait mieux consulter un professionnel afin d'obtenir un certain soulagement. Si vous avez en ce moment quelques-uns de ces symptômes, notez-les dans votre journal, puis classez chacun d'eux sur une échelle allant de 1 à 10, le 1 indiquant l'absence totale du symptôme. Ensuite, à mesure que vous avancez dans ce livre, reprenez de temps à autre votre liste pour remettre à jour votre classement : cela vous permettra de déterminer si vous parvenez à dépasser tout seul la réaction post-traumatique. Dans le cas contraire, vous aurez peut-être besoin de vous faire aider par un professionnel de santé. Au chapitre 10, nous parlerons plus amplement des formes d'aide les mieux adaptées et de celles qui risquent de vous nuire.

Est-ce la fin de mon couple ?

Il n'y a pas de réponse toute faite à cette question. Indiscutablement, la découverte d'une infidélité conjugale ouvre une crise pour tous les intéressés. Comme toute crise, celle-ci comporte des dangers, mais aussi un espoir. La première chose que je dis à mes patients est que, dans l'idéal, l'issue de la crise doit entraîner des *changements* pour toutes les personnes concernées. Je leur explique que cela veut dire progresser dans le sens d'une vie de couple meilleure ou, dans certains cas, d'un divorce plus humain.

Des milliers d'heures de travail avec des individus aux prises avec cette question m'ont appris que beaucoup de couples ont la capacité de tirer de cette expérience une maturité et une espérance nouvelles. Mais il ne faut jamais perdre de vue que, tant que la personne se trouve en pleine réaction post-traumatique, elle est probablement déprimée ou agitée, voire les deux à la fois.

Cet état d'esprit prédispose plutôt à voir les choses en noir, d'autant que ceux qui viennent de découvrir l'infidélité de leur partenaire peuvent rarement savoir ce que l'avenir leur réserve réellement. Tel est leur abattement qu'ils ont du mal à imaginer une issue heureuse à la crise qu'ils subissent. Pis, nombre d'entre eux subissent une sorte de paralysie qui les empêche d'entreprendre quoi que ce soit de positif. Pourtant, la suite des événements donne souvent tort à ceux qui étaient persuadés de vivre la fin irrévocable de leur couple. Ils découvrent qu'une maîtrise grandissante de leurs dépressions leur permet de prendre des mesures propres à améliorer leur situation. Si tel est le cas, vous devez vous répéter inlassablement que plus vous pensez que toutes les voies sont barrées, plus vous risquez de vous scléroser. N'oubliez pas que, comme l'infidélité peut avoir eu pour toile de fond des problèmes non résolus au sein du couple, elle vous donne la possibilité de corriger ceux-ci en collaboration avec votre partenaire.

L'agitation peut également faire des ravages. Elle trouble la réflexion et incite parfois à agir de façon impulsive et imprudente. Dans le premier désarroi qui succède à la découverte de la vérité, nombreux sont ceux qui se mettent aussitôt à désigner le coupable: que ce soit leur partenaire, la troisième personne ou eux-mêmes, quelqu'un doit être châtié. Tant que prédominent ces pensées rageuses, le couple se trouve pratiquement dans l'impossibilité d'aborder les raisons de la crise et d'envisager ensemble les moyens de la surmonter.

Dans le chapitre suivant, nous allons examiner les mesures pouvant aider les deux intéressés, celui qui découvre et celui qui est découvert, à apaiser la douleur et la peur qui pèsent sur l'un et sur l'autre.

Rappelez-vous que...

- Il est normal d'être secoué après la découverte d'une infidélité.
- La personne découverte peut éprouver autant de peur et de désarroi que son partenaire.
- Il est imprudent d'agir aussitôt après la découverte, car c'est le temps de l'analyse et de la réflexion.
- Une fois que l'ambiance de crise provoquée par la découverte est enfin retombée, il s'avère souvent que la relation en est sortie renforcée.

CHAPITRE 2

Deuxième période: comment en sommes-nous arrivés là?

L'une des toutes premières questions que se pose celui qui vient de découvrir l'infidélité dont il est victime est: « Comment en sommes-nous arrivés là? » Il n'y a pas de réponses simples. Certaines personnes trompent leur partenaire pour des motifs enfouis dans leur passé, comme une histoire d'adultère chez leurs parents. D'autres, en revanche, le font en raison de l'image générale qu'elles ont de l'autre sexe. L'homme qui voit en toute femme une proie à chasser, de même que la femme qui estime avoir besoin d'un homme pour exister, sont prisonniers d'un mode de pensée assez propice aux comportements volages. Enfin, chez d'autres encore, l'infidélité trouve ses racines dans leur couple même. Il faut donc s'efforcer de comprendre les raisons de la situation, car c'est à partir de là que l'on peut envisager des remèdes adaptés. Par ailleurs, cela s'applique tout autant au partenaire infidèle - et à l'amant ou à la maîtresse - qu'à la victime de l'infidélité. Une première possibilité consiste à classifier les différents types de liaison extra-conjugale.

Attachement affectif? Passion physique? Ou les deux?

Toutes les liaisons ne se valent pas. Une *liaison* s'inscrit dans la durée. Elle peut se caractériser par une grande intensité affective et ne conduit pas forcément jusqu'au lit.

Il est, en revanche, des rencontres qui se déroulent sans attachement affectif, qui prennent à peine plus de temps que les rapports sexuels.

Bref, il existe des liaisons sans rapports sexuels ainsi que des rencontres sexuelles dépourvues d'investissement affectif. *Mais toute liaison secrète, sexuelle ou amoureuse, qui se développe à côté d'une relation de couple déjà établie est vécue comme une infidélité.*

Fred Humphrey, psychologue qui étudie le phénomène depuis de nombreuses années, prétend que c'est en analysant toute la gamme des facteurs en jeu que l'on parvient à cerner la nature d'une infidélité. Pour commencer, il s'agit de déterminer depuis combien de temps dure la liaison. Si, en outre, votre conjoint vous a trompé avec plusieurs personnes, il faut aussi chercher à connaître le nombre et la fréquence de ces incidents. Il peut aussi être utile d'apprendre s'il y a eu un véritable lien affectif entre les amants. Enfin, certaines « victimes » tiennent avant tout à savoir si ces derniers ont été jusqu'à faire l'amour, tandis que d'autres s'inquiètent plutôt d'un éventuel attachement sérieux et durable.

Nombre de personnes indiquent que c'est le secret et la duperie de l'affaire qui leur font le plus de mal. S'y ajoute, dans certains cas, la révélation pénible et déroutante que la liaison en question concerne des rapports homosexuels. Toutes les composantes d'une infidélité donnée peuvent nous éclairer sur ses racines. D'où l'importance de prendre du recul, d'y réfléchir de façon détachée et d'engager le dialogue comme moyen de dépasser le premier choc de la découverte.

Considérons, sur cette base, quelques exemples assez typiques. Daniel était spécialiste des amours sans lendemain et sans attachement. Une autre patiente, Laura, vit pour sa part une longue liaison intense dont les rapports sexuels avaient pourtant été exclus. Deux infidélités donc, mais de caractère bien différent. Les incartades multiples et clandestines de Daniel n'ont peut-être pas eu une grande incidence sur sa vie affective, mais elles l'ont assurément exposé au risque de contracter des maladies sexuellement transmissibles. Et si son épouse a pu apprendre avec soulagement que les aventures de Daniel ne se prolongeaient pas et qu'il ne tombait jamais amoureux de ses conquêtes, elle avait toute raison de craindre d'être contaminée à son tour. De plus, les mensonges répétés de son mari l'ont probablement vexée et agacée. De son côté, le mari de Laura doit affronter l'existence d'une liaison extra-conjugale durable. Il éprouve peut-être le besoin de parler non seulement de la blessure à son amour-propre, mais aussi des satisfactions que Laura tire de sa liaison et qu'elle n'a pas trouvées dans sa relation avec lui. Peut-être interprète-t-il cette infidélité comme le signe de l'essoufflement de leur couple. Mais Laura peut très bien estimer que révéler la vérité à son mari offre une ultime chance d'évaluer les transformations à opérer pour que leur couple puisse enfin répondre à son attente. Peut-être, se dit-elle, que cela lui fera comprendre jusqu'à quel point elle tient à instaurer une relation plus profonde avec lui.

Les hommes et les femmes recherchent-ils la même chose dans une liaison extra-conjugale ?

On ne s'étonnera pas d'apprendre que Laura recherche une intensification de la vie affective alors que Daniel vise à collectionner les conquêtes. Hommes et femmes sont loin de se livrer à des liaisons extra-conjugales pour les mêmes raisons. Shirley Glass et Thomas Wright insistent sur les différences importantes qui existent en la matière : ils concluent de leurs recherches que les femmes ont tendance à tirer un trait d'union entre amour et sexualité, tandis que les hommes se contentent plutôt de rencontres sexuelles.

Ce n'est évidemment pas là une règle universelle. Certains hommes considèrent une liaison comme l'occasion de retrouver l'ivresse du grand amour, de fuir la grisaille de leurs responsabilités quotidiennes. De même, il y a des femmes qui estiment que des rapports sexuels sans investissement affectif mettent un peu de piment dans leur vie. Du coup, l'idée générale que chacun se fait sur les raisons des infidélités peut entraver la communication au sein du couple quand la vérité éclate. La femme de Daniel peut, par exemple, avoir du mal à le croire quand il affirme avoir agi par simple curiosité, sans la moindre perspective d'amour et sans, bien sûr, l'intention de la faire souffrir. Car dans son esprit à elle, le désir sexuel et l'investissement affectif sont si inextricablement mêlés qu'elle ne peut les imaginer l'un sans l'autre. De même, le mari de Laura serait tenté de la traiter de menteuse si elle prétendait ne jamais avoir couché avec l'autre homme et n'avoir été mue que par la quête d'une tendresse que seule cette liaison lui avait donnée. Il reste convaincu qu'un homme ne recherche l'intimité avec une femme que pour une raison: pour faire l'amour.

On le voit: les idées reçues qu'ont les hommes et les femmes les uns sur les autres risquent plutôt de gêner la communication franche et ouverte. Ce n'est donc pas nécessairement par hypocrisie qu'un homme qui se livre à des aventures extra-conjugales jure qu'il ne trouve rien à redire à son couple. Il est bien possible qu'il prenne ses inconduites pour un simple privilège masculin qui n'a aucun rapport avec ses sentiments envers sa compagne. Les femmes, elles, optent pour l'infidélité plutôt à partir d'une profonde déception à l'égard de leur vie de couple: elles ont souvent atteint le stade où elles se mettent à chercher ailleurs la satisfaction de leurs besoins affectifs (encore que certains hommes peuvent aussi agir dans le même esprit).

Poursuivons notre enquête en énumérant les raisons les plus fréquemment citées pour les diverses formes d'infidélité. Si certains des éléments de notre liste vous évoquent quelque chose, profitez de votre journal pour les approfondir. Si, par ailleurs, vous pensez à un facteur supplémentaire qui n'y figure pas mais qui semble bien s'appliquer à votre situation, n'oubliez pas de l'inscrire aussi dans votre journal:

✓ compréhension insuffisante de ce qu'est le lien amoureux;
✓ incapacité de communiquer sentiments ou besoins;
✓ manque des compétences verbales requises pour résoudre des problèmes à deux;
✓ incapacité de s'adapter aux besoins ou aux centres d'intérêt de l'autre;
✓ vie à deux où l'on ne se connaît pas vraiment (comme peut le montrer la découverte tardive d'un trouble sexuel non soupçonné);
✓ incapacité à gérer des différences culturelles;
✓ exigences peu réalistes envers la vie de couple;
✓ déception face au constat que les deux partenaires n'ont pas suivi la même évolution;

✓ curiosité sexuelle;
✓ besoins affectifs inassouvis (solitude au sein du couple, etc.);
✓ addiction sexuelle;
✓ ennui;
✓ constat de la perte de la joie et du plaisir que les deux partenaires avaient partagés au début;
✓ piège des obligations quotidiennes, qui finit par éloigner les partenaires l'un de l'autre.

À mesure que vous avancez dans ce livre, comparez votre journal avec les explications proposées et exposées ci-dessous. Vous verrez que comprendre les origines d'une infidélité présente des avantages multiples: cela permet aux deux partenaires d'évaluer les chances de sauver la relation, à la victime de l'infidélité d'identifier la démarche qui lui convient, au partenaire infidèle de mettre de l'ordre dans ses idées et de décider s'il souhaite rester dans son couple et aux deux de choisir, le cas échéant, entre les différentes formules thérapeutiques proposées. Encore une fois, cherchez à repérer tout élément qui semble s'appliquer à votre situation.

Les temps forts, les tournants de la vie peuvent générer une liaison

Considérons cette série d'événements que la plupart des gens ont déjà vécue ou vivront un jour: rencontre avec l'« homme (ou la femme) de sa vie », décision commune de former un couple exclusif et durable, maternité ou paternité, promotion dans sa vie professionnelle, première accession à la propriété. On y voit volontiers des jalons, autant d'étapes qui marquent chacune un saut qualitatif en matière de maturité et de responsabilité. À cette liste s'ajoutent parfois des événements bien plus douloureux, comme le fait de perdre un enfant ou ses parents, de se sentir rejeté par son partenaire ou de se retrouver privé d'emploi.

Mais chacune des étapes évoquées, qu'elle soit positive ou négative, produit un certain stress. Dans le cas des événements négatifs, on comprend aisément la souffrance engendrée. Mais des événements positifs ont aussi leur côté angoissant: « Ai-je choisi le partenaire qui me convient réellement? » se demande-t-on. « Suis-je prêt(e) à assumer pleinement mon devoir de parent? » « Serai-je capable de faire face aux exigences de mon nouveau travail? » « À présent que nos enfants sont grands, que reste-t-il de notre couple? »

Bref, tout changement important dans la vie peut susciter stress et anxiété. Un couple dont les deux membres ont une certaine aptitude à parler des difficultés de ce type parvient le plus souvent à les surmonter et, ce faisant, à enrichir leur relation. Un exemple: dès que Noël a appris la nouvelle de sa promotion, il a dit à sa femme Béatrice: « C'est grisant, mais j'avoue qu'en même temps cela me fait un peu peur. J'espère vraiment que je serai à la hauteur. Mais que se passe-t-il si je n'y arrive pas? Est-ce que je me retrouverai sans emploi? » Béatrice a écouté, a accepté les appréhensions de son mari et a même évoqué les siennes. Grâce à cette capacité de communication, ce couple a les moyens de tenir pendant les premières semaines éprouvantes d'une nouvelle situation professionnelle. Qui plus est, le fait de discuter ouvertement d'un événement marquant de leur vie rapproche les deux partenaires. Pouvoir exprimer en toute confiance ses sentiments, fussent-ils négatifs, ses besoins, ses déceptions et ses aspirations est une composante clé de toute relation intime.

Jacques, de son côté, éprouvait le même mélange d'enthousiasme et de doute que Noël face à sa nouvelle promotion, sauf qu'il a préféré ne rien dire à sa femme, peut-être parce qu'il ne savait pas s'y prendre ou parce qu'il redoutait de paraître faible en faisant un tel aveu. Ce courtier en Bourse de trente-cinq ans m'a consulté après que sa femme eut découvert qu'il fréquentait une call-girl depuis plusieurs mois. Au fil de nos séances, j'ai fini par apprendre qu'il avait entamé cette liaison le jour même où il avait eu sa promotion. Jacques se targuait depuis toujours d'être à la fois un vrai « battant » et quelqu'un qui ne faisait jamais peser ses problèmes professionnels sur sa famille. Comme son père, il avait appris à dissimuler ses angoisses pour ne pas se déconsidérer aux yeux de sa femme. Il m'a raconté qu'il se sentait parfaitement à l'aise en compagnie de la prostituée: elle était aux petits soins pour lui et il n'avait pas besoin de lui demander son avis. Il ne lui parlait jamais du stress qu'il subissait, mais il estimait que le simple fait de vivre cette relation avec elle suffisait pour le rasséréner. Pourtant, il avait honte de cette liaison, dont il craignait en outre qu'elle provoque le départ de sa femme.

Tous les thérapeutes ou presque ont à un moment ou à un autre connu un jeune mari ayant trompé sa femme le soir même où elle a accouché. Un patient m'a expliqué qu'il ne s'était jamais senti aussi seul, aussi incapable, aussi inutile qu'en quittant l'hôpital après la naissance de sa fille. « J'avais le sentiment, a-t-il dit, que je ne servais à rien, que je gênais plus qu'autre chose. Tout à coup, en tant que maman, ma femme était en quelque sorte ailleurs. » En sortant, donc, il s'est dirigé vers un bar où, après plusieurs verres, il a fini au lit avec une femme rencontrée sur place, l'un et l'autre passablement soûls. D'autres hommes se sentent rejetés par leur compagne quand ils se rendent compte du lien fort qui s'est créé entre mère et nouveau-né et dont ils s'estiment exclus. Leur femme leur paraît désormais fatiguée, préoccupée et indifférente au plaisir sexuel. Un patient m'a avoué le désespoir qui l'avait envahi à cette époque-là et qui l'avait incité à se lancer dans une liaison qui allait durer plusieurs mois. Les femmes sont également vulnérables après avoir accouché. Annette, responsable de budget de trente-deux ans, était aux anges après la naissance de son premier enfant. Mais elle n'avait pas tardé à s'énerver devant l'attitude de son mari, trop peu investi à ses yeux dans les soins apportés au bébé. Elle avait commencé à considérer cette nouvelle activité au foyer comme un deuxième travail qu'elle était obligée d'assumer toute seule. Qui plus est, ses tentatives pour en parler à son mari n'avaient réussi qu'à envenimer la situation. C'est ainsi que, lorsqu'un nouveau collègue de bureau lui avait clairement fait comprendre son attirance pour elle, elle n'avait pas résisté longtemps à ses avances. Leur idylle fut bientôt une réalité.

La crise des quarante-cinquante ans

La vie d'un individu, comme toute bonne histoire, a un début, un milieu et une fin. Il n'y a donc rien d'étonnant à ce que tant de personnes, se sentant approcher du milieu de leur vie, en dressent une sorte de bilan.

Elles se demandent notamment: « Qu'est-ce que j'ai réalisé jusqu'ici, et que vais-je encore réaliser? Suis-je satisfait de l'orientation qu'a prise ma vie? Puis-je obtenir encore mieux? Suis-je déçu du résultat? Puis-je y faire quelque chose? Quel serait alors le prix du changement, pour moi, pour mon conjoint, pour mes enfants? » Plus on y pense, plus de nouvelles questions vous envahissent l'esprit.

Le psychologue Dan Levinson, qui a étudié l'impact du passage d'un stade à l'autre sur la vie des hommes, parle à cet égard d'« évaluation de l'âge mûr ». D'autres auteurs caractérisent le phénomène de « crise de la quarantaine », voire de « ménopause masculine ». Mais en dépit du titre de l'ouvrage de Dan Levinson - *The Seasons of a Man's Life* (« Saisons de la vie d'un homme ») -, on a tout lieu de croire que, arrivées à cette étape, les femmes sont tout aussi nombreuses que les hommes à s'interroger de la sorte. Frank Pittman, psychiatre spécialisé dans le problème de l'infidélité conjugale, distingue pour sa part trois crises de la quarantaine bien distinctes qui peuvent déclencher des infidélités. La première est le « syndrome du nid vide », qui intervient lorsque le plus jeune des enfants quitte le foyer familial. Dès lors que tous les enfants ont grandi, les parents doivent faire le point sur l'état de leur couple: la flamme s'est-elle éteinte? Peut-on la ranimer?

La deuxième crise, de l'avis de Frank Pittman, éclate quand on a le sentiment d'avoir « atteint le sommet ». Traditionnellement concernés au premier chef par cette crise, les hommes perdent progressivement ce « privilège » à mesure qu'augmente le nombre de femmes travaillant à l'extérieur. Atteindre le sommet, c'est avoir le sentiment - déprimant ou affolant - que désormais on ne peut que reculer, que le rythme palpitant que l'on a si longtemps connu ne durera pas éternellement. Certains hommes paraissent à tel point « programmés » en fonction de la réussite professionnelle qu'ils n'imaginent tout simplement pas une vie qui se poursuivrait sans le pouvoir, l'argent et le succès obtenus à coups de tant d'efforts.

La troisième crise identifiée est celle de l'« heure de vérité ». Contrairement aux deux précédentes, cette crise peut très bien se produire à d'autres étapes, bien avant ou bien après la quarantaine, mais à l'instar de celles-ci, elle engendre souvent des aventures extra-conjugales. « À un moment dans le parcours du couple, explique Frank Pittman, l'individu se trouve dans l'obligation de regarder en face des réalités déchirantes. Il découvre que lui-même est imparfait, tout comme son conjoint et ses enfants, qu'il ne fera jamais la conquête du monde et que tout cela ne pourra que s'aggraver. » Il ne faut pas sous-estimer l'impact de cette prise de conscience. Comme le syndrome du nid vide et la « crise du sommet », celle-ci risque de provoquer panique ou abattement. L'individu plongé dans l'un de ces deux états a tendance à se rabattre sur des solutions qui promettent de lui procurer un certain soulagement, fût-il de courte durée. Et l'une des plus courantes consiste à multiplier les amours, qui semblent ouvrir de nouveaux horizons et donner un aspect plus souriant à l'avenir.

Ces exigences que l'on suppose légitimes

Le mouvement féministe s'est efforcé sans relâche d'attirer l'attention sur l'attitude traditionnelle des hommes à l'égard des femmes. Mais malgré les indéniables progrès enregistrés, nombreux sont ceux qui continuent de penser qu'il n'y a rien de gênant à lorgner les femmes, à leur lancer des remarques salaces ou à les traiter en simples objets sexuels. Il faut reconnaître que cette conception ne manque pas d'appuis dans notre culture, comme en témoignent la publicité et le cinéma. L'idée selon laquelle une femme qui se trouve « dans une position intéressante » l'a bien cherché reste très répandue. Ainsi, un homme se livrera d'autant plus facilement à des aventures sexuelles sans attachement affectif qu'il considère les femmes comme des jouets. Il ressort d'une étude récente que 56 % des hommes, de même que 33 % des femmes, qui ont des relations extra-conjugales dans cet esprit s'estiment par ailleurs heureux en ménage. De toute évidence, les individus de cette catégorie pensent qu'une rencontre purement sexuelle, contrairement à une vraie idylle, n'a aucun rapport avec leur couple. Ils ne s'adressent donc à un thérapeute que dans deux cas de figure: soit ils se sont fait prendre en flagrant délit, soit ils commencent à tomber amoureux de la personne considérée jusque-là comme un simple partenaire sexuel et craignent de ce fait la fin de leur couple de long terme.

Il est un autre type d'exigence que les deux sexes semblent mieux partager: la conviction que le couple doit satisfaire tous les besoins de l'individu. On s'estime notamment fondé à réclamer une attention constante et des rapports sexuels régulièrement exaltants, point de vue particulièrement courant chez ceux pour qui la tâche primordiale de l'épouse est de veiller à combler son mari. Pour certaines femmes, cette responsabilité se transforme en travail à temps complet. « Je ne me suis épargné aucun effort, m'a dit Barbara, pour faire le bonheur de mon mari. Ma mère m'avait appris que j'avais pour devoir de créer un foyer beau et serein, d'avoir une excellente présentation et une tenue soignée – c'est-à-dire qui convenait à Robert – et de le mettre à l'abri des chamailleries des enfants. » En contrepartie, pensait-elle, son mari lui devait des manifestations constantes d'intérêt et le train de vie plus que confortable que son haut salaire rendait possible. L'éducation de Robert l'avait d'ailleurs bien préparé à assumer cette fonction traditionnelle de soutien de famille: à lui de s'occuper de la vie à l'extérieur, à Barbara de lui fournir en échange un foyer chaleureux et sécurisant. Ce modèle n'avait-il pas assuré le bonheur de ses propres parents? Au fil des ans, Barbara et Robert avaient si bien joué leur rôle que, quand leurs enfants furent enfin adultes, ils eurent tout à coup le sentiment de se connaître à peine et de n'avoir plus grand-chose en commun. Ils sont venus me consulter parce que chacun avait découvert l'infidélité de l'autre. Tous deux avaient recherché dans une liaison extra-conjugale la complicité et la tendresse perdues après tant d'années de vie commune.

Amitiés particulières et identité sexuelle

Il n'est pas rare pour les jeunes d'éprouver des sentiments contradictoires quant à leur identité sexuelle. C'est souvent pendant l'adolescence que la crise se manifeste de façon aiguë. Tel garçon se sent attiré par les deux sexes; telle fille reste de marbre face aux avances des garçons alors qu'elle se découvre entichée d'une amie; tel autre garçon est la proie de fantasmes dans lesquels il fait l'amour avec une fille de plusieurs années sa cadette. Les adolescents ne tardent pas à comprendre qu'ils ont tout intérêt à cacher des pensées ou des impulsions de ce type, compte tenu de la cruauté qu'ils pourraient subir s'ils les avouaient. Certains sentent toutefois monter en eux une telle pression qu'ils doivent la reconnaître et la laisser s'exprimer. Ils déclarent à ce stade: « Je suis homosexuel (lesbienne, bisexuel). » D'autres, en revanche, ont si bien appris la leçon de la dissimulation que ces émotions demeurent longtemps enfouies et ne font irruption que bien plus tard dans la vie. C'est alors qu'ils se voient contraints de les affronter.

« Découvrir que mon mari avait une liaison avec un autre homme m'a complètement estomaquée, m'a dit Évelyne, d'autant qu'il est pasteur protestant. C'est en plus un bon père et tout le monde l'apprécie. Le plus bizarre, c'est que nous avons toujours eu une bonne relation sexuelle, ou c'est du moins ce que je pensais. Je l'ai toujours connu doux, attentionné, soucieux de me donner du plaisir. » Le mari, Guy, m'a ensuite expliqué que, adolescent, il avait déjà envie d'autres garçons mais que ses scrupules religieux l'avaient empêché de donner suite à ses désirs. Il sortait peu avec des filles, mais, une fois au séminaire, il s'était dit que le moment était venu de trouver celle qui serait son épouse. Et de fait, il n'avait jamais douté un seul instant de l'amour et du respect qu'il éprouvait pour Évelyne. « Dans un sens, a-t-il dit, c'était vivre en somnambule. J'ai toujours essayé d'être un bon mari, alors que, au fond de moi, je me demandais si ce rôle que je jouais correspondait au vrai moi. » Un jour, à un congrès professionnel, il avait rencontré un homme qui lui avait énormément plu. Après quelques verres pris ensemble, ils s'étaient retrouvés dans une chambre d'hôtel où Guy eut ses premiers rapports homosexuels. Cette expérience avait suscité chez lui un mélange d'exaltation et de honte. Il n'en dit pas un mot à Évelyne, qui avait cependant remarqué à son retour qu'il n'était plus tout à fait lui-même. Si ni l'un ni l'autre n'en a conclu que cela annonçait la fin de leur couple, ils se posent tous deux de nombreuses questions sur l'identité sexuelle de Guy.

Adrienne, elle, raconte une tout autre histoire. Elle s'était mariée à l'âge de seize ans pour fuir une vie de famille violente où, en plus d'être elle-même souvent battue, elle avait vu sa mère gravement blessée par son père. Mario, de douze ans son aîné, était donc tombé à point nommé. Il ne semblait jamais à court d'argent, comme le montrait le flux ininterrompu de cadeaux qu'il lui offrait à l'époque où il lui faisait la cour. Il y avait certes eu quelques occasions, dans cette première phase grisante, où Adrienne le soupçonnait de la tromper, mais il l'avait vite rassurée sur ce point. De même, Mario pouvait avoir des accès terribles de jalousie, allant parfois, à une soirée entre amis par exemple, jusqu'à la frapper. Adrienne se berçait toutefois d'illusions en se disant: « Lui, au moins, a de bonnes raisons, contrairement à mon père, qui tape pour rien. » Quelques mois seulement après s'être connus, ils étaient mariés et eurent six enfants en l'espace de sept ans. Tout au long de cette période, leurs querelles n'ont cessé d'intensifier.

Adrienne s'est peu à peu rendu compte que son mari avait une passion du jeu qui frisait le maladif et que, dans ce cadre-là, il fréquentait des prostituées. Il avait ainsi contracté de lourdes dettes qui avaient déjà sérieusement écorné leurs économies. Pourtant, Adrienne continuait à rechercher par-dessus toute son attention et son affection, alors qu'il paraissait de plus en plus distant. Chaque fois qu'elle se montrait trop insistante, il a commencé par disparaître pour quelques jours, puis une semaine et enfin des mois entiers. Un jour, pendant l'une de ces absences de plus en plus fréquentes, elle fit la connaissance de Flore, qui écouta avec empathie le récit de ses déboires avec Mario. Ce fut le début d'une amitié entre les deux femmes qui se renforça progressivement.

Flore téléphona un jour pour annoncer à Adrienne qu'elle devait la voir sans plus attendre. Se déclarant lesbienne, elle lui dit qu'elle ne pouvait maintenir leur relation qu'en tant que liaison amoureuse. Les deux amies passèrent rapidement de quelques baisers exploratoires à des rapports sexuels, où Adrienne connut la jouissance pour la première fois de sa vie. Sa confusion était à son comble: fallait-il en déduire qu'elle était lesbienne, ou plutôt bisexuelle?

Dès que Mario eut découvert cette liaison, il fit une demande de divorce. C'est à ce stade qu'Adrienne remarqua que sa passion pour Flore s'atténuait. Elle s'avoua pour la première fois que celle-ci avait de nombreux côtés qui lui déplaisaient, notamment sa volonté dominatrice, qui rappelait tant Mario. Elle ne tarda pas à en conclure que cette liaison saphique était avant tout une expérience qu'elle aurait dû faire pendant l'adolescence. Car ce qui lui avait manqué tout ce temps, c'était une relation de vraie tendresse avec un homme. Son idylle avec Flore avait surtout eu le mérite de lui révéler l'existence, au fond d'elle, d'une sexualité bien vivace. C'est ainsi que, quelques années plus tard, elle entama une relation avec un homme qui la respectait et qui ne cherchait pas à la dominer. Adrienne avait là la preuve qu'elle pouvait se sentir suffisamment en sécurité avec un homme pour parvenir à une véritable satisfaction sexuelle. Reparlant avec du recul de cette période de désarroi, elle dira à son thérapeute: « Je pense que mon réveil sexuel aurait pu se produire avec toute personne, homme ou femme, qui me traite avec douceur. »

Les dons Juans coureurs de jupons; l'addiction sexuelle

L'expression *addiction sexuelle* se réfère à la recherche pathologique de nouvelles expériences sexuelles qui excluent, cette fois-ci, toute composante amoureuse. Selon les psychologues Ralph Earle et Gregory Crowe, tous ceux qui souffrent de cette hypersexualité manifestent au moins plusieurs des attributs suivants:

✓ une piètre estime d'eux-mêmes et une tendance à se rappeler sans cesse leurs défauts;
✓ une vision déformée ou peu réaliste d'eux-mêmes, de leur comportement, des autres et des événements dont ils ont conscience;
✓ le désir de fuir ou de refouler les sentiments désagréables;
✓ la difficulté à supporter le stress;
✓ un ou plusieurs souvenirs forts d'un moment intensément « planant » vécu à une étape clé de leur vie et le désir persistant de retrouver cette euphorie;
✓ une capacité stupéfiante à nier qu'il y aurait là un problème.

Cette configuration se trouve le plus souvent chez les hommes, plus rarement chez les femmes. Mais quel que soit son sexe, le don Juan vise avant tout des conquêtes éphémères: l'amour ne l'intéresse pas du tout. Rien à voir donc avec celui qui noue une liaison en donnant à son amant ou à sa maîtresse une place importante dans sa vie. La personne qui s'engage dans une liaison durable perçoit généralement le rapport entre ce comportement et l'état de son couple, tandis que pour le séducteur professionnel la question ne se pose même pas. Car son problème reste tapi au fond de lui (ou d'elle) et demande, pour être résolu, la volonté de le regarder en face.

Le don Juan a beau projeter une image de force et de réussite, il souffre d'un vide intérieur. Chaque nouvelle conquête lui donne pour un instant fugace l'impression d'être fort, séduisant, désiré et, par là, un certain soulagement puisque, au fond, il n'a pas une haute opinion de lui-même. Comme tous les autres toxicodépendants, il se nourrit du souvenir merveilleux de cette expérience d'origine – première cigarette, première ligne de cocaïne, première conquête sexuelle – dont, pourtant, il ne retrouvera jamais l'intensité. Chaque nouvelle expérience s'avère un peu moins grisante que la précédente, mais la personne s'enfonce encore dans son addiction, car elle remplit le vide béant si caractéristique de sa vie.

Le « drogué » de la séduction éprouve le besoin de rechercher quelqu'un à conquérir, de consacrer le moins de temps possible aux travaux d'approche puis, une fois sa mission accomplie, de s'éloigner à toute hâte. Il considère la personne séduite ou à séduire non pas comme un être humain, mais comme un objet de convoitise et rien d'autre. Dès le lendemain, il reprend sa chasse fébrile, et peu importe qu'il lui faille des jours, des semaines ou même des mois pour trouver une nouvelle proie. Car le triomphe de la conquête ne dure qu'un moment, et le conquérant doit à tout prix rééditer sa performance, encore et encore.

Les dons Juans indiquent en général que leurs efforts compulsifs de séduction remontent à l'adolescence. C'est à cette étape de la vie qu'ils découvrent l'ivresse, si brève soit-elle, qu'apporte une conquête sexuelle. Ils se distinguent des autres adolescents à un titre au moins: il leur arrive difficilement d'établir, à ce stade, une relation suivie avec une personne de l'autre sexe, ou tout au plus s'agit-il d'une relation tiède et distante. Que le don Juan rechigne à s'investir sur le plan affectif n'échappe certes pas à sa petite amie, mais elle peut avoir du mal à identifier la nature précise du problème.

C'était le cas de Lisa, lycéenne venue me consulter au sujet de sa relation avec Gérald. « Il est vraiment adorable, m'a-t-elle assuré, sauf que, au fond, il me reste totalement mystérieux. » Toutes ses tentatives pour mieux le connaître se soldèrent par un échec frustrant. Elle était amoureuse, mais, étrangement, elle ne parvenait pas à se sentir proche de lui. En outre, il lui paraissait très dominateur, la critiquant pour un oui ou pour un non (il l'aimait tant, disait-il qu'il tenait à la voir sous son jour le plus favorable...). Lisa et Gérald s'étaient mis d'accord sur le caractère exclusif de leur couple, et c'est ainsi qu'elle se plaignait de le voir s'absenter de temps en temps, sans explication. Quand elle lui demandait des comptes, il répondait de façon évasive, comme quelqu'un qui cherche à se protéger. Ses réactions devenaient, d'une fois à l'autre, de plus en plus agressives et injurieuses. Un jour, au cours d'une dispute particulièrement acrimonieuse, la vérité éclata. Gérald avoua qu'il avait eu plusieurs « brèves aventures » depuis le début de leur relation. Lisa n'en revenait pas: comment était-ce possible que le Gérald qu'elle croyait connaître ait pu se conduire de la sorte?

Chez les jeunes qui correspondent à ce profil, ceux qui fuient l'intimité et qui maîtrisent mal leurs impulsions, le psychiatre James Masterson relève l'« absence d'un vrai moi ». Il s'appuie dans son jugement sur le psychanalyste britannique D. W. Winnicott, qui parle du « faux moi » dont certaines personnes se dotent: c'est ce visage que l'on présente au monde extérieur afin de s'attirer l'amour, les éloges et les encouragements que l'on n'a pas reçus pendant l'enfance. Or l'enfant qui se sait pleinement et chaleureusement accepté pour ce qu'il est, fondé à être tout simplement lui-même, n'aura pas besoin par la suite d'un tel masque. Seul celui qui se sent mal traité et peu aimé à ce stade précoce de la vie se croit obligé de se dissimuler de la sorte. D'ailleurs, le masque en question ne sert pas seulement à donner le change aux autres: il permet aussi à celui qui le porte d'éviter les pensées, les sentiments et les conflits les plus douloureux de son enfance.

Patrick Carnes, spécialiste de l'addiction sexuelle, a énuméré les traits caractéristiques de ceux qui en sont atteints: dénégation, déformation de la réalité comme moyen de se sécuriser, refus de reconnaître l'existence de ses problèmes, comportements impulsifs et autodestructeurs. La personne qui s'applique à multiplier les partenaires sexuels cherche en fait à remplir un vide intérieur. Considérons le cas de Jason, agent commercial venu me consulter à l'instigation de sa femme, qui s'effrayait de le voir glisser dans la cocaïnomanie. Elle l'avait même prévenu qu'elle le quitterait s'il ne se faisait pas soigner. Son usage de la cocaïne, insistait-elle, le rendait irascible et imprévisible, en plus d'absorber une part non négligeable de leur revenu. Mais lorsque Jason s'est trouvé seul avec moi, il a brossé un tout autre tableau de la situation. Il m'a raconté que, pendant toutes ses années de lycée, sa timidité extrême l'avait empêché d'établir une relation avec une jeune fille. « S'ils avaient décerné le prix du pauvre mec de la classe, je l'aurais remporté sans conteste », m'a-t-il dit.

Son impression de maladresse sociale ne s'était pas estompée à l'université. Un jour, il suivit un ami qui l'entraîna dans une maison de prostitution, où Jason eut ses premiers rapports sexuels. L'incident l'avait profondément troublé. D'abord, il avait trouvé l'expérience à la fois excitante, sale et secrète. Ensuite, il ne se sentait pas d'y retourner tout seul, sans la compagnie de son ami. Enfin, il estimait ne plus devoir s'inquiéter de ses faibles compétences en communication, puisque « c'est elle qui fait tout le travail ».

Jason ne tarda pas à découvrir l'astuce pour mobiliser le courage de se rendre de nouveau chez les prostituées: il suffisait de boire, ce qui présentait toutefois l'inconvénient d'atténuer sa capacité d'érection, ou de fumer de la marijuana, qui créait une hypersensibilité sexuelle. C'était donc depuis lors que la consommation de stupéfiants se mit à faire invariablement partie de sa pratique sexuelle, que ce fût pour faciliter la recherche de prostituées ou une fois en leur compagnie. Il m'a avoué que la situation commençait à le préoccuper sérieusement, car il ressentait désormais le besoin compulsif d'avoir de tels rapports plusieurs fois par semaine. Qui plus est, il était profondément attaché à sa femme et tenait à ce qu'elle n'apprenne jamais la vérité sur son addiction sexuelle. Cela ne le gênait pas du tout de passer pour un toxicomane ni même, s'il le fallait, de s'inscrire dans un programme de désintoxication, mais, comme il le disait: « Cela ne servira à rien, puisque le vrai problème se situe ailleurs. »

Le don Juan ressemble assez à l'hypersexuel, à une grande différence près: il a généralement une excellente opinion de lui-même et demeure totalement inconscient de ses défauts. Autant l'hypersexuel éprouve honte et culpabilité (comme Jason), autant le séducteur obsessionnel est parfaitement à l'aise avec son comportement. Frank, on s'en souvient, tenait un registre de ses conquêtes et reconnut sa manie d'en collectionner au gré de ses déplacements professionnels. À l'instar de Jason, il protestait de son amour pour sa femme et de sa volonté de sauver leur couple. Mais contrairement à Jason, il ne trahissait pas la moindre trace de honte ou de remords. Si bien qu'il avait du mal au départ à comprendre pourquoi sa femme s'indignait tant de son petit « registre ». Lui-même ne voyait un problème que dans le fait d'avoir été démasqué, mais sûrement pas dans la nature de ses actes, qui, après tout, « ne regardaient que lui ».

La liaison test: mon couple vit-il encore?

La liaison test, contrairement à la liaison « fortuite » que nous avons déjà évoquée, a un caractère plutôt délibéré. En règle générale, elle se produit lorsque la personne a pris pleinement conscience de l'impasse dans laquelle se trouve son couple mais hésite encore entre rupture et continuité. Cela faisait des années que Carole essayait de « réformer » Jeff, mais en vain. Travailler, rentrer, se servir une bière et s'installer devant la télé pour regarder le match du moment: ainsi se résumait, à ses yeux, la vie de son mari. De son côté, Jeff l'accablait de reproches dès qu'il estimait que le ménage n'était pas impeccable et, si jamais les enfants dérangeaient ses séances devant le petit écran, il se mettait dans une rage propre à effrayer jusqu'aux plus vaillants. Quant à leur vie sexuelle,

elle avait tout bonnement cessé d'exister. « Autrefois, a dit Carole, c'était un vrai ami avec qui je pouvais facilement parler, mais tout cela est bien fini. » Carole se décourageait de jour en jour. Puis, un soir, elle a commencé à surfer sur Internet et a bientôt atterri sur un *chat* conçu pour favoriser les « rencontres entre personnes seules ». « Il y a eu un déclic. Je me suis totalement retrouvée dans ce descriptif », raconte-t-elle. Il ne lui a pas fallu plus de quelques visites pour entamer une correspondance électronique avec un homme qui semblait sensible, à l'écoute et tout aussi seul qu'elle-même.

Les deux correspondants ont fini par se rencontrer, et ce fut le début d'une brève liaison. Au début, Carole trouvait son compagnon d'une gentillesse exquise, mais elle n'a pas tardé à se rendre compte qu'il avait de sérieuses tendances à l'alcoolisme. Elle a également appris que, à quarante ans, il vivait toujours chez ses parents, déjà d'un âge avancé. Carole allait comprendre rétrospectivement que cette aventure, comme celles qui l'ont suivie, lui avait donné l'occasion de redécouvrir en quelque sorte le monde des rapports entre les sexes. Elle pressentait désormais que certains des problèmes qu'elle avait connus avec son mari pourraient très bien se reproduire avec d'autres partenaires. C'est alors qu'elle a décidé de s'investir à fond dans une nouvelle initiative: il s'agissait d'examiner non seulement le rôle de Jeff dans la dégradation de leur couple, mais aussi sa responsabilité à elle.

Si certaines liaisons tests conduisent l'individu à la conviction que son couple peut encore être sauvé, d'autres ouvrent la voie à une décision de divorcer. Un patient m'a expliqué que ses liaisons tests lui avaient permis de « poser des jalons ». Ensuite, lorsqu'il s'était senti suffisamment fort pour mettre un terme à son couple, il avait pu tourner réellement la page.

La liaison compensatrice

On peut préférer s'accrocher à une vie de couple malheureuse pour plusieurs raisons: la peur des conséquences économiques d'une rupture, de son impact sur les enfants, de la perte d'estime sociale qu'elle pourrait entraîner ou de son effet sur les parents âgés de l'un ou de l'autre. Pour y parvenir, certains se trouvent un partenaire supplémentaire chargé de satisfaire les besoins impossibles à assouvir au sein du couple. Celui-ci n'étant apparemment plus en mesure de tenir debout tout seul, on ajoute pour ainsi dire un troisième pied à des fins de stabilisation. L'amant ou la maîtresse fournira, selon les circonstances, complicité, volupté, tendresse et même aventure. D'ailleurs, nombre de partenaires infidèles vont jusqu'à croire que c'est leur liaison qui a assuré la survie de leur couple, et ils ont quelquefois raison, comme j'ai pu le constater dans le cadre de mon travail. Dans certains cas, il semble assez probable que le conjoint « trompé » soit au courant de la situation ou ait du moins de fortes présomptions, sans toutefois en faire part à l'autre. La liaison « compensatrice » ressemble alors à un accord tacite, voire explicite, par lequel mari et femme l'acceptent comme le prix à payer pour pouvoir rester ensemble.

Mais le plus souvent, la personne « trompée » ignore l'existence de l'amant ou de la maîtresse, d'autant que cette liaison, comme toute liaison durable, exige un long enchaînement de mensonges. Ainsi, quand la vérité éclate enfin, le partenaire abusé est furieux et mortifié, et toutes les protestations de l'autre quant à sa volonté inébranlable de maintenir leur relation n'entament en rien sa rage. En outre, dans de nombreux cas où la révélation n'occasionne pas de procédure de divorce, la troisième personne commence aussitôt à exercer des pressions pour obtenir la dissolution du couple établi. C'est à partir de là que beaucoup de liaisons extra-conjugales commencent à accuser le coup ou même à se défaire. Nombre de patients m'ont raconté que, après l'éclatement de leur couple de longue date puis de leur liaison compensatrice, ils se demandaient avec stupeur comment ils avaient pu être aussi aveugles aux défauts de leur amant (ou maîtresse). Certains regrettaient à ce stade de ne pas avoir su prendre leur liaison extra-conjugale pour un signe des dangers guettant leur couple.

On peut par ailleurs choisir de rester avec un conjoint chroniquement malade ou amoindri, que ce soit pour les raisons déjà évoquées ou par compassion. En pareil cas, il y a parfois un accord explicite entre les partenaires, sauf, bien sûr, si la maladie a atteint de telles proportions que la communication n'est plus possible.

La liaison de rétorsion

Il arrive parfois que le conjoint offensé se lance dans une liaison pour se venger. C'est surtout le cas des femmes, peut-être à cause de l'inégalité de pouvoir entre les deux sexes. Les hommes qui se trouvent dans cette situation ont plutôt tendance à quitter leur épouse pour exprimer leur courroux, alors que nombre de femmes rechignent à réagir ainsi, soit parce que leur conception même du mariage le leur interdit, soit parce qu'elles redoutent les conséquences pour leurs enfants et elles-mêmes. De ce fait, la plupart des liaisons de rétorsion traduisent essentiellement un état de rage impuissante. Sans joie et sans élan, elles ont pour but principal de faire du mal au partenaire infidèle plutôt que de faire du bien à la victime. Celle-ci, en se vengeant, ne vise pas nécessairement à mettre fin au couple, encore que son action puisse inciter son partenaire à s'y employer. Au mieux, donc, la liaison de rétorsion permet de « rééquilibrer les comptes ». Elle n'apporte aucune solution aux problèmes de couple ayant donné lieu à la première infidélité ou aux représailles.

La liaison recherche de sortie

Dans le cas de liaisons test, compensatrices ou de rétorsion, nous l'avons vu, la personne infidèle ne sait pas forcément si elle souhaite réellement divorcer. Il en va tout autrement de ce nouveau cas, qu'on pourrait aussi appeler la liaison qui veut prouver à l'autre que tout est fini: le protagoniste a déjà pris sa décision, même si son conjoint peut l'ignorer pour le moment. Les thérapeutes ont couramment l'occasion de travailler avec des couples qui se démènent dans un conflit de ce type. C'est souvent l'homme qui est à l'origine de cette démarche: il compte sur le thérapeute pour empêcher l'écroulement de sa femme dans la phase de rupture. Il vient généralement armé d'une longue liste de doléances comme la hargne ou le caractère dépressif de son épouse. Au fond, nombre de ceux qui ont entamé une liaison pour en finir avec leur couple veulent éviter de passer pour des méchants, et c'est pourquoi ils cherchent, parfois de façon assez flagrante, à rejeter la responsabilité sur leur partenaire. Or, comme celui-ci explose de rage en découvrant la vérité, l'infidèle tient là une preuve supplémentaire de la détérioration de leur vie de couple. De plus, ils se sentent d'autant plus autorisés à se comporter de façon incorrecte qu'ils ont attribué à l'autre l'origine de tous les problèmes.

Alice m'a téléphoné pour prendre un rendez-vous pour son mari, Éric, de plus en plus déprimé depuis qu'il la soupçonnait de le tromper avec un voisin. Alice lui avait maintes fois assuré que tout cela était « dans sa tête ». Mais quand je lui ai demandé d'accompagner son mari à notre première séance, elle a refusé. « Éric a énormément de problèmes à démêler, m'a-t-elle expliqué, et pas seulement sa dépression présente. Il doit aussi affronter sa jalousie, qui a pris des proportions inquiétantes. » Dans mon cabinet, Éric a révélé qu'Alice était de moins en moins à la maison, qu'il devait passer de plus en plus de soirées à s'occuper tout seul des enfants et qu'elle ne fournissait que de piètres excuses pour ses absences. Il estimait qu'ils avaient chacun leur part de responsabilité dans l'érosion de leur vie de couple et que revenir ensemble dans mon cabinet pour en discuter leur ferait du bien. Il considérait la liaison extra-conjugale d'Alice qu'il soupçonnait d'exister comme le symptôme éventuel d'une crise latente à résoudre par la thérapie.

Quand Alice a enfin accepté de venir, elle a nié dans un premier temps toute infidélité. Mais elle a fini par avouer le contraire au bout de quelques séances, tout en réaffirmant son désir de parler de leur couple. À partir de là, elle m'a semblé à la fois distante et prompte aux reproches. Même dans les moments où Éric avait des larmes aux yeux, elle ne lui témoignait ni affection ni compassion. Je leur ai proposé au cours d'une séance de se séparer à titre d'essai, mais Alice s'y est catégoriquement opposée. Puis, quelques jours plus tard, Éric m'a appelé pour me dire avec affolement qu'il venait de recevoir la première notification d'une requête de divorce et que sa femme avait profité des mois précédents pour dégarnir sérieusement leur compte conjoint. Il en était ébahi. À ce stade, Alice a admis qu'il avait eu raison dès le départ, mais elle a ajouté qu'elle éprouvait le besoin impérieux de mettre fin à leur couple pour pouvoir vivre avec son amant. Elle avait cru qu'une thérapie aurait permis d'amortir le choc de la rupture, alors que cette manœuvre n'avait fait qu'intensifier chez Éric un sentiment déjà vif d'abandon et de trahison.

Dans ce chapitre, nous avons considéré un certain nombre de facteurs qui entraînent les individus vers des liaisons extra-conjugales. Nous avons souligné que celles-ci peuvent traduire des problèmes assez évidents au sein du couple ou naître pour ainsi dire du néant. Il vous est peut-être apparu, au cours de votre lecture, de penser que tel ou tel scénario présenté dans ces pages correspond exactement à votre expérience. Mais, plus vraisemblablement, vous avez reconnu dans plusieurs des cas décrits ici des éléments qui rappellent votre situation. Enfin, nous avons vu que, de toutes les formes possibles d'infidélité, une seule – la liaison durable – met en jeu de façon continue un troisième acteur, que son existence soit reconnue ou non. C'est en raison des caractères particuliers et de la complexité des liaisons à long terme que nous allons leur consacrer le chapitre suivant.

Rappelez-vous que...

- Certaines infidélités sont uniquement d'ordre sexuel, sans investissement affectif.
- Certaines infidélités se fondent en revanche sur un fort investissement affectif, avec peu ou prou de rapports sexuels.
- Il est parfois facile d'identifier les sources des difficultés de couple et d'y remédier.
- L'infidélité est quelquefois profondément enracinée dans les problèmes enfouis de l'un des deux partenaires.
- Certaines liaisons ont pour objectif évident de signifier la volonté du partenaire infidèle de rompre.
- La liaison fonctionne dans d'autres cas comme un « signal d'avertissement », un appel à repenser le couple.

CHAPITRE 3

Ils se marièrent, eurent de beaux enfants et vécurent heureux pour toujours...

L'idée qu'il existe un lien indissociable entre amour et vie conjugale a des racines profondes dans notre culture. On sourit d'aise en entendant une chanson qui évoque un couple heureux en ménage, tant cette image correspond à l'idéal de notre société.

Pourtant, cette équation n'est pas sans inconvénients. Car si amour et vie conjugale vont de pair, faut-il juger, quand on ne se sent plus amoureux, que son couple est condamné? Certains cèdent à la panique dès qu'ils constatent que l'ivresse de leurs premiers mois en couple s'est dissipée. Confondant l'idée plus complexe de l'amour conjugal et la fièvre amoureuse, ils cherchent désespérément à retrouver cette exaltation perdue. C'est souvent cette quête qui conduit à une liaison extra-conjugale. Ce chapitre laissera de côté les amours de rencontre et les conquêtes de nos dons Juans contemporains, étant donné que la liaison de longue durée obéit à une logique propre. Pour mieux la comprendre, il convient de commencer par examiner le rôle que jouent l'amour et l'engouement dans la constitution du couple.

Amour, engouement et vie conjugale

L'engouement étant un aspect de l'attachement amoureux, il existe une certaine confusion entre les deux. S'engouer pour quelqu'un, que ce soit une connaissance, un amant ou une star de cinéma, c'est tomber sous son charme, subir son pouvoir de fascination. On pense sans cesse à l'autre, on ne lui trouve aucun défaut, on en est obsédé. La plupart des gens indiquent qu'aux débuts de leur relation avec la personne qu'ils ont par la suite épousée, ils éprouvaient des sentiments de ce type. Et même si tous les couples ne démarrent pas ainsi, il y en a suffisamment pour que la question mérite plus ample examen.

L'engouement est souvent le sentiment caractéristique des liaisons extra-conjugales, surtout de celles qui ne se métamorphosent jamais en amour tempéré, réaliste et mûri. L'idylle amoureuse, en raison du secret qui l'entoure, enferme les deux complices dans un univers à part. N'ayant guère d'occasions d'exposer ses impressions de l'autre à la lumière du jour, on devient vite la proie de ses propres illusions. On se forge une image idéalisée; on voit l'objet de ses désirs tel que l'on veut bien le voir, mais pas forcément tel qu'il est effectivement. L'engouement peut donc se pérenniser, sans jamais subir l'épreuve du réel.

Quel contraste avec ceux qui s'apprêtent à se marier! Ils ont hâte de présenter leur fiancé(e) à leurs amis et à leurs proches et, quand ils le font, ils doivent s'attendre à des remarques qui risquent de remettre en cause jusqu'aux traits qu'ils prisent le plus chez leur bien-aimé(e), du style: « Elle est très jolie, mais je la trouve un peu soupe au lait… » ou « Est-ce qu'il est aussi radin qu'il en a l'air? » Chacun a son mot à dire, à tel point que certains propos peuvent faire vaciller la détermination du fiancé. Bref, l'image de l'autre que l'on se construit en pleine découverte réciproque est soumise au feu roulant de la critique publique, et cela aide à dépasser le stade de l'engouement et à aborder celui de l'amour équilibré et fondé en réalité.

Tous les couples durables ne démarrent d'ailleurs pas dans la passion amoureuse. Jusqu'à la fin du dix-neuvième siècle, la plupart des mariages étaient arrangés. On accordait alors une grande importance aux compatibilités culturelles ou religieuses qui passaient pour les gages indispensables d'une bonne entente, et rien ne permet d'affirmer que les unions de cette époque-là fonctionnaient plus mal que celles d'aujourd'hui. Encore à l'heure actuelle, tout le monde ne fonde pas sa décision de se marier sur le critère de l'élan amoureux. La moyenne d'âge auquel on saute le pas est aujourd'hui en hausse, peut-être parce que certains sont mus par la conviction que le temps leur est compté, auquel cas ils recherchent quelqu'un de disponible plutôt que le grand amour.

Regard amoureux sur papier glacé et vraie tendresse

Winston Churchill, premier ministre britannique pendant la Deuxième Guerre mondiale, était incontestablement un homme d'État de grande stature, mais il n'avait pas un physique des plus avenants. Un jour qu'il posait pour un portraitiste connu pour son aptitude à présenter ses modèles sous leur meilleur jour, il aurait dit: « Faites bien mon portrait, y compris les verrues. »

Si vous avez de la chance, le regard que portent votre famille et vos amis sur votre futur partenaire contribuera à transformer votre engouement de départ en amour profond et solide. Il vous aidera à atteindre une vision plus objective de votre futur compagnon ou compagne, « y compris les verrues ». En outre, il s'agit dans l'idéal d'un processus à double sens qui permet aux deux partenaires d'affiner leurs sentiments l'un sur l'autre. S'accepter mutuellement comme des êtres vivants dotés de défauts comme de qualités, c'est jeter les bases d'un couple non chimérique. Ainsi, les deux amoureux acquièrent, à mesure que leur relation s'approfondit, l'assurance nécessaire pour affronter les inévitables vicissitudes de toute union durable.

Aaron Beck, psychiatre, a écrit un livre sur la vie de couple qui porte ce titre significatif: *Love Is Never Enough* (« L'amour à lui seul ne suffit jamais »). Il y répertorie les attributs indispensables à la réussite du couple:

— Une relation heureuse demande des qualités personnelles particulières: investissement, sensibilité, générosité, respect, fidélité, sérieux et loyauté. Les partenaires doivent collaborer, transiger et mettre en application les décisions prises d'un commun accord. Ils doivent par ailleurs faire preuve de souplesse, d'indulgence et de magnanimité. Enfin, ils doivent se montrer tolérants envers les défauts, les erreurs et les idiosyncrasies de l'autre.

Or c'est là à maints égards le contraire de tout ce que l'on éprouve au stade de l'engouement. Au début, l'autre personne a quelque chose d'irréel et existe davantage dans l'imaginaire que dans les faits. Tout semble parfait, il n'y a pas grand-chose à négocier, on voit la vie en rose. Mais à la fin d'une liaison, on se demande avec stupeur comment on a pu à ce point se tromper sur la nature véritable de son partenaire.

Ceux qui ont de la chance dans la première étape de leur relation acquièrent peu à peu la capacité à regarder l'autre de façon plus réaliste. Mais nombreux sont ceux qui, encore en pleine ivresse amoureuse, prennent la décision de se marier. Puis, lorsque les désaccords qui font partie de toute relation commencent à se multiplier, nos amoureux risquent vite de déchanter, l'illusion étant la meilleure garantie de la désillusion à venir. On a trop tendance à confondre dégrisement et désamour, avec des conséquences parfois calamiteuses. Soit on en conclut à la hâte que le couple n'a plus d'avenir, soit on glisse vers une vague agitation dont on ne parvient pas à identifier la cause. Ceux qui n'ont pas les outils requis pour parler à ce stade de leurs sentiments sont particulièrement accessibles à l'attrait d'une liaison extra-conjugale.

Bien sûr, ces personnes ne se disent pas: « C'est le moment de me lancer dans une aventure. » Dans leur esprit, c'est une expérience qui leur tombe tout simplement dessus. Et la liaison a souvent le don de faire beaucoup d'ombre au couple établi. Comme l'a exprimé une femme qui a fini par se remettre avec son mari à la suite d'une idylle passionnée: « Plus je passais de temps avec mon amant, plus les défauts de mon mari me semblaient énormes. Pendant toute une période, je ne lui trouvais plus la moindre qualité. J'ai aujourd'hui l'impression que c'était justement parce que j'étais tellement amoureuse de mon amant que j'ai eu besoin de penser que je ne tenais plus du tout à mon mari. Sinon, je me serais considérée comme un vrai monstre. Donc, une fois que je me suis convaincue que mon amour pour l'un annulait forcément mon amour pour l'autre, la poursuite de la liaison m'est parue plus que justifiée. » Et d'ajouter: « C'est drôle, mais je me suis toujours targuée d'être une mère parfaite, alors que pendant toute la durée de mon aventure, j'ai à peine pensé aux enfants. J'avais la tête ailleurs. On dirait que la vie de couple avance à son propre rythme, et que j'avais raté un temps. »

Pour le meilleur et pour le pire…

La vie conjugale, contrairement à l'aventure amoureuse, connaît des hauts et des bas.

Tantôt on a le même sentiment qu'au tout début de la relation, tantôt on est fatigué, déprimé, lointain, déçu, énervé.

Car si le couple durable commence le plus souvent dans l'amour passionnel, il fonde sa continuité sur l'amour conjugal, où alternent les sommets de passion, les creux de déception et les plateaux d'entente acceptable. Les couples les plus aboutis en ont conscience: ils ont appris à surfer sur les vagues de leur relation. Lorsque les marins atteignent un point particulier près de l'équateur, ils s'attendent à se trouver d'un moment à l'autre sur des eaux tellement calmes qu'il n'y aura plus du tout de vent dans les voiles, qu'ils devront donc renoncer à avancer pendant un certain temps. Mais ils savent aussi que, dans cette partie de l'océan, on peut subir des grains soudains et des brises changeantes. C'est en mobilisant toutes leurs compétences qu'ils seront à même de profiter des vents qui suivront le calme.

Il n'en va pas autrement du couple. Il y a des périodes où l'un des partenaires, voire les deux, est sans ressort ou même ouvertement découragé. L'aptitude à dialoguer, non seulement quand tout va bien, mais aussi aux moments les plus difficiles, permet de surmonter les bourrasques momentanées. Dans une relation fondée sur le partage et le dialogue, on peut tout dire: que l'on s'ennuie dans la relation, que l'on est mécontent, déprimé ou agité. Et même que l'on a une toquade pour quelqu'un. Pour paradoxal que cela puisse paraître, cette capacité de parler avec une telle franchise rapproche les deux partenaires. Leurs échanges sont peut-être douloureux, mais ils ne dissimulent rien. Il arrive même dans les couples les plus solides que l'une des deux personnes se sente attirée par quelqu'un d'autre. Dans une relation foncièrement saine, les engouements sont passagers.

Un couple pour lequel aucun sujet n'est tabou a rarement du mal à résoudre les problèmes qui gênent l'un ou l'autre: il suffit d'en discuter jusqu'au bout. Les deux savent qu'ils finiront par trouver une solution acceptable, qu'il s'agisse de l'éducation des enfants, de l'attitude à adopter face à la famille élargie ou du choix de leur prochain lieu de villégiature. Si, par contre, l'un d'eux ou tous deux éprouvent des difficultés de communication, les sentiments restent enfouis, dans certains cas des années durant. On rentre ses petites déceptions et ses amertumes momentanées, on laisse les problèmes en l'état. Résultat: quand l'un des partenaires s'entiche soudain de quelqu'un d'autre, la discussion s'avère pratiquement impossible. Comme l'a admirablement résumé un homme dont le couple avait failli éclater à la suite d'une liaison passionnée: « Puisque je n'arrivais pas à lui dire qu'elle brûlait systématiquement le pain grillé, comment voulez-vous que je trouve les mots pour lui raconter que j'étais en train de tomber amoureux? » Or un engouement qui, d'ordinaire, aurait été passager semble acquérir une vie propre dès lors qu'il n'y a pas moyen d'en parler.

Le secret renforce l'ivresse d'une liaison. Le danger d'être découvert se révèle parfois aussi palpitant que la passion amoureuse elle-même, redonnant à la vie un piment qui contraste avec le train-train conjugal. Une aventure se déroule dans une sphère située au-delà de toute responsabilité, loin des pressions quotidiennes du couple, du travail et de la famille. Qui plus est, elle crée un puissant état euphorique dont on ne peut bientôt plus se passer. Comme dans le cas de toute addiction, le « flash » est souvent suivi d'un retour déprimant à la réalité: d'où le besoin impérieux de retrouver, encore et encore, ce bref instant de bonheur. À l'instar de tous les toxicomanes, on envisage avec horreur l'idée de devoir renoncer à cet état « planant ». Car le secret caractéristique de la liaison extra-conjugale est source non seulement d'exaltation, mais aussi de peur, et c'est cette peur qui transforme le « toxicomane amoureux » en menteur. Des individus par ailleurs d'une honnêteté irréprochable acquièrent une capacité de mystification remarquable lorsqu'ils craignent de perdre l'idylle dont ils sont devenus dépendants. L'alcoolique ment sur sa consommation d'alcool, le toxicomane sur son usage des stupéfiants et le conjoint infidèle sur sa liaison.

Chez certains, toutefois, cette dissimulation constante traduit également une honte considérable. Une femme m'a dit à l'issue de sa liaison extra-conjugale: « Au début, je mentais parce que j'avais peur de perdre cette situation merveilleuse, cet homme qui semblait pouvoir me donner tout ce qui manquait dans ma vie de couple. Mais après, quand j'ai compris qu'il avait lui aussi ses défauts, je ne savais plus où j'habitais. Est-ce que je voulais rester mariée? Mon aventure servait-elle tout simplement à montrer jusqu'à quel point j'étais malheureuse en ménage? Peut-être qu'il fallait en parler à mon mari. À ce stade, donc, j'avais deux nouvelles raisons pour mentir: j'avais honte de mes actes, et je redoutais la fin de mon couple si jamais mon mari apprenait la vérité. »

Le triangle couple/amant (maîtresse)

Une liaison extra-conjugale peut avoir une durée de vie d'un mois seulement ou au contraire aussi longue que celle du couple marié. Pour ceux qui se livrent à des conquêtes sans lendemain, il y a quelquefois des engouements passagers ou bien une succession de partenaires anonymes propre à donner le tournis. Mais la liaison de longue durée, elle, suppose la présence permanente, fût-elle non avouée, d'un troisième acteur. Surtout, le conjoint ayant entamé cette liaison est convaincu d'éprouver pour celui-ci un amour profond et durable. Cette conviction se distingue tellement des sentiments caractéristiques de toutes les autres formes d'infidélité que l'on est fondé à classer la liaison de longue durée dans une catégorie à part. L'amant (ou la maîtresse) occupe une place capitale dans le cœur et l'esprit du conjoint concerné, qui croit fermement à la réalité et à la pérennité de ses sentiments envers l'autre.

Comme l'a fait remarquer la sociologue Annette Lawson: « Il y a désormais trois personnes là où il n'y en avait que deux. C'est le triangle classique. » Ce triangle est souvent très serré puisque l'on n'y trouve que les deux conjoints et une « tierce personne », expression dont il convient d'ailleurs de limiter le champ à ce cas de figure simple. Car dès lors que l'acteur extérieur au couple est lui aussi marié, il joue un double rôle: tierce personne en même temps que conjoint infidèle. Autrement dit, on est en présence de deux triangles (au moins) qui se chevauchent. Si, par exemple, un premier triangle a pour protagoniste un homme qui trompe sa femme avec l'épouse d'un autre homme, celle-ci crée ainsi un second triangle avec son mari et celui de l'autre femme. Cette imbrication nous amène donc à désigner les deux personnes engagées dans la liaison extra-conjugale comme des « époux infidèles » et à réserver l'expression « tierce personne » pour les acteurs célibataires.

Annette, Simon et Daniel

Annette s'était mariée à l'âge de vingt ans. Au début, tout avait l'air parfait, un vrai petit nuage: Simon et elle étaient très amoureux, tous deux étaient bien lancés sur le plan professionnel et ils gagnaient suffisamment d'argent pour pouvoir se permettre une belle maison, deux voitures et des voyages fréquents. Et s'ils n'en avaient jamais discuté avant le mariage, Annette ne doutait pas qu'ils donneraient bientôt naissance à des enfants. Quelle ne fut pas sa consternation quand elle vit que Simon se montrait contrarié par l'annonce de sa première grossesse, au point de lui conseiller de se faire avorter! Il disait qu'ils ne pourraient supporter la dépense supplémentaire qu'un bébé entraînerait, mais Annette ne tarda pas à découvrir qu'il s'inquiétait avant tout du bouleversement de leur mode de vie qui en résulterait. N'aimaient-ils pas tous deux voyager, aller au théâtre, manger au restaurant et rouler dans une voiture haut de gamme? Aux besoins de l'enfant s'ajouteraient, selon lui, la baisse provisoire de leur revenu et la moindre disponibilité d'Annette. Bref, il faudrait renoncer à « la belle vie ».

Simon donnait certes l'impression d'accepter le bébé une fois qu'il était né, mais c'était une acceptation plus affichée que réelle. Ni le chagrin qu'avait éprouvé Annette à l'idée que son compagnon puisse songer à l'avortement ni le sentiment qu'avait celui-ci que sa femme attachait plus d'importance à son rôle maternel qu'à leur couple n'avaient été ouvertement exprimés. Ainsi, s'ils réussirent à traverser cette épreuve sans conflit majeur, toute l'expérience avait quand même laissé un goût amer dans la bouche d'Annette. Elle en venait à se demander s'il n'y avait pas d'autres sujets qu'ils avaient évité d'aborder avant de s'installer ensemble. Puis, peu de temps après la naissance du premier enfant et malgré le fait qu'Annette utilisait des moyens contraceptifs, elle se trouva de nouveau enceinte. Le rêve de Simon de la voir reprendre rapidement son travail pour leur assurer ce complément de revenu auquel il tenait tant vola d'un seul coup en éclats. À partir de là, et sans que l'un ou l'autre n'en parle, Simon est devenu de plus en plus distant et de plus en plus irritable. Il aidait très peu sa femme à s'occuper des petits et, tous les soirs à son retour à la maison, il se contentait, après le dîner, de s'installer devant la télévision, une bière à la main, et de s'endormir sur le canapé.

Dans un premier temps, Annette essaya d'en discuter. Mais chaque fois qu'elle lui demandait ce qui n'allait pas, elle recevait pour seule réponse le mot: « Rien ». Annette considérait qu'elle l'aimait toujours, et elle voulait s'accrocher, mais c'était bien difficile. Les rares fois où il leur arrivait encore de faire l'amour, Simon semblait peu présent, et Annette n'en tirait aucun plaisir. Elle avait souvent envie d'en parler, sauf qu'elle redoutait de n'obtenir que la réponse habituelle: « Il n'y a pas de problème. » Elle s'évertuait donc à se convaincre qu'il avait au fond raison: après tout, ils recevaient leurs amis, parlaient des enfants et trouvaient même, de temps à autre, le temps de partir à deux en week-end. Peut-être qu'effectivement, il ne fallait pas trop s'en plaindre.

Un jour, ils décidèrent que leur maison avait besoin de quelques travaux. Or plus Annette regardait Daniel, le réparateur, plus elle retrouvait le même émoi qu'elle avait connu au début de sa relation avec Simon. De deux années son cadet, mince et musclé, Daniel avait surtout des yeux d'un bleu profond qu'elle adorait. L'attirance semblait d'ailleurs réciproque, et ils ne tardèrent pas à échanger un premier baiser passionné. Annette pensait pouvoir se limiter à une aventure sexuelle, « sans attachement », mais elle découvrit rapidement toute la difficulté qu'il y a à opérer une telle séparation. Elle avait déjà oublié le vide qui semblait caractériser sa relation avec Simon, tant Daniel la comblait. Un sourire, un mot gentil, un câlin de sa part suffisait à lui remonter le moral. D'un côté, elle craignait de plus en plus d'être découverte. D'un autre côté, elle ne pouvait s'empêcher d'en vouloir à Simon de ne pas avoir remarqué jusqu'à quel point elle en était métamorphosée. Cette absence de réaction semblait confirmer son soupçon que, au fond, Simon ne s'intéressait plus à elle. Du coup, sa passion pour Daniel redoubla d'intensité.

Annette commença bientôt à invoquer des prétextes divers et variés pour pouvoir maintenir son idylle après la fin des travaux. Simon ne semblait toujours se douter de rien, mais il passait par une nouvelle phase renfrognée, comme à la naissance du premier enfant. Il s'était même mis à boire, comportement qui ne lui ressemblait décidément pas. Un jour, il fut pris d'une telle rage que, d'un coup de poing, il perça un trou dans une cloison. Peu de temps après, le hasard voulut que ce fût lui qui répondit au téléphone: la personne à l'autre bout du fil raccrocha vite, mais Simon était sûr d'avoir reconnu la voix de Daniel. Même scénario quelques jours plus tard. Cette fois-ci, Simon, furieux, lança à sa femme: « Comme ça, tu couches avec Daniel? » Annette nia l'accusation.

Au cours des mois qui suivirent, celle-ci se sentit de plus en plus happée par son aventure, tandis que Simon la pressa, avec une insistance croissante, de s'expliquer. Plus il s'emportait, plus Annette s'estimait fondée non seulement à entretenir une liaison extra-conjugale, mais à en dissimuler l'existence. Excédée par les éclats de colère de son mari, elle finit par se demander: « Non, mais qu'est-ce que j'ai pu lui trouver autrefois? J'ai dû être en manque d'amour pendant des années. » Simon n'était plus celui qu'elle avait épousé, et Daniel semblait être tombé à pic. Elle passait de plus en plus de temps avec celui-ci et fantasmait sur la nouvelle vie qu'elle allait construire: Daniel, elle-même et les enfants ensemble.

Annette ne tarda toutefois pas à se rendre compte que Daniel lui téléphonait moins qu'auparavant et qu'il paraissait moins disponible qu'à l'époque où leur idylle n'éveillait pas encore de suspicions. Un jour, Simon trouva les gants de travail de son rival sur le siège de la voiture. Fou de rage, il harcela Annette avec une telle ténacité qu'elle finit par avouer. Simon lui dit par la suite qu'il était soulagé de savoir qu'elle lui racontait la vérité et qu'il tenait malgré tout à réaffirmer son amour pour elle. Mais Annette avait d'autres soucis: elle était affamée de nouvelles de son amant. Quand elle l'appelait à présent, il paraissait détaché. Elle ne mit pas longtemps à découvrir qu'il sortait avec une autre femme, « enfin, plutôt une gamine », devait-elle préciser avec amertume. Son idylle avec Daniel prit brusquement fin. Sa relation avec Simon, elle, survécut, quoique dans une tension considérable. Pendant plusieurs années, Simon exigea de savoir en permanence où se trouvait Annette. Il la suivait souvent pour vérifier qu'elle ne lui avait pas menti. Un jour, il alla jusqu'à se présenter au salon de coiffure où elle prétendait avoir rendez-vous.

Annette a donc maintenu son couple, au prix cependant d'avoir parfois l'impression d'en être prisonnière. Simon, de son côté, reste très méfiant, même s'il ne souhaite pas divorcer. Curieusement, il a commencé à s'occuper davantage de sa femme, qui se demande si ce n'est pas là l'attention dont elle a toujours rêvé. La volonté de Simon d'entendre la vérité, coûte que coûte, et ses professions d'amour et de fidélité ont forcé l'estime d'Annette, encore qu'elle ne soit pas certaine de l'aimer en retour (« Mais sait-on d'ailleurs ce que c'est que l'amour? » demande-t-elle). « C'est sans doute illusoire, a-t-elle dit, d'imaginer que je puisse éprouver pour Simon la même passion que j'ai connue dans mon histoire avec Daniel. Mais c'est peut-être là que réside la différence entre mariage et aventure. » Et d'ajouter avec mélancolie: « Ne pensez pas que les remords me seraient étrangers, au contraire. Je suis sûre qu'il y a eu des moments où Simon aurait eu envie de se lancer à son tour dans une aventure, mais je suis persuadée qu'il ne l'a jamais fait. Il méritait d'être beaucoup mieux traité. »

Léon, Linda et Jeanne

Léon avait quarante-cinq ans quand il fit la connaissance de Linda, secrétaire dans la société d'électronique dont il était patron. Marié depuis vingt-trois ans à Jeanne, père de deux enfants alors adolescents, c'était le *self-made-man* type. Ce fils d'un ouvrier de la confection était déterminé à épargner à sa femme et à ses enfants la pauvreté qu'il avait connue. Élève brillant, Léon s'était marié très jeune et avait exercé divers métiers pendant qu'il préparait sa maîtrise en électronique. Jeanne, son épouse, avait abandonné ses études pour pouvoir travailler à temps complet.

À sa sortie de l'université, Léon avait déjà plusieurs brevets à son actif. Une de ses inventions intéressait tellement l'un de ses patrons que celui-ci se proposa comme commanditaire au cas où il se mettrait à son compte. Grâce à ce coup de pouce, Léon connut une ascension fulgurante dans l'électronique et amassa bientôt une petite fortune. Pendant toutes ces années, il maintint le même rythme de travail frénétique qui avait été le sien à l'université. Il sillonnait le pays pour faire la promotion de ses inventions et, quand il n'était pas en déplacement, il passait au moins douze heures par jour au bureau.

Au fil des ans, Jeanne se plaignait de plus en plus du peu de temps qu'il consacrait à sa femme et à ses enfants. Léon, lui, ne voyait pas les choses ainsi: dans son esprit, sa tâche consistait avant tout à subvenir à leurs besoins matériels, domaine où il estimait n'avoir rien à se reprocher. Était-ce sa faute si son travail l'accaparait à ce point? D'ailleurs, ils avaient chacun une vraie vie qui leur apportait bien des satisfactions. Jeanne était non seulement épouse et maman, mais aussi une figure incontournable sur le plan local. Elle était devenue la cheville ouvrière de l'association de parents d'élèves, comme d'ailleurs de toutes les structures dans lesquelles elle s'était investie. Lui-même avait largement réussi en affaires. C'est ainsi que Jeanne, en dépit de ses protestations, se résignait peu ou prou au statu quo.

Tout se passait de façon totalement différente avec Linda. Au début, elle avait à peine attiré l'attention de Léon, mais elle avait progressivement su se hisser au rang de bras droit du patron. Contrairement à Jeanne, elle semblait vouloir pousser Léon à prendre mieux soin de lui.

Elle lui disait que sa tenue était en dessous de tout et l'incitait à renouveler sa garde-robe. Léon n'en revenait pas: personne ne lui avait encore parlé de la sorte, et, sans l'avouer, il en était flatté, tant et si bien qu'il finit par suivre les conseils de la jeune femme. Les reproches de Jeanne ne concernaient qu'elle-même et ses propres besoins, tandis que les remarques de Linda avaient apparemment pour objet d'aider Léon. « Quel plaisir, reconnaîtra-t-il par la suite, que de se sentir pris en charge, au lieu d'être l'éternel soutien de famille! D'avoir pour une fois l'impression de se faire gâter! »

C'est avec émoi que Léon constata qu'il était en train de tomber amoureux de Linda, lui qui n'avait jamais eu de mots assez durs pour qualifier tous ces hommes indisciplinés qui trompaient allégrement leur femme. « Tout me paraissait tellement clair autrefois », se souvenait-il. À présent, il avait l'impression d'avoir une double personnalité: tantôt chef de famille exemplaire, tantôt jeune amant fougueux. Il commençait à offrir des cadeaux extravagants à Linda, qui en était ravie. Encore une fois, le contraste avec son épouse était saisissant: chaque fois qu'il avait proposé de lui acheter un vison ou une voiture de luxe, Jeanne répondait: « Pourquoi gaspiller ainsi notre argent? Pense plutôt à des cadeaux pour les enfants, ou aux économies qu'il faut faire pour payer leurs études. » La « double personnalité » de Léon donna bientôt lieu à une double vie véritable. Dans un premier temps, ses longues absences n'éveillèrent pas les soupçons de sa femme, d'autant qu'il avait toujours travaillé très tard et à des heures irrégulières. Mais Jeanne finit par remarquer le changement en cours et demanda des comptes. C'est alors que Léon enfreignit encore, à son corps défendant, une de ses règles de vie: il lui mentit ouvertement. Jeanne ne tarda pas à engager un détective privé, puis un avocat, qui l'aida à entamer une procédure de divorce. Et à la mener à terme.

Léon était tombé des nues. Il avait toujours considéré que son mariage et son idylle existaient « dans deux cases différentes ». À présent, il se reprochait amèrement d'avoir fait preuve de si peu de pugnacité au cours de la procédure de divorce. Il commençait à négliger son travail et, surtout à boire beaucoup plus qu'il n'en avait l'habitude. Il s'ennuyait terriblement de sa femme et se sentait de plus en plus coupable d'avoir détruit de la sorte son foyer. Que n'aurait-il pas donné pour regagner le respect que ses enfants lui avaient toujours témoigné! Ils lui paraissaient maintenant si distants, si renfrognés. En leur compagnie, il ne savait plus sur quel pied danser, et quoi qu'il fît, il avait invariablement le sentiment d'avoir tort.

Là-dessus se greffait une complication supplémentaire. Tout au long de la procédure de divorce, Linda lui avait clairement fait comprendre qu'elle s'attendait à devenir son épouse dès qu'il serait libre. Puis, une fois le divorce prononcé, elle augmenta la pression, à tel point que Léon était de moins en moins à l'aise avec elle. Il commençait à se demander si Linda lui convenait tant que cela et à lui remarquer de petits défauts qui, dans le feu de la passion, lui avaient totalement échappé. Comment avait-il pu s'aveugler à ce point? Quelques années après le divorce, il mit fin à sa relation avec la jeune femme. C'est à peu près à la même époque que sa fille, alors âgée de vingt ans, fut hospitalisée à la suite d'une tentative de suicide. Léon s'étonna de la facilité avec laquelle Jeanne et lui-même purent se concerter pour aider leur enfant: il avait l'impression de ne l'avoir jamais quittée. Il éprouvait à l'égard de son ex-épouse une tendresse qu'il n'avait pas connue depuis de longues années. Dès que leur fille se fut à peu près rétablie, Léon proposa timidement à Jeanne qu'ils se donnent une seconde chance. Hochant la tête, elle répondit avec un mélange de regret et d'amertume: « Trop d'eau a coulé sous les ponts. »

Fred, Marielle et Philippe

Fred et Marielle étaient ensemble depuis douze ans. Mariés relativement jeunes, ils avaient néanmoins préféré attendre avant de faire des enfants, d'une part parce que tous deux avançaient bien dans leur vie professionnelle et d'autre part parce qu'ils souhaitaient constituer un bas de laine. Mais Marielle, désormais près de la quarantaine, estimait qu'elle ne pouvait plus reporter l'échéance, et c'est ainsi qu'elle mit au monde un fils puis une fille en l'espace de quelques années.

Fred, malgré le bonheur que lui apportait son nouveau rôle de père, éprouvait une certaine contrariété. La joie et la complicité qui avaient tant marqué leur couple évoquaient à présent une source qui se tarit lentement. Leur vie sociale se limitait désormais à une poignée d'amis qui avaient eux aussi fait des enfants sur le tard, et ceux-là avaient tendance à ne parler que de crèches, de pédiatres et de couches culottes. À l'ennui et à l'écœurement que ressentait Fred s'ajoutait son impression que Marielle, connue auparavant pour ses toilettes soignées, se laissait de plus en plus aller. Le soir en rentrant du travail, il lui arrivait de la retrouver encore en robe de chambre. Leur vie sexuelle s'était également détériorée. Fred avait un peu honte de toutes ces réactions négatives, et il se gardait bien de les communiquer à Marielle, mais, en sa présence, il s'enfermait de plus en plus dans le mutisme. Il avait souvent l'impression, à son retour à la maison, de ne pas être tout à fait chez lui. Au cours d'une soirée type, il se servait à boire, s'installait devant la télévision et s'endormait ainsi, pour être réveillé par Marielle à l'heure où il fallait se coucher. Il se consolait en pensant que, fort heureusement, son travail l'occupait suffisamment pour l'aider à tenir pendant ces années de vaches maigres, et que la situation allait finir par s'améliorer.

Il commençait toutefois à sentir que, en dépit de sa réserve, sa déception n'échappait plus à sa femme. L'irritation qui affleurait dans sa voix, la façon dont il penchait la tête en lui adressant la parole, tout semblait creuser la distance entre eux. Par ailleurs, Fred plaignait sincèrement Marielle, obligée de passer toute la journée à la maison avec les enfants, alors que, avant leur naissance, elle avait occupé un poste de grande responsabilité. Ils avaient de temps à autre de petites prises de bec sur des broutilles, mais ils ne se disputaient jamais pour de bon. « C'est un peu comme une période de disette », se racontait Fred. Cependant, le sujet ne fut jamais abordé.

Un soir, Fred découvrit en rentrant que Marielle avait changé de coiffure. Il lui en fit compliment et se dit avec satisfaction: « Peut-être qu'elle est en train de se ressaisir. » Quelques jours plus tard, Marielle lui demanda s'il ne voyait pas d'inconvénient à ce qu'elle s'inscrive dans un club de remise en forme, compte tenu du mal qu'elle avait à perdre les kilos pris depuis la naissance des enfants. Encore une fois, Fred se félicita de cette nouvelle volonté de se reprendre en main.

Pourtant, il ne décelait toujours aucune amélioration dans leur couple. Et puis il notait avec agacement quelques petits changements que sa femme avait opérés dans sa vie quotidienne. Un soir où il était rentré un peu plus tard que d'habitude, il trouva une baby-sitter et un mot expliquant que Marielle était au gymnase mais qu'il y avait de quoi manger au réfrigérateur: il suffisait de le passer au micro-ondes. Fred en fut vexé, mais il n'en dit pas un mot. Ce fonctionnement devint de plus en plus la norme, à tel point que Fred s'inquiétait de voir sa femme tomber dans la dépendance envers l'exercice. Elle avait déjà beaucoup maigri et s'entraînait désormais plusieurs heures par jour, y compris le week-end. Fred fut particulièrement piqué à vif lorsque, le jour de son anniversaire, elle s'obstina néanmoins à partir comme d'habitude pour le gymnase en proposant de remettre à un autre jour le dîner en ville qu'ils avaient prévu pour fêter l'occasion.

Un soir, Marielle lui téléphona pour annoncer qu'elle avait retrouvé une vielle amie au club de remise en forme et qu'elle risquait de rentrer très tard. Quand elle arriva enfin, à deux heures du matin, Fred l'attendait derrière la porte. Il vit repartir une deuxième voiture: son enquête était bouclée. « Tu as un amant, avoue-le! » cria-t-il, hors de lui. Marielle nia avec véhémence. Des mois durant, ce fut le sujet de disputes régulières. La conviction de Fred d'avoir raison grandissait de jour en jour, tandis que Marielle rejetait sans cesse ses accusations. Un soir, il la suivit jusqu'au gymnase. Là, devant la porte, il aperçut un monsieur en tenue de moniteur qui embrassait passionnément Marielle. Se croyant au bord de la crise cardiaque, il se précipita chez lui, d'autant qu'il craignait de commettre l'irréparable s'il restait sur place. Il avait bien envie de frapper cet homme qui lui avait volé sa femme.

Au retour de Marielle, Fred lui lança aussitôt un ultimatum: « Soit tu le choisis et tu sors définitivement de ma vie, soit tu me jures que tu ne le reverras plus jamais. » Marielle répondit qu'elle ne savait plus où elle en était et qu'elle était effrayée par cet éclat de colère. Peu à peu, elle révéla combien elle s'était sentie, elle aussi, seule dans leur couple. Elle avait trouvé Fred peu attentif depuis la naissance des enfants, tandis que son aventure lui avait redonné le sentiment de vivre intensément. En son for intérieur, Marielle ne se faisait certes pas d'illusions sur l'avenir ou même la consistance de son idylle, mais elle ne pouvait l'admettre à Fred. Surtout pas à ce stade de confusion extrême, où elle se sentait incapable de rompre aussi brutalement avec son amant.

Fred était furieux de s'entendre dire que, au fond, c'était son détachement excessif qui avait provoqué l'infidélité de sa femme. Non seulement elle avait trahi sa confiance, mais en plus, elle lui demandait à présent de se le reprocher! « Comme ça, pestait-il, c'est ma faute à moi? Tu étais peut-être malheureuse, mais n'y avait-il rien d'autre à faire dans ce cas que de me mentir, de me tromper? Le seul moyen de me prouver que tu veux vraiment sauver notre couple, c'est de mettre fin à ta liaison. Qu'en dis-tu?

– Je ne suis pas prête à te le promettre, répondit-elle. Je me sens encore trop dedans. Si tu essaies de m'arracher un engagement de ce type, tu ne feras qu'aggraver la situation. »

Pendant plusieurs mois, Fred attendit patiemment, tout en se tourmentant intérieurement. Si le film qu'il regardait montrait une scène d'infidélité conjugale, il devait quitter la salle. Il ne supportait même pas de passer devant le fameux gymnase en voiture. Il commençait à avoir des cauchemars dans lesquels Marielle faisait l'amour avec son amant. Dans le même temps, en revanche, il vivait avec elle un regain de passion et d'activité sexuelle qu'il n'avait pas connu depuis des années. Peu à peu, ils se mirent à parler des origines de leur crise. Fred commençait à comprendre que sa femme avait en partie raison: son manque d'affection n'était peut-être pas la cause directe de l'infidélité, mais il n'avait certainement rien fait pour arranger les choses. Enfin, au bout de quelques semaines, Marielle lui apprit qu'elle s'était retirée du club de remise en forme et qu'elle avait donné congé à son amant. Mais pendant plusieurs années encore, il suffit de bien peu pour raviver les soupçons de Fred. Aujourd'hui, à plusieurs années de distance, il reconnaît que, si son couple est dans l'ensemble plus satisfaisant qu'auparavant, notamment sur le plan du dialogue, quelque chose a irrémédiablement changé. « Dans un sens, dit-il, j'ai l'impression d'avoir perdu mon innocence. »

Édith, Tony et Patricia

Édith, jeune immigrée latino-américaine, était encore adolescente quand elle connut Tony, de quelques années son aîné. Dès qu'elle le vit pour la première fois, elle sut qu'elle avait trouvé l'homme de sa vie. Bientôt, elle se mit à penser sans cesse à lui, et l'attirance semblait réciproque. Ses parents la croyaient en proie à l'un de ces engouements passagers si caractéristiques de son âge, mais Édith savait qu'ils ne tarderaient pas à se marier. Il y avait certes des côtés qui ne lui plaisaient pas spécialement chez Tony, comme sa coquetterie constante. Les amis d'Édith l'avaient même prévenue qu'elle avait affaire à un coureur de jupons, mais elle estimait que les frasques de son amoureux étaient sans importance. Leur relation était orageuse et émaillée par des disputes acrimonieuses où Édith exigeait des explications sur les flirts de Tony, mais celui-ci parvenait à chaque fois à la convaincre qu'il n'aimait qu'elle. À l'âge de dix-sept ans, Édith se trouva enceinte. Cela lui sembla le moment idéal pour fonder une famille à elle, peut-être parce que sa situation chez ses parents n'était pas des plus heureuses. C'est ainsi que, juste avant l'accouchement, Tony et elle convolèrent en justes noces.

Tony se montra attentif et travailleur. Il n'hésitait pas à remplacer la jeune maman épuisée auprès du bébé, qu'il adorait. Il s'était adapté à leur nouvelle vie à trois avec une facilité étonnante. Mais les disputes au sujet de son côté « coureur de jupons » ne cessaient pas pour autant. Il arrivait souvent à Édith de le surprendre, au cours d'une soirée, dans un coin isolé en train d'embrasser avec ardeur une autre femme. Cela la mettait en rage, mais Tony lui jurait qu'il n'agissait ainsi que par jeu et que personne ne la remplacerait jamais dans son cœur. Édith se contentait de cette dénégation, fût-ce de mauvais gré. Le problème se reposait avec une acuité particulière chaque fois qu'elle voyait son époux rentrer très tard dans la nuit, car elle était persuadée qu'il avait été dans les bras d'une autre. Pourtant, mis à part ces épisodes, Tony semblait tellement exemplaire - tendre, prévenant, totalement investi dans son rôle - qu'Édith se disait qu'elle pouvait finalement fermer les yeux sur ses petits écarts de conduite. D'ailleurs, à quoi bon en faire une montagne, puisque leur relation sexuelle était si bonne?

À l'âge de trente-cinq ans, Édith avait déjà trois enfants. Tony était toujours très attentif, mais elle le trouvait néanmoins changé. Il était monté en grade dans le cabinet d'avocats où il avait débuté comme coursier, occupant désormais le poste d'assistant juridique. La direction lui avait accordé une bourse en reconnaissance de son sérieux et, au bout de quelques années, il avait obtenu un diplôme sanctionnant les cours qu'il suivait en dehors de ses heures de travail. Mais voilà qu'il commençait à adresser des reproches à sa femme. Un gouffre s'était creusé entre eux, disait-il, car Édith n'avait pas évolué au même rythme que lui. Elle n'avait fait aucun effort pour reprendre ses études, elle s'exprimait avec maladresse, elle avait énormément grossi: la liste s'allongeait sans fin. Tous ses efforts ne servaient apparemment à rien.

Tony restait de plus en plus tard à son bureau à mesure que s'élargissait le champ de ses responsabilités. Il expliquait à Édith que, à la veille d'un procès, il avait désormais l'obligation de plancher sur le dossier jusqu'à ce que tout soit fin prêt, si besoin est en y passant la nuit entière. Un jour, une amie d'Édith réagit à ses lamentations sur les longs nocturnes de Tony en avançant l'hypothèse qu'il avait peut-être une maîtresse. « D'abord, rétorqua Édith, il n'y songerait tout simplement pas. Et même s'il le voulait, comment ferait-il? Moi, je n'ai jamais de problème pour le joindre à son bureau, y compris la nuit. » Il n'empêche: son amie avait semé le doute dans son esprit. Édith se mit à téléphoner plus souvent au cabinet, mais Tony était toujours là pour répondre. Elle commença à rechercher des indices, comme un cheveu sur le veston de Tony, l'odeur d'un parfum inconnu, bref, toutes ces traces dont parlent les magazines féminins: en vain.

Puis, un jour, au pot de fin d'année organisé par le cabinet d'avocats, Tony présenta une collègue, également assistante juridique, à Édith. Celle-ci remarqua tout de suite que cette jeune femme avenante ne portait pas d'alliance. Soudain, tout s'éclaircit dans sa tête: c'était donc avec sa collègue Patricia que Tony entretenait une liaison, qui plus est en se servant des locaux de l'entreprise. Voilà pourquoi il était si facile à joindre, jour et nuit. Contenant sa rage à grand-peine, Édith exigea des explications dès leur retour à la maison. Elle se heurta à des dénégations indignées, mais, au cours des mois qui suivirent, elle revint inlassablement à la charge et, un jour, en pleine altercation, Tony finit par confesser. Patricia incarnait tout ce qu'il avait toujours recherché chez une femme : instruction, ambition, élégance. Il s'empressa cependant de préciser qu'il ne quitterait jamais de son plein gré sa femme et ses enfants, qu'il aimait par-dessus tout. Il dit à Édith que si, en revanche, elle souhaitait partir, il ne la retiendrait pas.

« Comment veux-tu que je le fasse ? répondit-elle. Je n'ai pas d'argent, pas de travail, pas de diplôme, pas d'endroit où aller, personne pour s'occuper des enfants !

– Eh bien alors, tu restes, mais moi, je ferai ce qui me plaît, voilà ! »

Édith et Tony demeurèrent plusieurs années dans cette impasse. Face aux enfants et à leurs proches, ils projetaient une image de bonheur conjugal (quand ils ne se disputaient pas) et, fait étonnant, il leur arrivait de temps en temps de faire l'amour. Puis, un jour, à l'approche de son cinquantième anniversaire, Tony annonça à Édith que sa liaison extra-conjugale était finie. Patricia avait quitté la société pour s'installer dans une autre région, et il n'avait aucune intention de la suivre.

Leur couple sembla dès lors retrouver son équilibre antérieur. Tony exprimait de nouveau sa tendresse attentionnée d'autrefois. Mais pour Édith, quelque chose s'était définitivement cassé. Elle ne pouvait plus lui faire confiance comme avant, et elle n'était toujours pas convaincue qu'il avait réellement rompu avec Patricia. Dans des moments d'égarement, elle se demandait si elle ne devrait pas à son tour avoir une aventure, juste pour se venger. Ou révéler la bassesse de Tony à toute la famille. Le mariage dura néanmoins, mais Édith n'éprouvait plus la moindre passion. Elle dit à une amie : « Si j'avais eu un peu plus d'argent et d'instruction, je l'aurais probablement quitté. Pendant toutes ces années, Tony n'a pas prononcé un seul mot d'excuses. Enfin, il faut sans doute que je me résigne à mon sort. »

Monique, l'« autre personne »

Vous serez peut-être étonné, après ces pages présentant l'exemple d'un homme puis d'une femme, de rencontrer deux femmes célibataires dans les exemples suivants. Mais mon expérience professionnelle et mes enquêtes sur les personnes qui utilisent Internet pour parler de l'infidélité m'ont appris que, lorsque le triangle amoureux se construit avec un célibataire, il s'agit presque invariablement d'*une* célibataire. Car quel que soit le chiffre retenu pour le taux d'infidélité conjugale (la fourchette va de 20 % à 50 %), on découvre que les maris y sont représentés de façon prépondérante. « L'autre femme »: ce n'est pas par hasard que cette expression soit aussi courante. Le moment est donc venu de considérer le cas de deux femmes qui font partie de cette catégorie très nombreuse.

Monique, étudiante en sciences politiques âgée de vingt et un ans, avait eu la chance de décrocher une place de stagiaire auprès d'un élu très en vue qui se représentait aux élections législatives toutes proches. Elle était d'autant plus ravie de cette mission qu'elle respectait beaucoup cette figure pour ses prises de position sur de nombreuses questions. Quelle bonne nouvelle à annoncer à ses parents!

Que ce fût en raison de ses fortes convictions religieuses - elle venait d'une famille catholique traditionaliste - ou de son naturel timide, Monique n'avait encore jamais eu de véritable relation amoureuse. « Je suis sans doute naïve, me racontera-t-elle des années plus tard, mais au départ j'étais à mille lieues d'imaginer que j'avais tapé dans l'œil de Louis. » Elle se disait seulement qu'il l'appréciait pour la qualité de ses idées, sa grande capacité de travail et ses manières agréables.

Un soir où elle était restée particulièrement tard à la permanence, Louis lui proposa de sortir dîner avec lui. Il n'attendit pas longtemps avant de se lancer dans le récit de ses malheurs conjugaux: il se demandait comment son mariage pouvait encore tenir, s'avouait perplexe devant la nouvelle attitude de sa femme qui ne semblait plus l'aimer, et ainsi de suite. Après avoir souligné qu'il ne s'était encore jamais épanché de la sorte auprès de qui que ce fût, il fit promettre le secret à la jeune femme.

Monique en était flattée et honorée. Penser que cet homme illustre s'intéressait de plus en plus à sa personne! Encore mieux, il semblait la considérer comme une vraie amie, une confidente.

Si Louis ne faisait plus mystère de son attirance pour elle, il n'avait encore jamais osé l'embrasser. Il allait bientôt lui expliquer que, compte tenu de sa carrière politique et en dépit de la force de ses sentiments, il était contraint d'observer la plus grande discrétion dans ses rapports avec elle.

La situation demeura inchangée pendant plusieurs semaines. Puis, un soir, Louis demanda à Monique de s'attarder après le départ du reste de l'équipe. Prenant sa main dans les siennes, il lui annonça qu'il était en train de tomber amoureux d'elle. Il dit que, pour la première fois depuis des années, il se sentait de nouveau jeune, et ébloui par les idées, l'enthousiasme et la beauté de son assistante. À tel point il se croyait désormais incapable de vivre sans elle. C'est alors qu'ils se laissèrent aller à un premier baiser passionné.

Monique était profondément touchée par cette déclaration, mais aussi un peu effrayée. Elle sentait qu'elle commençait à son tour à tomber amoureuse, et elle se demandait si elle n'avait pas eu tout simplement droit au même aveu enflammé que Louis réservait à toutes ses stagiaires. Elle entreprit donc de se renseigner discrètement: non, il n'y avait pas de cancans pouvant confirmer ses soupçons. À partir de là, elle douta de moins en moins de la sincérité de Louis. Leur relation prenait un caractère de plus en plus passionnel et, pour finir, sexuel. Ce changement plongea Monique dans la consternation: elle qui était si croyante couchait à présent avec un homme marié! Elle en éprouvait une telle honte qu'elle n'osa plus mettre les pieds dans une église pour ne pas devoir se confesser.

À la fin de l'année universitaire, il était prévu qu'elle rentre chez ses parents. Or Louis lui assura qu'il ne pouvait se passer d'elle, et elle avait le même sentiment à son égard. Au téléphone avec ses parents, Monique inventa donc un prétexte pour prolonger son séjour. Mais la situation était difficile à supporter. Louis continuait de se répandre dans des réunions mondaines et des événements publics en compagnie de son épouse, alors que Monique devait se contenter de rencontres clandestines. S'ils dînaient ensemble, c'était forcément dans un endroit reculé où il ne risquait pas d'être reconnu. S'ils voulaient faire l'amour, il fallait évidemment se retirer dans quelque hôtel sordide. Et le pire, c'étaient les vacances, que Louis était obligé de passer en famille.

Au bout d'un an environ, Monique commença à se demander pourquoi Louis n'avait pas entamé une procédure de divorce, et elle finit par lui poser la question. Il répondit que, malgré tout l'amour qu'il éprouvait pour elle, il s'était rendu compte qu'il tenait également à sa femme et qu'il ne pouvait imaginer de la quitter, et encore moins de se séparer de ses enfants.

Terrassée, Monique lui déclara que tout était fini entre eux. Quelques jours plus tard, alors qu'elle s'apprêtait à démissionner de son travail et à retourner chez ses parents, Louis l'appela, affolé, et la supplia de le revoir. Elle refusa, mais repoussa tout de même son départ. Quelques jours d'attente devinrent bientôt des semaines. Sans comprendre pourquoi, Monique commençait à passer devant la maison de Louis afin de savoir si sa voiture était là, puis à téléphoner chez lui et à raccrocher aussitôt. Un jour où elle eut l'épouse de Louis au bout du fil, elle fut à deux doigts de tout lui raconter. Mais elle raccrocha néanmoins.

Louis avait le chic pour la relancer dès que Monique se sentait prête à partir. Elle accepta plusieurs fois de le revoir et ils firent l'amour. Enfin, elle lui avoua que chaque nouveau rendez-vous ne faisait qu'aggraver sa peine. Elle avait pourtant des sentiments contradictoires, car elle ne pouvait s'empêcher de plaindre Louis ainsi que sa femme, avec leur vie empreinte de tristesse. Peu de temps après, elle découvrit qu'elle était enceinte. Elle téléphona à Louis, qui réagit avec un mélange de douceur et de détachement. « Il faudra, bien sûr, que tu te fasses avorter, dit-il, et je t'aiderai par tous les moyens. » Or cette aide « par tous les moyens » se résumait en fin de compte à une participation aux frais. La présence réconfortante de Louis à ce moment difficile était, cela va de soi, totalement impensable, puisqu'il se compromettrait de la sorte. Monique, qui estimait ne pouvoir confier son secret à personne, subit donc l'épreuve dans la plus grande solitude.

Même après, Louis chercha pendant plusieurs mois à ressusciter de temps à autre leur idylle. Monique, de son côté, s'émerveillait de son propre désir de renouer avec lui. Elle parvint à résister à la tentation, mais au prix d'un désespoir croissant. Un jour, elle prit une dose énorme de somnifères pour se suicider. Fort heureusement, elle appela une amie qui se précipita chez elle et la conduisit à l'hôpital. Monique fondit en larmes dans les bras de celle-ci et, tout en s'attachant à protéger le nom de Louis, s'autorisa à laisser filtrer quelques détails de son histoire. Ainsi, pour la première fois depuis longtemps, elle se sentit revivre. Peu de temps après, elle regagna sa ville natale. Elle continue, encore aujourd'hui, à se reprocher son comportement dans cette affaire. Et pour curieux que cela puisse paraître, elle n'en veut pratiquement pas à Louis. Elle ne le considère pas comme un coureur de jupons, mais estime tout simplement qu'il passait alors par une mauvaise période et qu'elle s'est trouvée là au bon moment.

Moniquc sc dcmandc, lorsqu'elle entend parler de « l'autre femme », comment on peut imaginer que c'est un statut enviable. « Quand j'y repense aujourd'hui, dit-elle, je m'aperçois que je ne me suis jamais sentie l'égale de personne, ni de Louis ni de sa femme. Et même si je ne rejette pas la responsabilité sur lui, toute cette histoire m'a rendue extrêmement méfiante envers tous les hommes. »

■ *Tara et la bigamie « licite » de Jeff*

« L'expression « l'autre femme » me décrit assez bien. Je suis finalement une composante du couple de Jeff et Carine depuis dix ans. Ma liaison avec lui a commencé à peu près deux ans après leur mariage. » Sccrétaire juridique qui a la quarantaine passée, Tara ne s'est jamais mariée. « Le divorce, explique-t-elle, est une véritable tradition dans ma famille. Du côté de ma mère, c'est le cas depuis trois générations, et je ne tiens pas à en faire la quatrième. Avant de connaître Jeff, il y a eu plusieurs occasions où je n'étais pas loin de sauter le pas, mais une petite voix me rappelait toujours à l'ordre en disant: « Ne le fais pas! Attention, danger! »

Quand Tara rencontra Jeff, avocat quinquagénaire à succès, elle eut l'impression d'avoir décroché la timbale. Tous deux se passionnaient pour le théâtre, l'opéra, la haute cuisine et, ajouta-t-elle, les « ébats amoureux »:

— Jeff ne semblait pas spécialement à la recherche de conquêtes, affirma-t-elle, quand nous nous sommes connus. Cela s'est produit plutôt par hasard. Au bout d'un certain temps, il a proposé que je m'installe dans ce bel appartement, dont il paie une partie du loyer. Mais je ne me fais pas d'illusions, car je sais qu'il ne quittera jamais Carine. Il continue sans doute de l'aimer à sa façon et il craint terriblement de perdre ses enfants en cas de divorce. Moi, je n'ai pas beaucoup d'estime pour sa femme. Je pense qu'avec moi Jeff se sent valorisé, respecté, même dorloté. En échange, il me donne tout l'amour et toute l'attention dont j'ai besoin. J'ai l'impression d'être traitée comme une reine.

Carine est franchement bête. Elle n'arrête pas de le critiquer, et même de le rabaisser devant leurs amis. Je ne crois pas qu'elle l'apprécie réellement en tant qu'individu. C'est pour cela que je ne comprends pas comment il peut continuer à l'aimer, mais je suis sûre que c'est le cas. J'ai dans l'idée que c'est moi qui permets à leur couple de survivre. Avec elle, il a une vie de famille, ce que je ne recherche pas. Avec moi, il a la passion et la rigolade. Il y a autre chose qui me chiffonne. Pendant toutes ces années, Carine ne l'a jamais interrogé une seule fois sur ce qu'il fait quand il n'est pas avec elle. N'est-ce pas bizarre? Soit elle ne se doute de rien, soit elle fait semblant de ne pas savoir.

Des liaisons comme celle de Tara ressemblent dans un sens à une forme de « bigamie licite ». Souvent, un homme situé aussi haut que Jeff dans la hiérarchie sociale a beaucoup de pouvoir et surtout suffisamment de moyens pour financer aisément deux domiciles. Les différences de rang entre homme et femme sont, du reste, un trait plutôt courant des aventures extra-conjugales, et cela pour au moins deux raisons. D'abord, à cause de l'écart des salaires entre hommes et femmes (qui se maintient encore autour de 30 %), les hommes disposent généralement de revenus bien supérieurs à ceux des femmes. À cet avantage financier correspond le plus souvent une supériorité en matière de position et de prestige. La plupart des femmes épousent un homme plus grand, physiquement plus fort, mieux payé et professionnellement plus reconnu qu'elles. On ne s'étonnera donc pas de retrouver cette même disparité de revenu et de pouvoir dans une liaison entre un homme marié et une femme, surtout célibataire. En outre, nombre d'aventures réunissent une femme avec un homme de plusieurs années son aîné et dont l'âge et l'expérience renforcent l'ascendant. C'est souvent d'ailleurs ce pouvoir accru que les hommes recherchent dans une liaison, notamment avec une célibataire.

Qu'est-ce qui fait qu'une liaison dure

Dans ce chapitre, nous avons observé la liaison amoureuse du point de vue de ses acteurs. Nous avons noté en quoi celle-ci se distingue des autres formes d'infidélité conjugale. La principale raison de cette différence réside dans l'intensité de la nouvelle relation. Pendant un certain temps, l'idylle peut exister dans sa bulle, protégée par le cloisonnement et les mensonges auxquels se livre l'époux infidèle, souvent assisté en cela par la tendance de l'époux trompé – ou même de la tierce personne – de se voiler la face.

Il est cependant d'autres cas où tous les trois acteurs finissent par prendre conscience de l'existence les uns des autres:

✓ le partenaire qui jusque-là ne se doutait de rien reçoit un jour un renseignement capable de démolir sa vision idéalisée;
✓ la célibataire qui attendait avec patience et confiance le divorce de son amant doit se rendre à l'évidence que cela ne se produira jamais;
✓ la personne convaincue d'avoir trouvé l'homme ou la femme de sa vie se découvre en présence d'un géant aux pieds d'argile.

Mais même avant le moment de vérité, chacun a déjà exercé un effet profond sur la vie des deux autres.

Contrairement à l'amour de rencontre ou à la conquête donjuanesque, la liaison de longue durée plonge souvent ses racines dans les tensions entre mari et femme. On peut dans ce cas distinguer quatre étapes menant du début de l'aventure jusqu'à sa découverte par le partenaire précédemment dans l'ignorance. Vous pouvez vous servir de votre journal pour soutenir votre réflexion sur cet enchaînement:

1. Faible capacité de se confier et de résoudre des problèmes

Le couple qui subit un jour des aventures extra-conjugales peut donner superficiellement une impression de solidité acceptable. Mais à y regarder de plus près, on découvre que l'un des époux, ou même les deux, a du mal à s'ouvrir complètement à l'autre, à exprimer ses véritables sentiments. Le couple souffre de ces difficultés à partager et à dialoguer. Régler des différends devient dès lors pratiquement impossible. Les ressentiments peuvent rester enfouis pendant des années et, de ce fait, les problèmes du couple ne sont jamais abordés.

2. Irruption du grain de sable

Ce faible niveau de communication et d'aptitude à évoquer et résoudre les problèmes a tellement entravé la création d'un lien fort entre les époux que, lorsque l'un des deux s'entiche de quelqu'un d'autre, il n'y a pas moyen d'en parler. La fascination grandit et la liaison prend de l'ampleur. L'autre conjoint, qui se croit encore dans une relation exclusive, ne se doute de rien.

3. Détérioration de la vie de couple

L'époux trompé n'a toujours pas conscience de la nouvelle situation, mais son comportement n'en subit pas moins les effets. À mesure que s'accumulent les signes de l'existence d'une troisième personne, de l'établissement du triangle amoureux, l'époux infidèle s'obstine à tout nier en bloc, même quand il se voit sommé de dire la vérité. Son partenaire prend ces dénégations pour argent comptant. Une patiente a résumé cette étape de la manière suivante: « J'étais souvent irritable et d'une humeur massacrante, sans savoir pourquoi. J'avais au fond de moi une sensation étrange, comme une bombe à retardement qui faisait un tic-tac sinistre. Même si toutes les preuves du monde m'avaient été présentées, j'aurais probablement continué à croire ses histoires. »

4. Explosion de l'état de crise; rage et colère mais aussi nouvel espoir

La personne qui jusqu'ici s'était aveuglée volontairement ne peut plus éviter de voir les preuves d'infidélité, tant ces dernières deviennent accablantes. Il arrive parfois que l'époux infidèle s'arrange même pour se faire prendre. Mais quelles que soient les circonstances de la découverte, la bombe à retardement explose à ce stade. L'amertume auparavant ravalée se mue en rage débordante. Ainsi s'ouvre une période de crise, et donc d'espoir, car toute crise, si traumatisante soit-elle, comporte un potentiel de changement. Une issue possible est le renforcement du couple, les deux partenaires ayant énormément évolué dans leur lutte commune pour dépasser un problème aussi grave. Une autre est que la découverte sonne le glas de leur union. Dans le chapitre suivant, nous allons aborder certaines des questions les plus couramment posées au stade où la vérité éclate.

Rappelez-vous que...

- Il ne faut pas confondre engouement et amour mûr et stable.
- Le secret et le danger font partie intégrante de l'ivresse quasi irréelle d'une aventure.
- Rentrer tous les petits ressentiments, la colère qui monte, au lieu d'en discuter est préjudiciable au couple.

CHAPITRE 4

Troisième période: le divorce est-il inévitable?

La découverte d'une infidélité est source de grandes souffrances. Nombre de ceux qui sont passés par là disent avoir revu alors le film de leur vie, comme un instant avant la mort. Ils sont convaincus que leur mariage est fini. Mais est-ce bien le cas? Aucune réponse à cette question ne peut prétendre englober tous les cas de figure. On pourrait penser, de prime abord, qu'une aventure d'une nuit présente un risque moindre qu'une liaison de longue durée. Or il n'en est pas forcément ainsi. Certains couples se défont à la suite d'une infidélité exceptionnelle et momentanée, alors que, à l'inverse, d'autres parviennent, sinon à en tirer une nouvelle force, du moins à surmonter la découverte que l'un des époux entretient depuis le début de leur mariage une liaison extra-conjugale.

Certains évoquent leur soulagement une fois que la vérité a éclaté, car c'est le moment où tant de questions trouvent leur réponse. Une patiente qui, après des mois d'aveuglement, avait enfin obtenu des preuves irréfutables de l'infidélité de son mari, me dit: « C'est drôle, mais je me sens beaucoup mieux depuis que je le sais, surtout que, avant, je croyais sombrer dans la folie. J'ai honte d'avoir gobé tous ses mensonges. Mais aujourd'hui, je suis prête à affronter la réalité, où qu'elle me mène. » Dès lors qu'elle eut quitté la phase de la dénégation, cette jeune femme put se tourner vers l'avenir.

Pourtant, l'avenir peut paraître insupportablement sombre - et le passé absolument idyllique - en pleine crise de découverte. C'est souvent quand les pressions subies atteignent leur point culminant qu'on a les idées les plus embrouillées. Face à un tel drame, on souhaite avant tout revenir au statu quo ante. On ne songe pas un seul instant que l'on ne vivait peut-être pas auparavant dans le meilleur des mondes possibles et qu'un tel retour en arrière n'arrangerait pas nécessairement les choses. Rétrospectivement, on se rend mieux compte que la crise que l'on faisait tout pour éviter s'est finalement révélée positive et l'amorce d'un véritable tournant. Qui ne connaît pas quelqu'un qui, ayant d'abord considéré comme la pire journée de sa vie celle où il a perdu son emploi, se félicitait par la suite d'avoir trouvé un travail mieux payé et infiniment plus satisfaisant?

La découverte d'une infidélité étant, pour la plupart des victimes, le début d'un grave bouleversement, leur première réaction consiste à n'en attendre que des malheurs. Soulignons toutefois que ce que l'on se raconte à ce stade prend facilement le caractère d'une prédiction qui ne peut dès lors que se réaliser: se convaincre que tout est perdu d'avance, c'est peut-être précipiter, sans le vouloir, la fin d'un couple que l'on aurait pu, sinon, sauver. Quand, sous l'empire de la colère, une femme lance à son mari: « Fiche-moi le camp et va donc t'installer chez cette garce! », elle lui fait sentir que c'est exactement cela qu'elle veut. Rien de plus normal, à ce stade, d'être piquée au vif et furieuse, et son intervention transmettra sûrement ces sentiments. Mais il faut néanmoins s'efforcer de bien choisir les mots pour le dire. Si vous en êtes encore aux premiers soupçons, mieux vaut commencer par prendre le temps d'en débattre avec vous-même, de vous calmer, de vous rappeler que « tant que ce n'est pas fini, ce n'est pas fini ». Cherchez les mots justes pour parler de ce sujet douloureux, d'abord avec vous-même et ensuite avec votre partenaire. N'oubliez pas que le temps joue en votre faveur et, dans la plupart des cas, en faveur de votre couple.

Les prophéties les plus noires ne doivent d'ailleurs pas toutes se réaliser. Si l'on va au-delà des apparences en période de crise, on s'aperçoit souvent que sous les certitudes affichées par l'autre se cachent bien des doutes et des ambivalences. Le mari infidèle, déjà persuadé que sa femme ne voudra plus jamais de lui, panique peut-être en se voyant démasqué. Peut-être qu'il n'avait encore jamais songé que la découverte de son infidélité pourrait déboucher sur la fin de son mariage, issue que, du reste, il ne souhaite pas nécessairement. Celui qui, hier encore, rêvait de divorcer pour pouvoir se consacrer entièrement à sa maîtresse peut très bien, une fois confondu, se mettre à douter de la sagesse d'un tel projet. Son épouse, elle, se dit dans un moment de rage qu'elle ne veut plus jamais le voir ni entendre ses mensonges, puis elle se surprend, quelques jours après, en train de regretter le « bon vieux temps » avec lui. Enfin, « l'autre femme », qui attendait avec impatience que son amant soit libre, se demande soudain si elle le connaît réellement. Elle se sent beaucoup moins prête qu'avant l'heure de vérité à se jeter dans le mariage, comme elle l'avait longtemps promis. De même, la femme qui adorait son amant le voit peut-être sous un tout autre jour dès qu'elle se rend compte de tout ce qu'elle risque de perdre s'il divorce: ces heures d'expériences communes, ces années d'intimité satisfaisante. Elle commence tout à coup à remarquer chez son amoureux des défauts qu'elle n'aurait même pas pu imaginer quelques jours plus tôt.

Il n'empêche: la moins mauvaise solution dans certains cas est la décision de mettre fin au mariage. Dans le passage suivant, nous allons considérer les deux issues possibles.

Je vous en conjure: pas de précipitation !

Quelle est la règle la plus importante à retenir pendant et après la découverte de la vérité? *Pas de précipitation.* Il s'agit d'une période de crise et, comme toutes les crises, celle-ci recèle non seulement de grands dangers, mais aussi des possibilités considérables. Un homme et une femme qui se sont investis pendant des années dans une relation et qui ont mis au monde des enfants ont une longue histoire commune. Ainsi, lorsqu'ils doivent affronter les conséquences qu'entraînerait leur séparation, ils seront peut-être amenés à s'interroger plus sobrement sur le sens de l'infidélité plutôt que de se concentrer uniquement sur la souffrance occasionnée à court terme. Peut-être que chacun conclura, dans un premier temps, que l'autre ne l'aime plus ou que les dégâts infligés au couple sont irréparables. Mais une réflexion plus approfondie peut les conduire à y trouver un tout autre sens. Ils découvriront, par exemple, le gouffre qui s'est peu à peu creusé entre eux ou même la vigueur de leur attachement réciproque. En tout cas, puisque c'est quand on est pris dans le maelström des émotions que l'on a le moins de chances d'apercevoir les meilleures solutions, il est conseillé de s'abstenir d'agir tant que l'on n'aura pas retrouvé un minimum de sérénité.

Si vous êtes l'époux trompé, il est fort probable que votre partenaire habite toujours avec vous, même s'il passe beaucoup de temps avec son amant (ou sa maîtresse). Vous devez tout d'abord vous dire, pendant que vous essayez de vous remettre du choc de votre découverte, que votre partenaire continue de regagner le foyer conjugal au lieu de s'installer chez l'autre. Cela montre que vous avez peut-être gardé plus d'influence sur la situation que vous ne croyiez. Vous pourrez donc en profiter pour réfléchir aux problèmes à régler au sein de votre couple, sans vous en laisser détourner par l'idée obsédante de la tierce personne. Votre conjoint se trouve peut-être au zénith de son engouement, et il ne faut pas oublier que l'engouement a quelque chose de « planant ». Or, comme avec toutes les drogues, l'euphorie est bientôt suivie d'un retour brutal à la réalité. Le sentiment d'être en concurrence avec l'autre ne fait qu'intensifier votre souffrance: il ne résout rien.

Ouvrez votre journal et pliez une feuille en deux dans le sens de la longueur. Sur la gauche, notez vos pensées les plus immédiates, comme vos sentiments à l'égard de la découverte et ce que vous comptez faire. Puis, sur la droite, écrivez les sentiments que vous auriez peut-être dans un an ou deux si vous traduisiez en actes vos émotions d'aujourd'hui. À mesure que vous avancez dans la lecture de ce chapitre, vous aurez peut-être envie de reprendre cette liste pour la modifier ou pour repenser certaines de vos réactions à chaud.

Nina et Robin, un couple renforcé par l'épreuve: étude et diagnostic

Nina se trouvait aux prises avec ce problème précis quand elle a pris contact avec moi. Son mari, Robin, était un moniteur de tennis qui, à trente-cinq, rêvait surtout d'une carrière de joueur professionnel. Il s'était déjà engagé de façon ponctuelle dans cette voie, mais il doutait de pouvoir s'imposer comme compétiteur à temps complet. En attendant, donc, il donnait des cours dans un excellent club de tennis où il tenait également le magasin avec Nina. Celle-ci, venue toute seule me consulter, m'expliqua qu'ils étaient mariés depuis huit ans et que cela faisait deux ans qu'ils essayaient en vain de faire un enfant, malgré leur recours à une clinique spécialisée dans la procréation assistée. Elle était convaincue que Robin la trompait avec une de ses élèves, prénommée Janine. Du coup, Nina passait de moins en moins de temps au magasin, tant la perspective d'y croiser sa rivale lui était insupportable. Lorsque je lui demandai si Robin accepterait de l'accompagner aux consultations, elle me répondit que, plusieurs années auparavant, ils s'étaient déjà lancés dans une thérapie de couple qu'elle qualifiait de « catastrophique ». Et de poursuivre: « En fait, Robin a abandonné après la deuxième séance, parce qu'il prétendait que le thérapeute avait pris mon parti. Il me semblait d'ailleurs qu'il n'avait pas entièrement tort. »

Je lui dis que, compte tenu de l'impossibilité de faire participer son mari, ce serait bien de l'imaginer néanmoins présent dans la pièce, et encore mieux si elle pouvait s'efforcer de défendre le point de vue de celui-ci en plus du sien propre. Cela serait probablement une expérience assez différente de sa première thérapie, ajoutai-je. À l'époque, elle s'était sentie bien soutenue par son thérapeute, mais elle avait dû reconnaître que l'impression d'être mis sur la sellette avait fait fuir Robin. À présent, la mise en pratique de ma suggestion l'incitait à se demander si Robin ne souffrait pas de leur stérilité et si son intérêt pour cette jeune femme ne traduisait pas une volonté de se remonter le moral. Notre dialogue devait par la suite révéler que, si on le voyait de temps en temps au café avec Janine, Robin continuait quand même à travailler régulièrement et à rentrer à l'heure habituelle. Nina ne décelait pas d'autre changement chez lui, hormis peut-être un petit air déprimé. Elle commençait en outre à se rendre compte que Robin et elle-même n'avaient jamais vraiment parlé du stress et de la déception éprouvés à la suite de leur première tentative infructueuse pour avoir un enfant. Je donnai alors un double conseil à Nina: discuter ouvertement avec son mari de cet échec et reprendre son poste au magasin, où elle avait toujours eu du plaisir à travailler avec lui.

Je retrouvai Nina très soulagée à la séance suivante. Armée de sa nouvelle vision, elle s'était précipitée chez elle et avait parlé à cœur ouvert avec Robin. Au lieu de l'accuser d'entrée de jeu de la tromper, elle avait commencé par lui demander où il en était de ses réflexions sur leur problème de stérilité. Robin avait alors avoué combien cette question le démoralisait. D'abord, son amour-propre d'homme en avait pris un coup: en dépit de tous les mots rassurants du médecin, l'idée que cela puisse être sa faute continuait néanmoins à le tarauder. Ensuite, il avait de moins en moins envie de faire l'amour. « C'est devenu une véritable corvée, un devoir à accomplir, avait-il dit, alors que dans le passé cela créait toujours une telle complicité entre nous. » Robin lui avait enfin confié que la médiocrité de sa carrière de tennisman était pour lui une source de découragement.

Nina se déclara très contente de leur discussion. C'était, à son avis, la première fois qu'ils s'étaient livrés de la sorte. Elle avait également accepté de retourner à la boutique. « J'ai pris le temps de bien observer Janine, dit-elle, et je ne vois franchement pas ce qu'il lui trouve. Il serait vraiment bête de me quitter pour elle. J'ai suivi votre conseil en évitant de parler d'elle, mais je reste persuadée qu'il se passe quelque chose entre eux, et cela m'horripile. Ne serait-il pas temps de lui demander des comptes? »

Je l'engageai à commencer plutôt par aborder avec Robin la question de savoir comment redonner du tonus à leur couple. À notre séance suivante, elle me raconta qu'ils avaient longuement discuté de leur souci quasi exclusif de fécondation au cours des dernières années. Robin avait l'impression que la plupart de leurs échanges tournaient autour de cela et, vu que leurs efforts n'aboutissaient toujours pas, en parler ne faisait que le décourager encore plus. « Peut-être, avait-il avancé, que nous devrions arrêter pendant un moment de nous tracasser là-dessus et chercher plutôt à nous amuser comme autrefois. Toi, tu n'as pratiquement pas d'autre sujet de conversation. Ce n'est pas très réjouissant. » Bien que blessée sur le moment par ce reproche, Nina pensait en son for intérieur que Robin avait donné dans le mille.

Ils s'étaient donc promis de ne plus évoquer leur « problème » pendant un certain temps pour voir si cela aurait des effets bénéfiques. Ils étaient sortis plusieurs fois à deux, se montraient plus tendres l'un envers l'autre et avaient recommencé à faire l'amour, à présent avec passion. « Pourtant, remarqua Nina, je ne peux m'empêcher de le soupçonner d'avoir une liaison avec Janine. »

À la séance suivante, elle m'expliqua que, malgré l'amélioration sensible de leur relation, elle était troublée puisque, un soir juste après avoir fait l'amour, Robin lui dit qu'il savait que son flirt avec Janine la stressait, mais il l'assura qu'il n'y avait vraiment pas de quoi s'angoisser. Il admit l'avoir embrassée et serrée dans ses bras, « d'une part parce qu'elle n'allait pas bien et que je pensais pouvoir la consoler ainsi, et d'autre part parce que… bon… parce que cela me redonnait le sentiment d'être un homme, capable de répondre aux besoins d'une femme ». En examinant ses propres sentiments, Nina dut reconnaître qu'elle était vexée, mais en même temps soulagée d'apprendre qu'elle n'était finalement pas en proie à un délire, qu'il y avait réellement anguille sous roche. Elle exigea donc que Robin mette fin à son amourette et lui dit, tout émue, qu'elle ne demandait que le retour à la situation antérieure. Robin répondit que, pour sa part, il voulait que ce soit encore mieux qu'avant. Il avait commencé à sentir qu'il y avait de moins en moins d'amour dans leur couple, que la joie et la complicité qu'ils avaient longtemps connues s'estompaient de jour en jour.

Une semaine ou deux plus tard, Robin lui annonça, les larmes aux yeux, qu'il avait quelque chose de dur à lui dire. Nina craignait le pire, mais elle était prête. Il avoua alors que son histoire avec Janine était allée plus loin qu'il ne l'avait laissé entendre, bref, qu'il avait couché avec elle. Nina en fut ulcérée. Robin ajouta qu'il n'aurait jamais pu lui révéler la vérité s'il n'avait pas eu la certitude que la liaison était bel et bien finie. Il jura que c'était sa première inconduite depuis leur mariage et qu'il avait honte de l'avoir trompée.

Nina resta fâchée et méfiante pendant plusieurs mois. Ils eurent quelques prises de bec du fait que Robin se sentait désormais surveillé en permanence. Mais n'était-ce pas légitime, insistait-elle, de soupçonner quelqu'un qui avait multiplié les mensonges? Robin semblait admettre ce raisonnement et, à partir de là, il se montrait plutôt rassurant face aux accès de méfiance que sa femme pouvait encore avoir. Parallèlement, celle-ci remarquait qu'il redoublait d'efforts pour la séduire, avec un succès incontestable. Ils commençaient à évoquer leurs débuts ensemble, quand Robin lui faisait une cour assidue, et le bonheur de leurs premières années en couple. Cela leur rappelait que ce n'était pas sans raison qu'ils avaient uni leurs destins. De son côté, Nina avait de plus en plus tendance à faire de petits gestes qui, elle le savait, ne manqueraient pas de toucher Robin. Ainsi, lorsqu'il remporta un tournoi important, elle lui offrit un T-shirt portant l'inscription « champion » et l'emmena fêter l'événement dans un bon restaurant.

Un an environ après la fin de sa thérapie, Nina téléphona pour m'informer qu'elle filait le parfait amour et que, surtout, elle était enceinte. L'incartade de Robin n'était plus qu'un souvenir lointain. « La confiance réciproque s'est énormément renforcée, dit-elle, et nous avons pu parler d'un tas de choses, positives et négatives. Il me semble que notre couple est désormais assuré contre les infidélités. »

Nina et Robin avaient compris les effets ravageurs de la crise existentielle qu'ils avaient traversée dans leurs efforts de procréation. Ils s'accordaient à dire que, si leurs premières années de vie commune avaient été heureuses dans l'ensemble, ils avaient en même temps souffert d'un déficit de communication qui les avait progressivement éloignés l'un de l'autre. Ils voyaient donc la nécessité d'aller au-delà de la liaison de Robin et, pour y parvenir, de discuter librement des aspects positifs ainsi que négatifs de leur relation.

Pourquoi est-il raisonnable de penser, avec Nina, qu'il n'y aura plus de nouvelles aventures extra-conjugales?

- ✓ Il s'était agi d'une première infidélité.
- ✓ Nina avait su maîtriser sa douleur et sa colère.
- ✓ Robin avait pleinement avoué ses actes.
- ✓ Il avait exprimé des remords sincères.
- ✓ Il y avait eu un engagement commun d'améliorer la communication.

✓ Les deux partenaires avaient identifié la cause de l'aventure extra-conjugale.
✓ L'un et l'autre avaient exprimé une volonté d'évoluer.
✓ Ils n'avaient pas perdu de temps à se disputer au sujet de la tierce personne.
✓ Robin avait admis sans regimber la méfiance de Nina.

« Je me sens tiraillé(e), je m'interroge »; préserver l'avenir

Se sentir tiraillé manifeste une ambivalence des sentiments. La personne ressent des dispositions affectives contraires à l'égard d'une personne, d'un objet ou d'une situation. Dans le cas précédent, ni Nina ni Robin n'éprouvaient cette impression de flou, d'ambivalence: Nina, tout en étant vexée et angoissée par l'infidélité de son mari, ne songea pas un seul instant au divorce, et on pourrait en dire autant de Robin. Mais il n'en va pas de même de tous ceux qui se trouvent face à une crise semblable. Certains ont l'impression d'être submergés par des interrogations. C'est dans leurs tentatives pour y répondre qu'ils doivent affronter cette question: leur couple aura-t-il ou non un avenir après la fin de la liaison extra-conjugale?

J'ai coutume d'engager vivement mes patients à réfléchir avec sérieux à cet état d'ambivalence. Je leur dis d'éviter dans la mesure du possible d'entraîner amis et proches dans le décorticage des événements ou la recherche de solutions. Au lendemain de la découverte, en effet, l'époux lésé risque, en présentant son récit, de donner le rôle du grand méchant à son partenaire. Il aura plutôt tendance à oublier l'incertitude entourant la situation et à braquer les projecteurs sur sa souffrance et son indignation. Puis, plus tard, et même si le couple a retrouvé son équilibre, les personnes auxquelles la « victime » s'est confiée se débarrasseront difficilement de l'image négative qu'elles se sont faite de l'époux infidèle, avec les conséquences que l'on imagine. Comme l'a dit une patiente: « Je regrette beaucoup d'avoir exprimé toute ma rage à ma mère. Elle m'avait énormément soutenue dans cette phase douloureuse, mais c'était également alors qu'elle avait commencé à tout critiquer chez mon mari. Du coup, je souffrais pour nous deux et j'en voulais à ma mère d'avoir repris mon contentieux à son compte. Notre couple a pu se redresser, mais ma mère continue de rejeter toute la responsabilité du drame sur mon mari, et cela m'agace. »

Des questions et des réponses; du côté de la personne trompée

Les questions qui suivent se répartissent en trois catégories: la première concerne l'époux trompé, la deuxième l'époux infidèle et la troisième les deux. Toutes m'ont été maintes fois posées par différents patients. Ces questions et les réponses apportées peuvent vous aider à mettre au point des stratégies possibles de dépassement de votre propre ambivalence.

Dois-je me sentir responsable de l'infidélité de mon partenaire?

Surtout pas! Votre partenaire avait à sa disposition de nombreux moyens moins extrêmes qu'une aventure extra-conjugale pour résoudre les problèmes qu'il voyait dans votre couple. Ne laissez donc personne rejeter sur vous la responsabilité morale de la tromperie dont vous avez été victime. Cela dit, il vous appartient néanmoins de vous demander dans quelle mesure vos actes ainsi que ceux de votre conjoint ont pu y préparer le terrain. C'est une chose de reconnaître à deux l'existence de problèmes qui méritaient discussion mais qui n'ont jamais été suffisamment abordés; c'en est une autre de s'entendre dire: « Si je t'ai trompé et menti, c'est ta faute. »

Je ne sais plus où j'en suis! Un jour, j'ai envie de mettre mon partenaire dehors, puis le lendemain, je serais prêt à tout pour sauver notre couple. Est-ce normal?

Certainement: cela traduit tout simplement l'ambivalence évoquée plus haut. Nombre de ceux qui sont passés par là signalent qu'il leur a été utile de se poser cette question: vais-je affirmer ma volonté de vivre quoi qu'il advienne, que je décide de rester ou de partir? Dès lors que l'on cesse de se sentir pris au piège, on peut réfléchir à sa situation de façon plus lucide et moins réactive. On est prêt désormais à analyser sa propre ambivalence. À ce stade, les questions qui suivent prennent une grande importance:

Ma femme m'a trompé, mais elle m'assure à présent que sa liaison est finie et qu'elle tient à remettre notre couple sur ses rails. Or je ne peux m'empêcher de me demander si elle est revenue vers moi parce qu'elle m'aime réellement ou tout simplement parce qu'elle ne veut pas perdre tous les avantages qui découlent de notre mariage: la maison, les enfants, l'insertion dans la vie locale. Je soupçonne d'ailleurs que c'est un calcul semblable qui me pousse à accepter son retour au bercail. N'est-ce pas là une mauvaise raison pour rester ensemble?

Un mariage se réduit rarement aux seuls rapports entre mari et femme. Beaucoup de couples ont des enfants et chacun des époux peut avoir tissé des liens importants avec sa belle-famille. En outre, il est fort probable que les deux personnes fonctionnent dans un réseau dont les membres constituent le cercle de sociabilité du couple en tant que tel au même titre que les amis personnels de chaque partenaire. Il ne faut pas non plus sous-estimer l'impact que peut avoir la perte de son logement, de son foyer, surtout quand on sait avec quelle facilité l'être humain s'attache à un lieu, voire à un cadre de prédilection. Un homme m'a raconté que, lorsqu'il envisageait de se séparer de son épouse infidèle, il ne cessait de repenser à son fauteuil préféré où il adorait se prélasser en fin de journée pour contempler son jardin par la fenêtre.

Si vous vous préoccupez de ce bien-être global, c'est peut-être parce que vous y trouvez une certaine sécurité que vous hésitez à abandonner. Cela indique vraisemblablement que vous commencez à douter de la sagesse d'entretenir votre liaison extra-conjugale (si c'est vous le protagoniste) ou à accepter (si c'est vous l'époux trompé) de laisser de côté votre rancœur pour reconsidérer les aspects positifs de votre relation. Il n'y a certes rien à redire à cette motivation, mais, dans ce cas-là, il est surtout indispensable d'entamer une réflexion approfondie sur les causes véritables de l'infidélité. Vous en sortirez tous deux gagnants à condition de parvenir à en discuter, à tomber d'accord sur les transformations nécessaires et à les mener à bien ensemble. Si, par contre, vous ne revenez à la situation antérieure que pour bénéficier de ce bien-être global, sans rien entreprendre pour asseoir votre couple sur des bases plus solides, vous courrez un risque assez grand de vous acheminer vers de nouvelles aventures extra-conjugales. En un mot, vous aurez du mal à tenir la distance si votre décision de rester avec votre partenaire repose essentiellement sur la vue sur jardin que vous aurez à partir de votre fauteuil, si confortable soit-il.

Mon mari essaie depuis longtemps de m'entraîner dans des pratiques sexuelles qui me rebutent. Il prétend maintenant que c'est à cause de mon refus de céder à ses demandes qu'il s'est lancé dans une liaison extra-conjugale. Est-ce là la vraie explication?

La plupart des sexologues vous diront qu'une bonne relation sexuelle est celle qui repose sur l'entente entre deux adultes. Votre mari souhaite-t-il vivre une expérience sexuelle dont l'idée vous dégoûte? Ce serait peut-être le moment de discuter avec lui d'autres pratiques sexuelles que ni lui ni vous ne connaissez mais qui pourraient vous donner du plaisir à tous les deux. Mais si, en dépit de vos efforts répétés, il refuse de transiger, il y a deux interprétations possibles:

✓ Soit ses exigences sont abusives et il donne l'impression de ne pas vous traiter comme son égal mais comme un simple objet sexuel. Dans ce cas, il faut envisager la possibilité que ce n'est là que la partie émergée de l'iceberg, que sa tendance à vous chosifier envahit des domaines multiples de votre relation. Il s'agit donc d'un problème à affronter hardiment, éventuellement dans le cadre d'une thérapie conjugale.

✓ Soit vous estimez que sa demande n'est pas dénuée de légitimité, auquel cas vous seriez bien avisé de consulter individuellement un thérapeute pour parler de vos inhibitions sexuelles. Nombre de femmes ont en effet découvert en thérapie que, à un stade précoce de leur vie, elles avaient vécu des événements qui avaient laissé des séquelles sur le plan de la sexualité. Certaines de mes patientes avaient, par exemple, subi pendant l'enfance des abus sexuels qui les avaient empêchées par la suite d'atteindre la jouissance. C'est grâce à la thérapie qu'elles ont pu vaincre leurs inhibitions et parvenir à une relation sexuelle satisfaisante avec leur mari.

Ma femme vient de confesser qu'elle entretient depuis plus d'un an une liaison extra-conjugale, alors que je nous croyais heureux en ménage depuis une trentaine d'années. Aujourd'hui, elle affirme qu'elle est de retour « pour toujours », mais je ne suis pas sûr de pouvoir encore me sentir totalement en sécurité avec elle, malgré le fait que je continue de la trouver très séduisante. Après une période où j'ai gardé mes distances, j'ai donc recommencé à avoir des rapports sexuels avec elle, ce qui me perturbe pas mal. Cette intimité ne va-t-elle pas tout simplement me déconcerter encore plus? Est-ce que je ne risque pas ainsi de me raconter des histoires et de rester avec elle pour les mauvaises raisons? En plus, si je finis tout de même par faire une demande de divorce, ne serai-je pas également coupable de lui avoir donné de faux espoirs?

Le dégoût éprouvé à l'idée de faire l'amour avec son époux est l'un des signes courants de la mort prochaine d'un mariage. A contrario, la présence d'un désir pour l'autre, si elle ne garantit pas la survie du couple, indique néanmoins la possibilité réelle de rétablir une relation où les deux partenaires s'estiment en sécurité. Selon toute probabilité, votre couple a longtemps souffert d'un déficit de communication sur les sentiments les plus importants, et c'est pour cela que vous avez plutôt tendance à garder votre ambivalence pour vous. Mais vous seriez mieux avisé d'aborder franchement vos sentiments, si complexes soient-ils, avec votre femme. L'effet serait vraisemblablement de libérer la communication au sein de votre couple, peut-être à un point jamais atteint auparavant. Meilleur est le dialogue et plus vous y verrez clair dans le brouillard de vos émotions contradictoires. De telles discussions pourraient même déboucher sur une amélioration sensible de la disposition de tous les deux à la communication intime, qui ne se résume pas aux seuls rapports sexuels. L'intimité est la capacité à partager en toute sécurité des idées et des émotions de toutes sortes, « positives » comme « négatives ». Si je place ces deux mots entre guillemets, c'est pour souligner que les questions mêmes dont on craint l'impact sur son partenaire s'avèrent souvent le point de départ d'échanges particulièrement fructueux.

Mon mari me dit-il vraiment tout sur l'aventure extra-conjugale qu'il a eue? J'aimerais bien savoir comment cela s'est passé au lit entre eux, surtout s'ils se sont livrés à des pratiques sexuelles qu'il n'a jamais eues avec moi. Est-ce de la curiosité malsaine de ma part?

Il n'est pas rare que l'époux trompé s'intéresse à la dimension sexuelle de la liaison dont il a appris l'existence. Certains patients m'assurent qu'ils ont absolument besoin de cette information et qu'ils harcèlent leur partenaire jusqu'à ce qu'ils l'obtiennent. Mais nombre d'entre eux découvrent par la suite que, si la réponse a pu satisfaire leur curiosité, elle leur a fait mal à d'autres niveaux. « Une fois que j'ai appris tous les détails de leur vie sexuelle, m'a affirmé une patiente, j'ai eu la tête remplie d'images dont je me serais bien passée. Cela m'a amenée à me comparer avec l'autre femme sous toutes les coutures: le volume respectif de nos seins, mes cheveux courts et bouclés contre ses longues nattes superbes, etc. C'était comme si nous étions tous les trois dans le même lit. Je regrette d'avoir interrogé mon mari. » J'encourage mes patients à se détourner de la question de la tierce personne pour réfléchir plutôt aux mesures à prendre en tant que couple pour améliorer leur vie sexuelle. Ils découvrent pour la plupart que ce recentrage permet de restaurer complicité et intimité.

La curiosité dans ce cas ne se limite pas au seul aspect sexuel. Elle s'exprime souvent aussi dans des interrogations comme celles-ci:

- ✓ L'autre personne est-elle plus belle que moi?
- ✓ Une meilleure affaire au lit?
- ✓ Dotée d'atouts physiques supérieurs aux miens?

✓ Ont-ils parlé de moi, éventuellement avec moquerie?
✓ S'est-il agi d'un de mes amis?
✓ Mon époux a-t-il dévoilé des détails très personnels concernant nos enfants?
✓ Des amis communs se sont-ils prêtés à des cachotteries?

Pour ce qui est des questions portant sur les attraits physiques ou les prouesses sexuelles de l'autre, on ne peut que répéter la remarque du passage précédent: le fait d'obtenir la réponse apporte rarement un mieux en matière d'entente affective ou sexuelle. Les autres questions concernent essentiellement la violation de l'intimité, qui est, pour la plupart des gens, l'aspect le plus grave de l'affaire. Il faut donc en parler, souvent pour protéger le partenaire lésé. Par exemple, une femme qui découvre que sa meilleure amie a été la maîtresse de son mari a tout intérêt à prendre des mesures pour se mettre à l'abri d'humiliations ultérieures de la part de celle-ci. De même, la personne qui apprend que son époux a révélé des secrets de couple à l'autre doit s'attacher à bien colmater les brèches dans les défenses entourant leur vie intime. La possibilité d'aborder ces sujets douloureux conforte l'époux trompé dans sa conviction que son partenaire désire sincèrement reconstruire leur relation.

Mon mari a eu plusieurs liaisons extra-conjugales au fil des ans. Sur certaines d'entre elles, je n'ai aucun doute, puisque je l'avais pris en flagrant délit. Sur d'autres, j'en suis réduite aux soupçons. Il n'a jamais voulu tout dire et à aucun moment il n'a exprimé de regrets. J'ai l'impression que notre couple ne va nulle part, et pourtant je reste. Est-ce par peur?

Que vous posiez cette question donne à penser que vous connaissez déjà la réponse. Si vous vous sentez à ce point dans l'impasse et que votre mari n'a pas profité des multiples occasions qu'il avait pour vous raconter toute la vérité, il est effectivement probable que vous agissiez avant tout par peur. Cette réaction est très courante chez les femmes qui envisagent la solution du divorce. Elles risquent de souffrir sur le plan financier, surtout s'il y a des enfants. Vos craintes peuvent donc être tout à fait fondées, et ce serait le bon moment d'entamer une thérapie afin de les analyser. Parallèlement, vous auriez intérêt à prendre contact avec un avocat qui vous expliquera clairement l'aspect juridique de votre situation. Ainsi, au fur et à mesure de vos démarches, vous commencerez à mettre au point un plan raisonnable qui vous donnera probablement le courage de partir. Il existe par ailleurs des groupes de discussion qui offrent un soutien moral aux femmes qui s'acheminent vers une séparation. Mais il convient aussi de noter le côté paradoxal d'une telle configuration: il est fort possible que, constatant la fermeté de vos intentions, votre mari redouble d'efforts pour sauver votre couple. Si cela se produit, vous aurez là une nouvelle occasion pour remonter à la racine de vos difficultés conjugales, mais désormais à partir d'une position de force.

Mon mari jure avoir mis fin à la liaison qu'il entretenait depuis longtemps. Plusieurs mois se sont écoulés, mais je reçois encore des appels téléphoniques bizarres de gens dont je ne reconnais pas la voix et qui m'assurent qu'il continue de voir sa maîtresse. Il arrive aussi que, lorsque je réponds au téléphone, la personne à l'autre bout du fil raccroche aussitôt. Suis-je naïve de croire mon mari?

Pas forcément. Dès lors qu'il a repris un emploi du temps normal et transparent, que vous êtes au courant de ses activités et que votre relation semble s'améliorer sensiblement à d'autres égards, il est bien possible qu'il dise vrai. Mettez-vous un instant à la place de l'autre femme et essayez d'imaginer ce qu'elle est en train de vivre. Elle a certainement dû penser que votre couple était mûr pour le divorce et qu'elle aurait par la suite de bonnes chances de pouvoir vous supplanter. On conçoit aisément sa déception et son amertume face à la réconciliation en cours. Souvent, ce n'est que lorsque la tierce personne se sent rejetée qu'elle se lance dans des actes de harcèlement, téléphonique ou autre. Ceux-ci traduisent tout à la fois sa volonté de garder le contact, si restreint soit-il, avec son amant, de la jalousie pure et simple et, corollaire, le désir de semer la discorde entre les époux. Si votre mari et vous-même parvenez à parler librement de l'impact de cette guérilla sur votre vie, vous pourrez élaborer une stratégie commune face à ce problème pénible. Il peut être utile, par exemple, de programmer votre répondeur de manière à filtrer tous vos appels téléphoniques pendant un mois ou deux, puisque les appels anonymes restés sans réponse finissent en général par s'arrêter. Dans d'autres cas, il peut s'avérer nécessaire de passer par votre opérateur, qui vous demandera peut-être de porter plainte pour obtenir l'autorisation de faire dépister la source des appels. Le harcèlement peut aussi prendre d'autres formes, comme lorsque la tierce personne suit son amant en voiture. Ainsi, un de mes patients a soudain trouvé la voiture de son ex-maîtresse en travers de la route; un autre a eu sa voiture percutée par celle de la tierce personne déçue. L'objectif étant dans les deux cas de contraindre l'homme à descendre pour discuter. Certains appellent leur amant (ou maîtresse) au travail, soit parce qu'ils croient avoir de meilleures chances de le joindre là qu'à la maison, soit parce qu'ils espèrent pouvoir l'humilier de la sorte. Nombre de couples m'ont raconté que le fait de s'être concertés dans la lutte contre ce harcèlement avait joué un rôle important dans leur réconciliation. Une femme qui s'attelait avec son mari à la tâche de mettre fin à un flux ininterrompu d'appels téléphoniques non désirés m'a dit: « Je commence à avoir le sentiment que nous faisons de nouveau partie de la même équipe. Tout cela a un effet très réparateur. J'ai bien vu à la façon dont mon mari s'est investi dans cet effort qu'il avait effectivement rompu avec l'autre femme. Il m'a montré ainsi qu'il regrettait d'avoir mis notre couple en péril et qu'il souhaitait réellement se remettre avec moi. »

Mon mari m'a trompée plus d'une fois. Je ne sais pas s'il s'est agi de véritables liaisons ou simplement de conquêtes sans lendemain, puisqu'il n'a jamais voulu me l'expliquer. Je ne fais plus l'amour avec lui depuis plusieurs années, et c'est pourquoi la question des maladies sexuellement transmissibles ne m'a même pas effleurée. Mais à présent, il se dit désireux de relancer notre vie sexuelle. J'ai répondu que, tant qu'il n'aurait pas subi de tests, je ne me sentirais pas en sécurité. Or il refuse de faire faire des analyses. Comment dois-je réagir?

Votre question indique que, jusqu'à présent, votre mari n'a pas été entièrement franc au sujet de ses aventures extra-conjugales. Or il fait preuve du même manque de franchise concernant la possibilité d'une maladie sexuellement transmissible. Supposons que vous recommenciez à avoir des rapports avec lui: serait-ce parce que vous en avez vous aussi envie ou plutôt pour lui donner satisfaction? Et dans ce deuxième cas, quelle raison vous pousserait à le faire? S'il vous importe de conserver la sécurité que votre mariage vous apporte, vous pouvez effectivement vous sentir obligée de céder à sa demande et de reprendre vos rapports sexuels. Il faudrait alors insister énergiquement sur le respect des règles en matière de rapports sexuels sans risque, sachant qu'il n'existe bien sûr pas de sécurité absolue dans ce domaine dès lors que l'un des deux partenaires a déjà enfreint la consigne dans la pratique.

Je souffre d'une impuissance d'origine médicale, alors que ma femme l'attribue à son infidélité. Comment résoudre ce problème?

L'impuissance sexuelle, trouble très fréquent, plonge la plupart de ses victimes dans une tristesse considérable. Certains hommes ont l'impression que cette incapacité érectile signifie la perte de leur masculinité. Mais chez la plupart des couples venus me consulter autour de cette question, l'impuissance n'était pas la cause directe de l'infidélité de l'épouse. Les femmes confrontées à ce problème révèlent en thérapie que c'est plutôt l'intérêt décroissant que montre leur mari pour leur plaisir sexuel qui les gêne. Autre raison avancée: la déprime de leur partenaire après le début de l'impuissance. En effet, nombre d'hommes qui croyaient leur vie sexuelle définitivement terminée découvrent en eux-mêmes un regain d'intérêt sexuel dès qu'ils s'emploient de nouveau à donner du plaisir à leur femme. Il convient par ailleurs d'obtenir plusieurs avis professionnels au lieu de se fonder sur le diagnostic d'un seul médecin qui a déclaré le problème sans solution, car d'autres confrères peuvent avoir une démarche plus fructueuse. Si, toutefois, tous les médecins consultés s'accordent à dire qu'il n'y a pas d'espoir d'amélioration fonctionnelle, il faudrait songer à une psychothérapie pour faire face à l'état dépressif qui risque de se produire.

Ma femme a avoué avoir entretenu une liaison extra-conjugale pendant plusieurs années. Elle m'assure que c'est bien fini, et j'ai tendance à la croire. À plusieurs reprises, elle a présenté ses excuses pour m'avoir tant fait souffrir et elle dit comprendre mon sentiment de trahison. J'en suis très touché, sauf que chaque fois que je lui demande si elle ne culpabilise pas par rapport à la liaison en tant que telle, elle fuit la discussion. Cela nous a récemment entraînés dans une dispute envenimée où elle a même lâché qu'elle ne regrettait pas d'avoir agi ainsi et a parlé du bonheur qu'elle avait connu dans cette aventure. Est-il vraiment possible qu'elle regrette sincèrement de m'avoir fait mal tout en n'éprouvant aucun remords d'avoir eu cette liaison?

Ceux qui sont en pleine passion amoureuse vivent une sorte d'ivresse qui a fait dire à une patiente: « On se sent comme la vedette d'une grande comédie sentimentale à l'écran. Désir, mystère, attention constante de l'autre, tous les ingrédients y sont. J'avais l'impression d'être sur un piédestal. » Par la suite, longtemps après la fin de sa liaison, cette femme a pu voir les choses sous un autre jour: « Avec mon mari, expliquait-elle, j'ai le genre d'amour qui perdure, malgré des hauts et des bas. Mais pour être tout à fait franche, cela me manque de me sentir totalement adorée, même si j'ai toujours su au fond de moi que cela se terminerait forcément un jour. » Nombreux sont ceux qui gardent de leur liaison extra-conjugale une grande nostalgie qui, comme de vieilles photos jaunies, aide à en oublier les aspects les moins positifs. Cela ne veut pas nécessairement dire qu'ils soupirent après leur amant ou maîtresse d'hier. C'est plutôt cet état d'exaltation et d'adoration permanente qu'ils rêvent de retrouver. Dès lors que, de tout autre point de vue, vous vivez bien votre vie de couple, je vous conseille d'éviter de vous tourmenter avec l'idée que votre femme s'accroche encore aux souvenirs heureux de sa liaison. Vous feriez mieux de vous attacher à rendre votre couple le plus satisfaisant possible pour l'un et l'autre.

L'aventure extra-conjugale de ma femme ne s'est terminée que lorsque j'ai découvert des lettres d'amour sur la commode. Plusieurs mois sont passés depuis, mais je ne peux m'empêcher de soupçonner

que cette liaison aurait continué à l'infini si je n'étais pas tombé par basard sur des preuves irréfutables. Est-ce un problème courant?

Je ne suis pas sûr, à la lecture de votre question, si elle porte sur votre peur de voir se poursuivre la liaison ou sur le phénomène de la découverte en flagrant délit. Commençons donc par ce deuxième aspect. Dans *Crime et Châtiment,* Dostoïevski montre bien le désir compulsif de Raskolnikov de se faire prendre. Je doute fort que le malfaiteur professionnel ait de tels problèmes de mauvaise conscience, la criminalité étant après tout son gagne-pain. En revanche, certains jeunes consommateurs de drogues peuvent laisser traîner des signes de leur activité interdite parce qu'elle leur inspire des sentiments contradictoires. Le parent attentionné qui trouve ces traces demande des comptes à son enfant et lui apporte, ce faisant, un grand soulagement. Car l'enfant a, dans un sens, lancé un appel au secours, et on pourrait en dire autant de l'époux infidèle qui « oublie » de cacher ses lettres d'amour. Il arrive d'ailleurs que celui-ci vive avec soulagement la découverte de son infidélité et même qu'il prenne pour des actes d'amour les efforts de son partenaire pour connaître la vérité et la réaction indignée qui en découle.

En ce qui concerne votre soupçon que la liaison de votre femme aurait continué si vous étiez resté dans l'ignorance, il me paraît plus vraisemblable que vous avez pu apprendre la vérité précisément parce que vous étiez sorti du phénomène de la dénégation, et aussi parce que votre femme était prête à être découverte. Il est des situations, certes, où le partenaire infidèle est mûr pour cette révélation du fait qu'il s'estime prêt à rompre avec son conjoint. Même dans ce cas, il peut éprouver un certain soulagement à l'idée de ne plus devoir mentir. Mais, puisque vous affirmez que votre couple va mieux dans l'ensemble, il convient plutôt d'interpréter votre découverte comme le signe qu'il était grand temps de réinvestir de l'énergie dans votre couple et non pas d'y mettre fin.

Des questions et des réponses; la personne infidèle

Il y a plusieurs mois que j'ai mis fin à ma liaison extra-conjugale. Je suis convaincu d'avoir pris la bonne décision. Mais comment se fait-il que cela me rende si triste, si obnubilé par mon ex-maîtresse?

Il n'y a rien de plus naturel que d'éprouver à ce stade un mélange de tristesse, de deuil et d'obsession. La capacité à s'attacher profondément aux autres est une qualité précieuse: il faudrait avoir le cœur bien desséché pour pouvoir rompre des liens forts sans états d'âme. J'imagine que votre maîtresse et vous-même aviez échafaudé, fût-ce dans vos fantasmes, des projets de vie commune. Du coup, vous vous sentez coupable de l'avoir déçu ou peiné. Vous pouvez aussi repenser avec nostalgie aux bons moments passés ensemble, même si vous avez décidé de revenir à un fonctionnement exclusif avec votre épouse. Rien ne guérit comme le temps et la distance. Il est primordial, quoique très difficile, de résister à la tentation de vouloir reprendre contact avec votre ex-maîtresse, d'autant que vous risqueriez ainsi de raviver votre passion, ce qui ne manquerait pas d'aggraver le chagrin de votre épouse, de la tierce personne et de vous-même.

Si vous avez souscrit à l'idée d'un moratoire, respectez scrupuleusement les délais fixés et attachez-vous à favoriser la réussite de votre couple sans vous laisser détourner par vos sentiments pour quelqu'un d'autre. À vouloir concilier les deux, vous ne feriez qu'augmenter votre perplexité.

Mon épouse vient de découvrir que je suis un coureur de jupons invétéré. Il ne serait pas exagéré de dire que je souffre d'addiction sexuelle. Pourtant, je tiens énormément à ma femme et à mes enfants. Aucune de mes infidélités ne s'est prolongée; aucune n'a allumé en moi ne serait-ce qu'une étincelle d'amour. La plupart de mes aventures n'ont duré qu'une nuit et se sont produites quand je travaillais en déplacement. Je ne sais pas du tout ce qui me pousse à agir de la sorte. Ma femme m'a ordonné de faire mes valises, mais tout me semble préférable au divorce. Y a-t-il un espoir de dépassement de cette crise?

Le phénomène d'addiction sexuelle, déjà évoqué au chapitre 3, touche en règle générale des individus qui ont une piètre opinion d'eux-mêmes mais qui font également preuve d'une aptitude parfois déroutante à mentir - et à se mentir - sur le sens de leurs actes. Que vous parveniez désormais à mettre un nom sur votre conduite est donc un fait important. Comme pour toutes les addictions, reconnaître la vôtre et votre sentiment d'incapacité à la maîtriser marque une étape douloureuse mais nécessaire. Votre question n'indique toutefois pas si vous avez avoué votre problème à votre femme ou non, alors que, par cette communication ouverte avec les autres, vous montreriez votre volonté de chercher l'aide dont vous avez besoin. Il est, en effet, urgent à ce stade que vous vous adressiez à un thérapeute ayant une grande expérience avec l'addiction sexuelle. Puis, lorsque votre femme constatera votre sérieux dans ce domaine, elle pourra envisager de vous rejoindre dans une thérapie conjugale. N'oubliez pas qu'elle a beaucoup souffert des mensonges racontés pour dissimuler votre addiction et qu'il faudra réagir avec une sensibilité extraordinaire à ses appréhensions quant à l'avenir de votre couple. Elle attachera probablement une importance primordiale à la qualité de votre écoute. En outre, il y a des chances pour qu'elle redoute d'avoir contracté à votre contact une maladie sexuellement transmissible. Ne perdez donc pas de temps et soumettez-vous sans tarder tous deux à des analyses.

Mon ex-maîtresse me harcèle sans arrêt, quelquefois d'une manière assez inquiétante. Elle laisse des messages sur ma messagerie professionnelle dans lesquels elle annonce son intention de révéler ma « face cachée » à mon patron. Nous avions autrefois coutume de faire l'amour sur mon bateau, et elle a conservé un double de la clef. Un jour où je suis allé bricoler sur le bateau, je l'ai trouvée enfermée à clef dans la cabine. Elle a refusé de partir tant que je n'acceptais pas de discuter. Ensuite, elle a menacé de raconter à mon épouse que nous nous étions servis du bateau comme lieu de rencontre. J'hésite à en parler à ma femme, d'une part parce que je risque ainsi de retourner tout simplement le couteau dans la plaie et d'autre part parce qu'elle pourrait s'effrayer en découvrant la folie de ma maîtresse. Je crains aussi que ma femme la croie si elle lui disait que nous nous étions revus. Que dois-je faire?

De toute évidence, votre ex-maîtresse se sent trahie et rêve de vous récupérer ou, à défaut, d'exercer sa vengeance sur vous deux. Mais à dissimuler des informations importantes à votre femme, vous ne faites que reproduire cette pratique du mensonge qui l'a tant peinée. Vous croyez sûrement pouvoir protéger votre femme, voire vous-même, en taisant certains aspects de votre liaison. Il n'empêche: c'est mentir. Selon toute probabilité, la vérité finira par se savoir, et même dans le cas contraire, le risque d'être découvert restera à jamais suspendu comme une épée de Damoclès au-dessus de votre mariage. Essayez d'imaginer la douleur de votre femme quand elle apprendra qu'il y avait encore d'autres tromperies. La relation saine que j'engage mes patients à construire repose avant tout sur l'honnêteté. Quelle croix à porter que l'idée de devoir assumer seul la tâche de protéger votre femme! Ne serait-ce pas pour vous une véritable libération que de savoir que, quelles que soient les questions de votre aventure encore à régler, vous allez désormais les affronter à deux? Nombre de patients m'ont dit que, ayant fait face ensemble aux conséquences de l'infidélité, ils ont acquis la conviction que leur couple aurait la force de relever n'importe quel défi.

J'ai mis fin à ma liaison extra-conjugale. Ma femme exige sans relâche de savoir la vérité, mais je persiste à tout nier. Mes amis m'encouragent dans ce sens en disant que l'orage finira par passer. Est-ce là un bon conseil?

Tenir ferme jusqu'à ce que votre femme se lasse de vous questionner peut paraître judicieux, mais c'est en réalité un très mauvais choix. D'abord, le pire est derrière vous. Les demandes insistantes de votre femme donnent à penser qu'elle est prête à entendre la vérité, à supposer qu'elle ne l'ait pas déjà devinée. Si elle revient sans cesse à la charge, c'est parce qu'elle a besoin d'avoir la confirmation qu'elle ne sombrait finalement pas dans le délire. Chaque fois qu'un patient me confie qu'il soupçonne son partenaire de le tromper, je lui demande de s'assurer qu'il fait bien la différence entre paranoïa et suspicion plausible. Je lui dis même de s'accrocher à ses soupçons aussi longtemps qu'il le faut s'il y a lieu de les croire un tant soit peu fondés. Car il ne retrouvera la sérénité que lorsqu'il aura la certitude que ses craintes, loin de montrer sa folie, correspondaient à l'effritement de tout un système de dénégation.

Dans un film de 1944 intitulé *Hantise,* George Cukor met en scène la possibilité bien réelle de réduire quelqu'un à la démence par la tromperie. La ruse perverse que le personnage interprété par Charles Boyer emploie contre son épouse (Ingrid Bergman) n'est déjouée que quand un inspecteur de police comprend que, contrairement à ce que prétend le mari, ce ne sont pas des hallucinations qui poussent la femme à affirmer que la lumière du gaz baisse par moments, mais que celle-ci diminue effectivement, et en raison des manigances du mari pour faire passer sa femme pour une folle afin de pouvoir mettre la main sur la fortune dont elle est censée avoir hérité. J'évoque cette histoire pour souligner que vos efforts de dissimulation peuvent aussi avoir pour conséquence inattendue d'amener votre femme à douter de ses observations et, au-delà, de sa santé mentale. Il est donc indispensable - à moins que vous poursuiviez la même stratégie que le personnage machiavélique du film - de lui confesser les faits qu'elle soupçonne fortement ou qu'elle connaît peut-être déjà. On peut distinguer deux grands scrupules qui font souvent hésiter à avouer à ce stade:

✓ *Ma confession aura pour seule conséquence de faire souffrir mon partenaire. Il en sera anéanti, tant il est faible.* Cette attitude protectrice donne l'impression que votre couple n'est pas constitué de deux adultes égaux, mais que l'un a nettement plus de pouvoir et de responsabilité que l'autre. Si c'est le cas, il y a gros à parier que c'est là l'une des causes de votre infidélité. Le partenaire « sur-responsabilisé » finit souvent par mal supporter cette charge excessive et, dès que l'occasion se présente, il voit une aventure extra-conjugale comme le remède idéal contre sa lassitude. Or dissimuler l'infidélité, c'est aussi éviter d'affronter toute la question de cette dépendance et de déséquilibre, et c'est pour cela que, même si cette liaison précise s'est achevée, d'autres suivront probablement. Dire la vérité permet à la longue de vous placer tous deux sur un pied d'égalité et, éventuellement, d'opérer des changements positifs dans votre vie de couple. Vous aurez peut-être même le sentiment que vous pouvez enfin discuter d'aspects de votre relation qui vous gênent depuis longtemps. Soulignons que ce travail risque d'être pénible pour l'un et l'autre. Car, outre le problème de votre liaison, il vous faut aborder une multitude de questions qui concernent votre union en tant que telle. Mais à mesure que s'améliore votre communication, votre couple s'armera de plus en plus contre les infidélités. Bref, la raison la plus importante pour laquelle il importe de dire la vérité est que la poursuite des mensonges vous empêche tous deux de vivre la meilleure relation dont vous soyez capables.

✓ *Ma confession sera source de souffrance pour mon ex-amant (ou maîtresse).* Nous avons déjà évoqué la loyauté que nombre d'époux infidèles éprouvent envers la tierce personne. Certains estiment qu'ils lui ont déjà causé plus qu'assez de chagrin, que ce n'est pas la peine d'en rajouter. Il est, bien sûr, des situations où ce scrupule est fondé: on serait mal avisé de révéler le nom de la tierce personne si l'on croyait son époux capable d'actes de vengeance. Mais cela arrive très rarement. Le plus souvent, l'époux lésé a avant tout besoin d'entendre des mots de confirmation, puis de reconstruire son couple sur des bases nouvelles.

Ma liaison extra-conjugale est terminée, mais il reste un gros problème à résoudre: « Raconter ou ne pas raconter? »

Cette question paraît de prime abord identique à la précédente, mais il n'en est rien. La femme du dernier passage demandait confirmation de ses intuitions, tandis que l'on dirait, à la lecture de votre formulation, que votre liaison n'a pas encore été découverte, et vous avez sans doute aussi le sentiment qu'elle n'a toujours pas éveillé de soupçons. Il arrive couramment que l'époux trompé flaire quelque chose de louche et, si vous avez cette impression, ma réponse à la question précédente vaut aussi pour la vôtre. Dans quelques-uns des cas où, de toute évidence, le partenaire trompé ne se doute de rien, j'ai vu le partenaire infidèle prendre la décision de garder son secret. Mais celui-ci s'impose, ce faisant, une charge particulièrement lourde à porter, puisqu'il doit assumer seul, et sans assistance, tout le travail qu'il aurait pu partager avec l'autre: cela l'oblige à analyser en solitaire les conditions ayant créé un terrain propice à son aventure, puis, sans soulever la méfiance de son partenaire, à proposer les changements susceptibles de prémunir le couple contre toute rechute. Sans compter que la personne doit aussi veiller à modifier son propre comportement au sein de la relation. Ceux de mes patients qui ont choisi cette voie affirment que leur vie et leur couple se portent beaucoup mieux qu'avant. L'inconvénient de ce choix est qu'ils restent taraudés par la crainte de voir la vérité éclater dans un avenir lointain, avec des conséquences encore plus désastreuses.

Des questions et des réponses; l'un et l'autre, chacun des deux

Puis-je un jour refaire confiance (ou, dans le cas de l'époux infidèle, regagner sa confiance)?

La confiance ne se reconstruit que très progressivement. Sa perte est l'un des principaux aspects de la réaction post-traumatique née du choc de la découverte. Il faut du temps pour se sentir de nouveau en sécurité, chaque bonne journée enregistrée par le couple marquant un pas supplémentaire sur le chemin de la confiance. C'est à travers les efforts de l'époux infidèle pour rassurer son partenaire et l'écouter patiemment en cas de regain de suspicion que les deux avanceront dans ce sens. Autre signe positif: mari et femme se rendent désormais compte de l'existence dans leur relation de problèmes non reconnus qui avaient augmenté la probabilité d'une liaison extra-conjugale. Dès lors qu'ils abordent ces difficultés dans un esprit de responsabilité réciproque, ils sont en bonne voie de retour à une vie heureuse et épanouie. Mais si le partenaire lésé découvre une nouvelle infidélité ou constate qu'il n'y a pas d'amélioration en matière de communication et de réciprocité, la confiance replongera. Des abus de confiance répétés ne feront que hâter la dégradation de la relation. Par ailleurs, la femme d'un don Juan invétéré aura besoin d'une abondance de preuves quant à la volonté de celui-ci de se reconnaître pleinement responsable de son problème et de demander de l'aide pour le dépasser. Car la plupart des coureurs de jupons n'envisagent une telle démarche que s'ils redoutent la disparition de leur couple. C'est donc immédiatement après la découverte de la vérité qu'il faut exiger qu'il se fasse aider. S'il s'y lance avec bonne volonté, la confiance ne pourra qu'en sortir renforcée.

Aurais-je une vie meilleure si nous divorcions?

Avant de pouvoir y répondre, vous devriez vous poser quatre autres questions:

✓ Que pourrais-je espérer de mieux si je restais?
✓ Que pourrait-il arriver de pire si je restais?
✓ Que pourrais-je espérer de mieux si je partais?
✓ Que pourrait-il arriver de pire si je partais?

Le mari d'une de mes patientes avait eu au total trois liaisons extraconjugales, toutes relativement longues, au cours d'une période de plusieurs années. Il n'en avait avoué aucune tant qu'elle était en cours et n'avait jamais exprimé de remords. Voici les réponses de Louise aux quatre questions:

✓ *Le mieux si je restais*: les choses resteraient probablement en l'état. J'aurais peut-être une chance de le contraindre à faire une thérapie, mais j'ai déjà essayé, sans succès.
✓ *Le pire si je restais*: il serait capable d'enchaîner les aventures amoureuses, ce qui achèverait de démolir mon amour-propre déjà bien entamé.
✓ *Le mieux si je partais*: j'aurais peut-être le sentiment de me respecter un peu plus, et je pourrais même rencontrer quelqu'un de bien. Je m'estime quand même capable de trouver mieux que lui.
✓ *Le pire si je partais*: le connaissant, il ne me ferait pas de cadeau dans les négociations de divorce. S'il parvenait à ses fins, comment pourrais-je m'occuper convenablement des enfants?

Ayant longuement réfléchi au problème, Louise en conclut que ce serait une erreur de partir tant que les enfants étaient encore des préadolescents, mais qu'elle ne supporterait pas éternellement de vivre avec son mari. Elle décida donc d'attendre quelques années et de profiter de cet intervalle pour acquérir de nouvelles compétences professionnelles. Le fait de s'être fixé cet objectif lui a grandement facilité la vie au jour le jour.

Joseph, autre patient, entretenait une liaison extra-conjugale depuis plusieurs années. Au cours de sa thérapie, il finit par se résigner à l'idée qu'il n'épouserait probablement jamais sa maîtresse. Il commençait toutefois à se dire que, même si sa relation avec celle-ci se soldait par un échec et qu'il se retrouvait « sans filet de sécurité », il serait néanmoins obligé de divorcer. Regardons donc sa liste de réponses:

✓ *Le mieux si je restais*: je pourrais sans doute continuer à fonctionner de la même façon, sauf que j'en ai assez de raconter tous ces mensonges. J'ai beau me tuer à discuter avec ma femme, je crois qu'elle ne changera jamais.

✓ *Le pire si je restais*: rien n'évoluerait, je continuerais à mentir, jusqu'au jour où je me ferais prendre, peut-être même un peu exprès.

✓ *Le mieux si je partais*: je cesserais de faire du mal à ma femme, car je sais que j'agis de façon injuste, et je finirais peut-être par trouver un certain bonheur.

✓ *Le pire si je partais*: j'adore mes enfants et je me considère comme un père exemplaire. Or je crains de les décevoir en partant, de leur donner l'impression que je suis une vraie crapule. Pire encore, je ne les verrais plus tous les jours. L'idée d'être un de ces papas du week-end me fait horreur.

Joseph décida d'aborder le sujet de divorce avec sa femme. Il apprit à son grand étonnement qu'elle se doutait déjà de quelque chose et avait envisagé de lui en parler. Sachant qu'il avait éveillé des soupçons, Joseph se sentit suffisamment à l'aise pour avouer sa liaison et présenter ses excuses pour avoir menti. Ils décidèrent à partir de là d'entamer une thérapie conjugale qui allait leur permettre d'assumer chacun leur part de responsabilité dans l'échec de leur couple et d'en faire ensemble le deuil. C'est également dans le cadre de leur thérapie qu'ils allaient pouvoir ébaucher un projet de divorce équitable et axé sur les intérêts des enfants.

Devrais-je rester pour les enfants?

L'hypothèse quant à l'effet néfaste du divorce sur les enfants n'est plus à démontrer, et c'est pourquoi il convient de réfléchir très sérieusement à cette question. Il arrive fréquemment dans les couples confrontés au problème de l'infidélité que mari et femme y pensent tous deux. Mais, malheureusement, ils ont tendance à le faire chacun de leur côté, sans dialogue.

Les deux premières années au moins suivant la séparation ont, on le sait, un impact fortement négatif sur les enfants. Chez ceux dont les parents ont divorcé, la fréquence de l'échec scolaire, de troubles du comportement et de divers problèmes affectifs se situent au-dessus de la moyenne. Si bien qu'on serait tenté d'en conclure que le divorce n'a que des conséquences dommageables pour les enfants. Or la situation est plus compliquée qu'il n'y paraît, puisque le fait de grandir dans un environnement tendu, acrimonieux et dénué d'amour peut s'avérer tout aussi destructeur.

Nous avons vu, quelques pages plus haut, le cas de Louise qui a décidé de rester avec son mari jusqu'à ce que ses enfants passent le cap de l'adolescence. Au cours de sa thérapie, elle évoquait souvent son désir de mettre ses enfants le plus possible à l'abri de sa propre insatisfaction. Elle décida que, pour y parvenir, elle devait se répéter sans cesse qu'elle n'avait aucun moyen de faire évoluer son mari, ainsi que le montraient toutes ses tentatives infructueuses depuis tant d'années. Elle en était arrivée au stade où elle pouvait se dire: « Ce n'est pas vraiment un mauvais type. C'est juste que ce n'est pas l'homme pour moi, et ne le sera jamais. De quel droit après tout je l'obligerais à changer? » Une fois ce principe admis, elle constatait une diminution remarquable du nombre de prises de bec qu'ils avaient. En même temps, elle s'éloignait chaque jour davantage de son habitude consistant à faire « profiter » les enfants de ses réflexions désobligeantes sur leur père.

Joseph, quant à lui, en vint à la conclusion qu'il ne pouvait plus supporter sa vie de couple. Il montra son souci du bien-être des enfants en prenant les devants pour informer sa femme de sa liaison, puis pour discuter avec elle des moyens de s'acheminer vers un divorce juste et honorable. L'issue amicale de l'affaire a laissé intacte la dignité de Joseph, de son épouse et de leurs enfants. Elle a aussi permis à ces derniers d'échapper à une vie familiale remplie d'offenses, d'animosité et de dissimulation. Un an environ après la séparation, j'eus l'occasion de me retrouver seul avec la fille de quinze ans et le garçon de douze ans. Tous deux s'accordaient à dire qu'ils avaient détesté les chamailleries incessantes auxquelles ils avaient assisté pendant des années. La rupture avait certes été difficile à avaler au départ, mais à présent qu'ils rencontraient père et mère séparément, ils avaient le sentiment de bénéficier de ce que chacun de leurs parents avait de mieux. « C'est bizarre, remarqua la fille, mais maintenant je les vois tous les deux sous un jour complètement différent. Maman est tellement plus décontractée qu'avant, et papa paraît beaucoup moins austère et moins prompt à critiquer. »

Louise et Joseph: tous deux avaient mûrement réfléchi aux conséquences d'un divorce pour leurs enfants. Hélas! ce n'est pas le cas de tous les parents. Nombreux sont ceux qui se quittent dans la furie, même si cela impose aux enfants la douleur continue de devoir choisir leur camp. Comme l'a exprimé un enfant venu dans mon cabinet: « La situation est la suivante. Si je parle gentiment de maman quand je suis avec papa, il pense que je le hais, et c'est le même topo quand je vois maman. J'ai donc fini par apprendre à me taire. »

Certes, le meilleur scénario possible est celui où la liaison extra-conjugale se termine, le couple en tire les leçons et la vie à la maison s'améliore pour tout le monde. Les enfants sont les grands gagnants d'une solution de ce type. Et puisqu'il y a de nombreuses infidélités qui ne provoquent pas la dissolution du couple établi, on est fondé à penser qu'un travail long et patient de réflexion sur le sens de la liaison extra-conjugale peut à terme conduire à la réconciliation des partenaires.

Mais à défaut, il est impératif de se demander si l'on peut maintenir son couple d'une manière qui nuit le moins possible aux enfants.

Si aucune de ces deux issues ne paraît ouverte, c'est vraisemblablement un bon divorce qui serait le plus conforme à leurs intérêts.

La quête de sens, fondement de tout désir de survie

Le psychiatre Viktor Frankl était interné dans un camp de concentration nazi pendant la Seconde Guerre mondiale. Tout au long de son internement, il se posa cette question: comment se fait-il que certains prisonniers réussissent à survivre à ces conditions incroyablement avilissantes et humiliantes alors que d'autres s'écroulent? Il parvint à la conclusion que les survivants (du point de vue psychologique) étaient ceux qui avaient su trouver un sens à cette expérience on ne peut plus insondable. Chez certains, cela passait par le vœu de consacrer le restant de leurs jours à raconter aux autres l'horreur des camps. D'autres avaient tenu bon grâce à leur détermination à aider leurs codétenus, en dépit de leurs propres souffrances. Viktor Frankl a présenté le fruit de sa réflexion sur le sujet dans un livre intitulé *Découvrir un sens à sa vie.* Dès lors que l'on a décelé le sens des événements même les plus pénibles que l'on subisse, on peut les affronter avec la vigueur du survivant.

Chacune des questions examinées dans les pages précédentes constitue une quête de sens. Mais la signification dégagée se trouve, en fin de compte, beaucoup moins dans les faits objectifs - nature de l'infidélité commise et identité de la tierce personne - que dans l'interprétation qu'en donne l'époux les ayant découverts. De même, l'époux infidèle sera à même de prendre des décisions sensées sur le devenir de son infidélité dès lors qu'il aura défini le sens de ses actes.

J'ai déjà souligné que le temps joue en votre faveur dans cette période de réflexion sur les rapports extra-conjugaux d'un des deux partenaires. Nombreux sont ceux qui finissent par reconnaître que la découverte de la vérité, pour douloureuse qu'elle ait pu être, a fonctionné comme un signal d'alarme les appelant à réexaminer et à refonder leur couple. Cette lutte, à condition d'être menée à deux, a pour effet de rapprocher les deux partenaires. Ils constatent qu'ils ont gagné en maturité, qu'ils sont plus complices qu'auparavant, qu'ils ont pris conscience du danger qui les guettait, une fois au bord du gouffre. Décidés à ne plus jamais s'en approcher, ils affirment solennellement la transformation irréversible de leur relation dont la nouvelle clé de voûte sera un niveau de communication et d'honnêteté que, jusque-là, ils n'auraient guère cru possible.

Il arrive parfois que l'époux lésé se rende compte que, alors que son partenaire affirme sa volonté de maintenir leur couple, lui-même ne peut plus le faire. Contrairement à ceux qui choisissent de rester ensemble et de chercher à surmonter l'infidélité pour reconstruire le couple, la personne doit dans ce cas prendre sa décision dans la solitude. Une patiente, mariée à un don Juan invétéré, m'a tenu ces propos:

— Mon mari est venu - encore une fois - me dire combien il regrette de m'avoir trompée et fait souffrir. Là, un déclic s'est soudain produit après vingt-cinq ans de vie commune. J'ai réalisé que j'avais trop souvent entendu ce discours, et tout s'est éclairci dans ma tête, comme pour la première fois. Auparavant, je prenais chaque nouvelle confession navrée pour un incident unique, tandis qu'aujourd'hui j'aperçois bien toute la suite des aveux et des excuses. J'ai compris qu'il n'y aura pas d'évolution. À aucun moment, pendant toutes ces années, il n'a pu reconnaître qu'il avait un problème, et il ne le fera jamais. J'ai enfin été obligée de me rendre à l'évidence que je n'arriverai jamais à le changer et qu'il ne se changera pas non plus tout seul. J'en conclus que, pour me protéger, je dois le quitter.

L'époux infidèle peut lui aussi trouver un sens à son infidélité. Lorsque je travaille avec des personnes engagées dans une liaison extra-conjugale, je leur explique, comme je l'ai déjà indiqué, que cette liaison a peu de chances de se transformer en relation durable. Je les incite fortement à analyser avec la plus grande rigueur leur motivation à l'égard de leur amant ou maîtresse au moment où la perspective du divorce se profile à l'horizon.

C'est précisément cette perspective que Janine a dû envisager. En compagnie de son mari Martin, elle était venue me consulter plusieurs années avant sa liaison, mue par une forte envie d'améliorer leur couple. Le problème, c'est qu'elle ne supportait plus le mutisme de Martin, à qui elle reprochait d'apporter bien peu à leur relation. Elle fit tout son possible pour l'arracher à sa torpeur. D'abord, elle se montra déprimée, mais cela ne suscitait ni beaucoup d'inquiétude ni les encouragements qu'elle aurait tant aimé entendre. Elle passa ensuite aux éclats de colère, qui ne réussirent qu'à fâcher Martin à son tour. Puis elle menaça d'entamer une procédure de divorce. C'est alors que son mari décida que la thérapie conjugale ne lui convenait pas et se retira. Il y eut encore quelques séances où Janine vint toute seule. Elle m'avoua, le visage baigné de larmes, qu'elle craquait dans sa vie de couple mais que l'idée du divorce lui paraissait tout aussi insupportable. « Je sais, dit-elle, que sous cette carapace se cache un homme bon. Je suis déterminée à le trouver. » Sur ce, elle abandonna elle aussi la thérapie.

Plusieurs années après, je reçus un appel téléphonique de Janine, qui demanda un rendez-vous dans les plus brefs délais. À peine était-elle installée en face de moi qu'elle annonça : « Je crois que je suis amoureuse. À en juger par sa description de son amant, elle était tombée sur un Martin bis, encore un « brave garçon sous ses dehors frustes », et je le lui fis remarquer. C'est ainsi que nous avons commencé ensemble à analyser le pourquoi de son penchant pour des hommes de ce type. Elle ne tarda pas à se rendre compte, en brossant le portrait de ses parents, qu'elle tenait cette disposition de sa mère, qui s'était efforcée toute sa vie à « aider papa à se montrer sous son meilleur jour ». Janine se mit à rire en s'entendant prononcer cette phrase si souvent répétée par sa mère. « Je suis sans doute en train de reproduire avec Martin le même comportement qu'avait maman face à papa ! » s'exclama-t-elle. Et pourtant, mes tentatives pour souligner les similitudes entre sa relation avec Martin et celle qu'elle venait de nouer avec son amant n'avaient pas l'air de pénétrer.

Janine finit par annoncer sa volonté de séparation. Cette fois-ci, elle avait réussi à attirer l'attention de Martin. Or elle découvrit, à sa grande consternation, qu'elle ne la voulait pas tant que cela maintenant qu'elle l'avait enfin gagnée. Qui plus est, peu de temps après la séparation, elle put s'avouer qu'elle avait effectivement réédité le même schéma d'un homme à l'autre. Elle constata avec perplexité que, au moment même où elle se détournait définitivement de son mari, elle commença soudain à remarquer tous les petits défauts de son amant qui lui avaient jusque-là échappé. D'où sa décision de suspendre sa liaison tout en restant séparée de Martin.

Pendant plusieurs mois, Janine ne revit ni mari ni amant. Elle continua, en thérapie, à sonder les messages reçus autrefois chez ses parents. Elle parvint finalement à cette conclusion: elle n'avait plus envie de jouer auprès des hommes le rôle légué par sa mère. Au bout d'un certain temps, elle se dit qu'il fallait porter un regard nouveau sur son mariage et elle demanda à Martin de s'y associer. C'est ainsi que, après un an environ de séparation, ils recommencèrent à se rencontrer. Un jour, Martin fit cette proposition:

« Si on sortait ensemble, comme quand on était encore au lycée, pour voir ce que cela donne?

– L'idée me va, sauf que tu devras d'abord régler un certain nombre de choses dans ta tête, parce que je te préviens: je ne travaille plus dans l'assistanat. »

Martin entreprit à partir de là de suivre lui-même une thérapie. Cela lui a permis de voir que, en fin de compte, il ressemblait étonnamment à son père. Il en avait toujours voulu à celui-ci d'avoir été un mari aussi peu attentif et avait systématiquement pris parti pour sa mère en cas de dispute. Mille fois il s'était juré que, quand il serait lui-même marié, il ferait beaucoup mieux que son père dans ce domaine. Quel choc que de découvrir qu'il était devenu à ce point fermé, le fils de son père! Martin s'attacha dès lors à acquérir une vitalité et une sensibilité aux autres qu'il n'avait jamais connues auparavant. Janine et lui ne tardèrent pas à se remettre ensemble. Tous deux s'accordaient à penser que cette histoire douloureuse leur avait énormément appris.

Dans ce chapitre, nous avons examiné le sens de la découverte d'une infidélité. Nous avons vu l'importance de laisser celle-ci de côté pour pouvoir recentrer son attention sur le couple d'origine. Nous avons abordé les multiples questions que pose la découverte, moment traumatisant qui peut néanmoins ouvrir la voie à des transformations extrêmement prometteuses. Décidément, le divorce n'a rien d'inévitable. Il arrive souvent que le couple en sort renforcé une fois que les questions soulevées par l'infidélité ont été réglées. Dans certains cas, bien sûr, la liaison extra-conjugale sert de révélateur de la nécessité du divorce. Mais les couples les plus tristes qu'il m'ait été donné de traiter sont ceux qui restent ensemble dans une relation dénuée d'amour, taraudés à jamais par des infidélités passées mais incapables de les utiliser comme l'instrument de transformation qu'elles pourraient être. Dans le chapitre suivant, nous allons considérer les émotions qui s'emparent si puissamment de l'individu confronté à une crise de couple.

Rappelez-vous que…

- La découverte d'une infidélité ne sonne pas forcément le glas du couple.
- Il est important de ne pas prendre des décisions dans l'immédiat lorsqu'une infidélité a été mise au jour.
- Aveux et remords ont une importance capitale pour la survie du couple, quelle que soit l'issue de l'infidélité.
- Le passage du temps et la quête de sens sont des facteurs primordiaux quand il s'agit de surmonter une infidélité.

CHAPITRE 5

Les sentiments qui font du bien et ceux qui blessent

Les émotions intenses que vous éprouvez sur le chemin menant de la découverte à la vie épanouie et heureuse qui peut à nouveau être la vôtre sont une source potentielle de souffrance, mais aussi de développement. Il s'agit donc d'apprendre à tirer parti des vôtres pour évoluer. Cela dit, il n'est pas toujours facile d'y voir clair dans le désordre de vos sentiments et d'en dégager un sens utilisable.

Si vous êtes comme la plupart des gens, vous considérez la honte, le remords ou la colère comme des sentiments négatifs dont vous souhaitez vous débarrasser le plus vite possible. Cette attitude se comprend aisément. Il est fort instructif, à cet égard, d'examiner la manière dont les alcooliques et les toxicomanes font face à leurs émotions, étant donné que ces derniers excellent dans l'art de les fuir. De nombreux toxicomanes en voie de désaccoutumance racontent qu'il suffit d'un seul faux pas pour retomber dans l'état d'addiction dont ils s'efforçaient de sortir. Or, plutôt que d'affronter la déception causée par ce relâchement, ils ont tellement honte d'eux-mêmes qu'ils se laissent totalement aller. Ce comportement volontairement excessif ne leur apporte toutefois qu'un répit de courte durée, car la rechute ne fait qu'aggraver le sentiment même d'indignité qu'ils essaient par là d'émousser. Ainsi, avant qu'ils n'aient le temps de s'en rendre compte, ils se retrouvent de nouveau en pleine dépendance.

Imaginez, à rebours de cette façon de réagir, que même les émotions en apparence les plus négatives peuvent également avoir des effets positifs. Un ancien héroïnomane m'a relaté le début de sa prise de conscience et de la désintoxication réussie qu'elle avait permise :

— Un jour, je me suis rendu dans le couloir sombre d'un immeuble pour obtenir ma dose, et je ne sais pas ce qui m'est arrivé, mais j'ai perdu connaissance. Le revendeur en avait profité pour me voler, y compris mes vêtements, et supposait sans doute en partant que j'étais mort. Quand je suis revenu à moi - avec une seringue plantée dans le bras - et que j'ai réalisé ce qui s'était passé, j'étais furieux, non seulement contre le voleur, mais contre moi-même. Comment avais-je pu me fourrer dans une telle histoire ? Pendant combien de temps encore allais-je raconter des mensonges à ma femme et à mon patron ? Je me faisais tellement honte que j'ai eu envie de me tuer. Fallait-il que je frôle de plus près encore la mort pour que je comprenne ? Par la suite, je me suis rendu compte que cette expérience avait été une véritable aubaine. Ce fut le signal d'alarme que j'avais besoin d'entendre. Je me suis aussitôt inscrit dans un programme de désintoxication et je n'ai jamais eu de rechute. Non pas que je n'aie jamais eu de tentations, mais à chaque fois, je repense à la honte et au dégoût de moi-même qui m'avaient envahi ce jour-là. Cela me rappelle que je ne veux plus jamais éprouver ça de ma vie. Cela suffit pour m'arrêter net.

Ce récit montre bien la force intense que recèle une émotion que l'on supposerait entièrement négative. Submergé par une vague de honte, révolté par son propre comportement, ce jeune homme cessa de chercher des coupables ailleurs et assuma la pleine responsabilité de ses actes. Cette expérience allait durablement changer sa vie, car il avait su la mettre à profit.

Ne serait-ce pas merveilleux si chacun pouvait avoir la certitude de sortir transformé d'une douloureuse crise de couple ? Dans ce chapitre, nous aborderons le double visage, bénéfique et néfaste, des états émotionnels. Cela permettra de concentrer nos efforts sur la force positive de tous les sentiments, y compris ceux qui semblent les plus négatifs.

Quand le voyant lumineux clignote...

Les constructeurs automobiles américains sont parvenus il y a de nombreuses années à la conclusion que le consommateur était incapable de lire la multitude de compteurs ornant le tableau de bord de la plupart des voitures. Ces instruments fournissaient pourtant des renseignements précieux sur l'état du véhicule: le moteur chauffait-il un peu trop? La batterie se chargeait-elle correctement? L'huile était-elle au bon niveau? À leur place, les concepteurs de Detroit ont donc fait installer une série de petits voyants rouges qui remplissent depuis lors le même office. Certains les ont promptement baptisés « voyants pour idiots » pour souligner que seul un individu complètement bouché aurait du mal à les comprendre. Inutile de dire que, en raison de leur simplisme, ces voyants privent l'automobiliste d'une masse d'informations qui pourraient dans bien des cas lui permettre de prévenir des dangers imminents.

C'est tout à fait par hasard que j'ai pris conscience de l'analogie entre voyants pour idiots et émotions. Une jeune femme était venue me consulter à cause de l'infidélité de son mari, dont la découverte l'avait plongée dans une rage fortement teintée de honte. « Comment ai-je pu ne pas m'en douter? » s'écria Hélène. « Tout le monde doit me prendre pour une vraie imbécile. Je suis tellement humiliée que je n'ose plus me montrer en public. J'en veux à mort à toutes mes connaissances qui m'ont caché la vérité. Et rien de ce que mon mari pourra dire ou faire ne me convaincra de lui pardonner. » Sa litanie de honte et de reproches était sans fin. J'avais beau essayer par tous les moyens de l'aider à dépasser le stade de la colère, elle s'y accrochait avec une belle obstination.

Un jour, Hélène arriva tout agitée à mon cabinet. « Est-ce grave, m'interrogea-t-elle, si le voyant rouge de ma voiture reste allumé? » Je lui demandai depuis quand elle l'avait remarqué, puisqu'il fallait compter près d'une heure de route entre son domicile et mon cabinet. « Presque depuis le début du trajet. J'avais peur de m'arrêter », répondit-elle. Je l'informai que cela voulait vraisemblablement dire qu'elle avait abîmé le moteur. Après un coup de téléphone au garagiste pour faire enlever la voiture, notre consultation put commencer. Il nous apparut, au cours de la séance, que le comportement d'Hélène face à ce problème mécanique était emblématique de sa façon de vivre. Son voyant rouge des émotions était allumé pratiquement en permanence, mais, au lieu de se servir de l'information transmise, elle faisait comme si elle ne la voyait même pas. Puis, pour finir, elle cédait à la panique que peut occasionner la découverte soudaine d'un signal de danger… et qui l'empêchait de réfléchir calmement.

Toute émotion a deux composantes. La première est ce que l'on ressent au niveau des tripes: en colère, on « voit rouge »; angoissé, on a « un nœud dans la gorge »; humilié, on rougit. La seconde concerne les pensées accompagnant ces réactions. C'est le rapport entre les deux qui forme l'objet de la psychologie cognitive. Le bon sens vous dit que vous êtes contrarié en raison d'un événement négatif particulier. Exemple classique: « Ma voiture est tombée en panne, et cela m'a gâché la journée. »

Aaron Beck, spécialiste de la psychologie cognitive, prétend, quant à lui, que ce n'est pas la panne qui vous met dans cet état, mais votre façon de la penser. La première idée qui vous passe par l'esprit est que votre journée est fichue, et c'est elle qui peut déchaîner un torrent de sentiments: colère, frustration, voire affolement (« Mais, je vais rater mon rendez-vous! »). Plus on se laisse happer par cette spirale, plus on remue de sentiments négatifs. On ne tarde pas à rejeter la responsabilité sur quelqu'un d'autre: « Je lui ai dit hier de faire réviser la voiture! » À moins que l'on ne préfère s'en prendre à soi-même: « Quelle nullité! Je ne suis même capable de m'occuper convenablement de ma voiture. Je fais tout de travers. » Chacune de ces pensées a pour conséquence d'aggraver la gêne éprouvée et l'impression de ne rien maîtriser, source supplémentaire d'exaspération.

Des recherches récentes sur le fonctionnement du cerveau viennent appuyer la thèse d'Aaron Beck. La scanographie du cerveau d'un individu en proie à une idée obsessive et négative permet littéralement de voir l'agitation de cet organe. Plus l'être humain est submergé par l'émotion, plus sa capacité de réflexion se dérègle. Mais il n'y a pas de fatalité en la matière: on peut s'affranchir des sentiments négatifs et retrouver sa lucidité. On se dira par exemple: « Ce n'est pas si grave que ça. J'appellerai le service de dépannage et, en attendant l'arrivée du camion, je n'aurai qu'à reprendre la lecture de son bon livre que j'ai dans la voiture. Cela m'aidera à me changer les idées. » On administre souvent des calmants aux personnes particulièrement obsessionnelles afin de les apaiser. Et si c'était possible d'obtenir le même résultat sans médicaments, tout simplement en leur donnant des outils pour penser autrement? Le psychiatre Jeffrey Schwartz, qui a formé des individus obsessionnels à détourner ainsi leur attention, a pu suivre sur scanner les variations de leur activité cérébrale à mesure qu'ils assimilaient sa méthode. Le fait d'apprendre à se calmer et à mener avec eux-mêmes un dialogue de type nouveau a permis à ces patients de se libérer d'obsessions auparavant insupportables.

Votre esprit indique à votre cerveau les indications qu'il doit donner à votre corps. Le cerveau humain est un organe très obéissant: si vous vous répétez que votre vie est catastrophique, il ordonnera à votre corps de se mettre en mode catastrophe. À partir de là, votre cœur battra la chamade, vous transpirerez à grosses gouttes et vos muscles se contracteront. Il suffit de repenser aux symptômes traumatiques décrits au chapitre 1 pour comprendre l'impact énorme des pensées sur l'état psychique de la personne. On exprime avec tout son corps son appréciation des conditions. Il n'y a donc pas de quoi s'étonner si une vision catastrophiste de la situation trouble le sommeil, provoque des accès de colère ou fait sursauter au moindre bruit.

Il convient de considérer les émotions comme autant de voyants lumineux. Certes, l'individu qui souffre peut avoir besoin de temps pour pleurer, hurler, relâcher la douleur qui le tenaille, en un mot, se défouler. Mais il ne faut pas oublier que tant que l'on s'enferme dans cet état de souffrance, on empêche l'énergie énorme de ces émotions d'apporter leur contribution positive. Le voyant reste allumé, occasionnant un flux ininterrompu d'énergie inutilisable et non productive. Et si cette situation se prolonge, le moteur finit par casser. Pendant combien de temps en effet peut-on supporter des quantités illimitées de remords, de honte, de colère?

Servez-vous de votre journal pour répertorier toutes les pensées rageuses ou douloureuses qui occupent votre esprit à la suite d'une infidélité. Puis, en regard de chaque entrée, notez les conséquences négatives qu'elle risque, à votre avis, d'avoir pour votre comportement ou même votre bien-être physique. Si c'est vous l'époux lésé, vous pourriez par exemple centrer votre attention sur la tendance naturelle à désigner le responsable de votre affliction, que ce soit votre partenaire, la tierce personne ou vous-même. Profitez de votre journal pour décortiquer vos réactions. Si vous êtes de ceux qui dirigent leurs reproches contre eux-mêmes, tâchez de répartir vos pensées entre les deux catégories suivantes :

✓ la flagellation constante de soi, qui ne mène nulle part et ne fait qu'intensifier votre souffrance ;
✓ la reconnaissance raisonnable de votre part de responsabilité dans les déboires de votre couple.

Si vous êtes, en revanche, le partenaire infidèle, il est bien possible que vous essayiez, de façon tout aussi stérile, de trouver le « coupable ». Je ne peux, dans ce cas, que vous engager à utiliser le même procédé pour enregistrer et analyser vos sentiments.

Que faire de sa colère ?

Il existe depuis longtemps deux écoles de pensée sur la meilleure façon de réagir face à sa propre colère. Pour les uns, il faut y donner libre cours, car toute autre solution serait malhonnête, voire dangereuse pour l'équilibre physique et psychique de la personne. Les autres conseillent au contraire de rentrer la colère en raison de sa capacité destructrice, pour celui qui l'éprouve ainsi que pour son entourage. Or ni l'une ni l'autre théorie n'est satisfaisante. Quand on laisse éclater sa colère, on découvre que, loin d'apporter le soulagement escompté, ce défoulement ne fait généralement qu'aggraver la rage, la honte et la gêne dont on souffrait déjà. Mais ravaler sa colère, c'est prendre le risque de sombrer dans la dépression, la maladie ou des comportements addictifs. Bref, dans un cas comme dans l'autre, il n'est pas évident que le voyant rouge s'éteigne.

Ne pas décolérer a des conséquences encore plus navrantes. La colère s'alimente d'elle-même, dans une escalade sans fin. On en vient à ne plus pouvoir associer d'autres sentiments que la rage à la personne l'ayant soulevée au départ. J'ai eu des patients qui, dans leur furie contre leur enfant ou l'un de leurs parents, ont été jusqu'à couper tout contact. Ils ne parvenaient même plus à évoquer la personne sans se mettre dans une colère noire. Mais, paradoxalement, l'idée de pouvoir régler le problème en rompant radicalement se révèle totalement illusoire, puisque les sentiments négatifs demeurent aussi vivaces qu'avant, et aussi capables de s'entretenir à l'infini.

Par ailleurs, la colère suscite un certain nombre de réactions fâcheuses chez la personne contre laquelle elle est dirigée. Soit celle-ci répond par une rage équivalente, soit elle établit une distance de sécurité afin de se protéger, enclenchant par là un cercle vicieux: colère contre soi, contre l'autre devenu distant, nouvel accès de colère, distance accrue ou emportement réciproque et sans fin. Pas question, dans un tel enchaînement, de transformer la rage en force positive, car tant que le voyant reste allumé, la colère, la honte ou les remords éprouvés seront des émotions stériles. Comment ouvrir la voie à ce changement profondément fructueux qu'a vécu l'ancien toxicomane dont nous avons lu le récit?

Que faire de toutes ces émotions puissantes que je ressens?

Si cela n'avance à rien ni de se défouler ni de se retenir, que faire de toutes les émotions puissantes que l'on ressent? La psychologue Harriet Goldhor Lerner analyse, dans son livre *la Danse de la colère,* les effets de la colère sur la vie des femmes. Elle souligne que la colère des femmes a souvent ses origines dans leur sentiment d'impuissance, d'autant que cela peut leur coûter cher d'exprimer trop ouvertement cette émotion. Dès la petite enfance, la femme apprend que son rôle social consiste à bercer, à servir, à apaiser, et qu'une jeune fille bien élevée ne s'emporte pas. Elle peut même subir une sorte de « perte de soi », explique Harriet Goldhor Lerner, phénomène par lequel elle « se trahit et se sacrifie afin de préserver des rapports harmonieux avec les autres ». La femme dirige dès lors sa colère vers l'intérieur, se demandant sans cesse ce qu'elle a bien pu faire pour pousser son mari dans les bras d'une maîtresse plutôt que de s'interroger sur la nature de son couple. Elle prend l'habitude d'exprimer sa colère par divers moyens « qui, en fin de compte, ne lui apportent rien, dont la soumission muette, les reproches inefficaces et la froideur délibérée ». Autant de stratégies qui la détournent d'une expression directe et fructueuse de son mécontentement. Harriet Goldhor Lerner souligne par ailleurs qu'une mauvaise gestion de la colère a généralement pour effet de figer la situation, si désastreuse soit-elle. Exemple classique : la femme qui supplie, menace et cajole son mari alcoolique, sans jamais apprendre à s'occuper de ses propres besoins. On retrouve souvent ces mêmes comportements face à l'infidélité de l'homme, avec des résultats tout aussi mauvais.

Le piège des effets négatifs de la colère ne se limite toutefois pas aux femmes. Les hommes enclins à l'agressivité, y compris physique, peuvent eux aussi se trouver entraînés dans une spirale rageuse qu'ils se sentent incapables de maîtriser et qui finit parfois dans la violence. Élevés à maintenir en toutes circonstances une espèce de dureté virile, la plupart des hommes repoussent et refoulent leurs sentiments. Il ne leur reste plus que deux modes d'extériorisation « légitimes » : la colère et la sexualité.

Pour donner une forme « exploitable » à un sentiment négatif, il faut opérer cette distinction fondamentale :

✓ le *défoulement à l'état brut,* aux retombées négatives et imprévisibles ; s'il permet quelques rares « victoires », il ne peut se solder à long terme que par une défaite ;
✓ la *verbalisation* calme et claire, qui favorise la communication et l'évolution.

Le fait de verbaliser ses sentiments plutôt que de leur donner libre cours a deux conséquences importances. D'abord, cela apaise. À mesure que l'on trouve les mots justes pour dire ce que l'on ressent, on constate chez soi une baisse notable de la tension: le corps se relâche, les idées s'ordonnent et on acquiert une impression de puissance que l'émotion brute avait rendue impossible. Ensuite, on découvre ainsi que l'on peut se faire écouter et entendre. La personne ayant soulevé votre colère n'aura pas de mal à mettre vos diatribes sur le compte de la folie, alors que la verbalisation tranquille et non agressive la prive de cette excuse facile.

Une technique pour mieux s'écouter; se projeter dans l'état affectif de son partenaire

Je vous propose une technique d'entretien conçue pour aider mari et femme à mieux s'écouter. Elle consiste en ceci. Le partenaire mécontent demande à l'autre de l'interviewer et, au cours de l'interview, il doit respecter les consignes suivantes:

✓ Vous exprimer à la première personne en évitant le ton accusateur face à l'autre.
✓ Verbaliser vos sentiments plutôt que de les « déballer » à l'état brut. Sans faire de reproches, il faut détailler ce que vous éprouvez.

L'interviewer, celui qui joue en quelque sorte un rôle de journaliste, doit, pour sa part, se plier aux règles que voici:

✓ Écouter attentivement votre partenaire, sans lui couper la parole.
✓ Guetter les émotions qui se trouvent derrière les mots employés.
✓ Regarder en face votre partenaire.
✓ Avoir conscience des messages que vous transmettez par votre corps, comme les signes de tête, approbateurs et désapprobateurs.
✓ Résister à la tentation de répliquer.
✓ Interrompre au bout de quelques minutes afin de reformuler dans vos propres termes le point de vue que vient d'exprimer l'autre, vous aventurant peut-être à nommer les sentiments que vous croyez déceler sous les propos entendus.
✓ Encourager votre partenaire à tout dire; vous laisser entraîner dans ses sentiments; vous mettre entièrement à sa place.

Communiquer de cette manière, c'est pratiquer l'empathie réciproque, cette aptitude à se projeter dans l'état affectif de l'autre. Des années de travail avec des couples en crise m'ont en effet appris que cette capacité est finalement plus durable et plus précieuse que l'amour passionnel. Lorsqu'un homme et une femme venus me consulter m'assurent qu'ils s'aiment énormément en dépit de leurs disputes constantes, je réponds que j'attache moins d'importance à leur état amoureux qu'à leur « état empathique ». Car il n'existe pas d'outil plus puissant pour permettre à deux individus de modifier leur comportement l'un envers l'autre. Dans une relation où prime l'empathie, on accepte d'évoluer non pas parce que l'autre l'exige, mais par compassion pour lui. On prend conscience, contrairement à tant de nos contemporains, de la souffrance que l'on pourrait infliger à son partenaire, y compris sans le vouloir.

Voici l'histoire d'un couple ayant connu une transformation dans ce sens. Déborah, secrétaire de la quarantaine, avait découvert que son mari Charles, cadre supérieur d'une grosse compagnie d'assurances, la trompait avec une collègue de bureau. Au moment où elle avait enfin pu regarder la vérité en face, la liaison extra-conjugale durait déjà depuis un an. Elle vint donc à une première consultation, accompagnée de Charles. Poings serrés, le visage baigné de larmes, elle faisait les cent pas dans mon cabinet, lui adressant souvent des gestes rageurs. « Salaud, cria-t-elle, à cause de toi et de cette garce, je dois être la risée de ton bureau! Je parie qu'ils étaient tous au courant. D'ailleurs, j'étais sûrement la seule imbécile à ne rien savoir! Non, mais quel menteur! Je ne te laisserai pas divorcer, mais jamais je ne te pardonnerai cette histoire! »

Charles resta muet, pâle comme un linge. Au bout de dix minutes environ, il répondit:

« Tu ne peux pas me lâcher avec ça? D'accord, elle travaille toujours dans le bureau, mais je ne lui dis même plus bonjour, je te le jure.

– Oui, oui, mon œil! rétorqua Déborah.

– Vous voyez, docteur, j'ai beau le répéter mille fois, il n'y a pas moyen de la convaincre que j'ai mis fin à cette liaison. Elle ne veut rien entendre. »

Je demandai à Déborah si elle pouvait prendre une minute ou deux pour se calmer, puis exprimer ses sentiments à la première personne, sans accusations. Une telle démarche, lui expliquai-je, oblige à chercher les mots adéquats au lieu d'agresser son interlocuteur. À partir de là, Déborah commença à verbaliser son vécu depuis le début de la crise:

— Tu ne peux pas imaginer ma peur et ma confusion pendant ces premiers mois où tu niais tout de ta liaison. Je croyais perdre la boule. Des amis me disaient que tu devais avoir une maîtresse, mais j'ai refusé de les écouter. Quand j'ai enfin appris la vérité, j'étais effondrée. Je me suis sentie toute vide dedans, et seule au monde. J'avais honte d'en parler aux amis qui m'avaient prévenue, parce que je craignais de me couvrir de ridicule. Je me suis mise à la recherche des preuves même les plus faibles de ta tromperie, et elles ne manquaient pas, mais cela ne m'a pas apaisée pour autant. Je me dégoûtais à fouiner partout comme un détective. Cela m'horripile de penser à tout le mal que cette histoire nous a fait. J'en souffre terriblement.

À mesure que sortaient ces mots, j'observai le visage de Charles, qui perdait peu à peu de sa dureté renfrognée d'avant. Ses yeux étaient désormais rivés sur sa femme et, pendant qu'il l'écoutait, la douleur décomposait ses traits. Quand Déborah eut fini, Charles lui prit la main et dit avec émotion: « Je n'avais aucune idée da la souffrance que je t'infligeais. Du fond de mon cœur, je te demande pardon. » Au cours des semaines qui suivirent, Déborah retrouva progressivement un sentiment de sécurité dans son couple. Charles, quant à lui, parvint, à ce stade, à évoquer certains problèmes qui, lui semblait-il, l'avaient aigri et finalement disposé à se lancer dans une liaison extra-conjugale. Ils parlèrent alors de la tendance de Déborah à se soucier avant tout de ses enfants, de ses parents et de ses frères et sœurs, à tel point que Charles se sentait mis sur la touche. Ayant abandonné le terrain de l'affrontement, ils purent enfin s'écouter et s'entendre. Tout cela a débouché sur une empathie réciproque qui, de l'avis de tous les deux, a marqué le tournant de leur relation.

Ce serait le bon moment de reprendre votre journal pour analyser votre façon d'exprimer votre colère. Repensez aux situations où vous étiez énervé devant la perspective de découvrir l'infidélité de votre partenaire ou d'être vous-même découvert. Comment avez-vous fait? Êtes-vous en mesure de bien distinguer entre les cas où vous avez verbalisé et ceux où vous vous êtes défoulé? Éprouvez-vous en ce moment un sentiment négatif que vous pourriez exprimer clairement et fructueusement à la personne concernée? Y a-t-il quelqu'un d'autre avec qui vous pourriez parler de votre colère si vous estimez que le premier intéressé ne vous entendra pas?

La course au(x) coupable(s)

Rien de plus stérile que de chercher à tout prix le responsable d'une situation: on n'obtient de la sorte qu'une ambiance surchargée. Or, malheureusement, on ne désigne pas toujours l'autre comme coupable, puisqu'on peut aussi être tenté de s'en prendre à soi-même. Il n'est pas du tout rare que l'on se demande, une fois apaisée la première furie provoquée par la découverte d'une infidélité: « Qu'est-ce que j'ai fait pour qu'il (pour qu'elle) désire quelqu'un d'autre? » Ce sentiment – il y a forcément un coupable – est si accablant qu'il entraîne généralement plus de conséquences négatives que de conséquences positives. La personne qui se croit responsable de son malheur a envie de se donner des gifles. Dans un tel état d'esprit, il est pratiquement impossible de réfléchir avec lucidité et de façon constructive au problème à résoudre.

Rejeter la responsabilité sur la tierce personne est tout aussi vain. On entend souvent affirmer: « Elle m'a piqué mon mari. » Or, dans ce domaine, le vol n'existe pas: celui qui s'en va le fait de son plein gré. Les couples qui discutent longuement de la tierce personne évitent ainsi d'aborder la question du devenir de leur relation. Quand je commence à travailler avec un couple à la suite de la découverte d'une infidélité, j'annonce d'emblée: « Vous êtes dans un cabinet où il n'y a pas de coupables. Si nous sommes là, c'est uniquement pour déterminer où vous vous êtes égarés et chercher les moyens de vous remettre sur le bon chemin. »

De même, accuser son partenaire est une réaction normale mais totalement inefficace. J'ai vu des relations rompues inutilement lorsque le partenaire infidèle a conclu que les reproches incessants de l'autre avaient rendu impossible toute discussion sur les difficultés réelles du couple. La peur d'être mis sur la sellette peut également retenir l'un des époux de parler de problèmes personnels jusque-là occultés et éventuellement liés à des comportements extra-conjugaux, puisque leur évocation risque d'être assimilée à une tentative pour se faire pardonner. C'est pour cette raison qu'un de mes patients a longtemps évité de révéler sa cocaïnomanie à sa femme. Avant d'avoir goûté à cette drogue, m'a-t-il expliqué, il avait été taciturne, introverti et assez traditionaliste. Puis, un jour, par l'intermédiaire d'un collègue, il découvrit non seulement la cocaïne, mais aussi un mode de vie sans inhibitions qu'il n'avait jamais imaginé et par lequel il s'est vite senti happé. « Elle me quittera, disait-il, dès qu'elle en aura eu vent. J'ai dû lui raconter trente-six mille mensonges pour cacher la vie déchaînée que je mène depuis un moment. » Pourtant, quand il finit par avouer la vérité, sa femme se montra capable de comprendre que son usage de la cocaïne ainsi que ses expériences fréquentes avec des prostituées relevaient du même comportement addictif. Elle accepta de rester avec lui, mais à trois conditions: qu'il s'inscrive dans un programme de désintoxication, qu'il se soumette à des analyses pour vérifier qu'il n'avait pas contracté de maladies sexuellement transmissibles et qu'il cesse entièrement de se droguer et d'avoir des rapports sexuels extra-conjugaux.

Se prendre en charge

Il convient par ailleurs de souligner les retombées positives que peuvent avoir le fait de s'entendre adresser de reproches et la honte qui parfois en découle. Après une première réaction consistant à ériger des défenses, nombreux sont ceux qui finissent par assumer la responsabilité de leurs actes, ce qui leur permet de se prendre en charge et d'évoluer. Pour ce faire, il faut d'abord dépasser les sentiments immédiats suscités par les critiques subies, et un bon moyen d'y parvenir est de se mettre à la place de celui qui les prononce. « Tu m'as tellement menti que je te déteste ! » Celui qui s'entend dire cette phrase a généralement envie soit de se faire tout petit, soit de riposter avec une vigueur équivalente. Mais s'il peut détourner son attention de ces mots blessants et de son désir de clouer le bec à son accusateur et se concentrer sur la souffrance qu'il a occasionnée, de nouveaux horizons s'ouvrent devant lui. Il est désormais capable de faire cet aveu (du moins pour lui-même): « Oui, je l'ai fait, et je reconnais ma pleine responsabilité. C'était mon choix, et j'aurais pu agir autrement. En plus, je sens bien la douleur que j'ai provoquée. »

La honte peut avoir à la fois des conséquences négatives et positives. Le malfaiteur moyen l'exprime de la façon la plus primaire, par exemple en se couvrant le visage de sa main, de son écharpe ou d'un journal face aux caméras de la télévision. Ce geste traduit sa gêne ou sa honte, sinon de ses actes, du moins d'avoir été pris. Peut-être est-il en plus chagriné à l'idée d'avoir déshonoré sa famille. Il n'est pas rare, bien sûr, que la honte du criminel s'estompe avec le temps, de telle sorte que, quand une nouvelle occasion se présente, il récidive. Mais plus généralement, la honte d'avoir mal agi a pour effet de freiner la répétition des mêmes actes. Un de mes patients qui avait enfreint un certain nombre de lois dans le cadre de son travail d'avocat fut pris en flagrant délit et, à l'issue d'un procès qui fit grand bruit, condamné à une peine de prison. Ce fut au départ la honte qui l'incita à se jurer qu'il ne retomberait plus jamais dans la même erreur. Pas question de devoir affronter de nouveau l'humiliation qu'il avait éprouvée à se voir montré du doigt et à se savoir honni pour ses méfaits ni celle qu'il avait infligée à sa femme et à ses enfants. Ce qui ne l'a pas empêché de se dire : « Tout le monde le fait, et il n'y a pas de quoi fouetter un chat. J'ai tout simplement eu la malchance d'être attrapé. »

Ce ne fut que pendant son séjour en prison que mon patient commença à réfléchir plus sérieusement. Il se rendit soudain compte qu'il était peiné et scandalisé au fond de lui-même. « J'avais trahi la confiance dont je bénéficiais, me raconta-t-il, et, pour être tout à fait honnête, il fallait avouer que j'avais escroqué mes clients. » Il éprouvait à présent le remords et le chagrin qui font partie de toute culpabilité saine. C'est dans ce sens que l'on peut juger la culpabilité propice aux transformations profondes et durables.

Nous avons centré notre attention dans ce chapitre sur l'éventail de sentiments couramment attisés par la découverte d'une infidélité et les moyens de tirer parti de l'énergie ainsi dégagée pour obtenir des changements positifs. Dans les deux chapitres suivants, nous verrons la possibilité, grâce à ce travail, de clarifier le fonctionnement du couple et d'améliorer la communication et la résolution des problèmes.

Rappelez-vous que...

- Le voyant lumineux de vos émotions vous rappelle la nécessité d'organiser vos idées de manière à pouvoir les exprimer clairement.
- La verbalisation sereine de vos sentiments vous donnera une impression de bien-être et de maîtrise de la situation.
- Il ne sert à rien de rejeter la responsabilité sur les autres.
- En revanche, accepter des sentiments de remords permet d'ouvrir la voie à des changements positifs.
- La technique consistant à « interviewer » votre partenaire décrite dans ce chapitre aura pour effet d'améliorer la communication au sein du couple.
- Les transformations profondes du couple dépendent de l'empathie réciproque des partenaires.

CHAPITRE 6

La confiance: mission impossible ou difficile renouveau?

La conséquence la plus douloureuse qu'entraîne la découverte d'une infidélité est la perte de confiance en l'autre. Une fois cette confiance disparue, il est difficile de parler de ce qui vient de se passer, de ce que cela signifie pour vous et de ce que l'avenir réserve à votre couple. Beaucoup de gens qualifient de « désastreuses » leurs tentatives pour recommencer à discuter. Une conversation qui démarre tranquillement peut se transformer en l'espace de quelques secondes en dispute enflammée.

Quand la plaie reste ouverte; Nicolas et Catherine

L'histoire que m'ont racontée Nicolas et Catherine en thérapie nous en fournit une bonne illustration. Mariés depuis quinze ans, Nicolas et Catherine avaient deux enfants. Nicolas était ouvrier du bâtiment et Catherine, secrétaire juridique avant la naissance des enfants, se voyait désormais comme une femme au foyer. Catherine avait toujours considéré Nicolas comme un mari dévoué, même s'il n'était pas un grand parleur. Pourtant, elle avait senti que quelque chose changeait. Il devenait moins attentif et encore plus taciturne que d'habitude. Il donnait l'impression de s'irriter de petites choses qui ne l'avaient jamais gêné auparavant. Il rentrait à la maison plus tard que d'habitude, l'haleine empestant souvent l'alcool. Cela la rendait perplexe. Nicolas n'avait jamais été spécialement porté sur la boisson. Malgré tous ses efforts,

Catherine n'arrivait pas à obtenir d'explication claire de sa part. Plus elle posait de questions et plus il s'énervait.

Une amie suggéra qu'il avait peut-être une liaison. Outrée par cette allégation, Catherine ne lui adressa plus la parole pendant des semaines. Pourtant, l'idée la taraudait. Quelques semaines plus tard, elle trouva un tube de rouge à lèvres qui n'était pas le sien sur le siège avant de la voiture. Nicolas commença par tout nier en bloc, avant d'avancer: « J'ai peut-être pris une auto-stoppeuse. » À ce moment, Catherine se mit franchement en colère. Elle savait que cela ne ressemblait pas à son mari et le pressa d'en dire davantage. Il ne lui fallut pas longtemps pour lui faire admettre qu'il éprouvait des sentiments profonds pour une autre, mais, insista-t-il, il s'agissait d'une simple passade et il ne s'était rien passé de sérieux entre eux. Catherine fut ébahie par la violence de sa propre réaction. Elle me déclara: « C'était comme si quelque chose venait brusquement de casser. Je n'aurais jamais cru pouvoir prononcer de telles paroles. J'ai hurlé et juré. Je me suis mise à le taper, si fort qu'il en tremblait. » Tout compte fait, Nicolas ne savait plus s'il voulait vraiment divorcer et, sur le conseil d'un ami, ils entreprirent une thérapie de couple.

Quand un couple comme celui de Nicolas et de Catherine arrive dans mon cabinet, je m'attache avant toute autre chose à aider les deux partenaires à comprendre pourquoi la souffrance est si grande sur le moment. Je leur rappelle que la personne qui a découvert l'infidélité de son compagnon se trouve en état de choc et se sent trahie. Tant que le compagnon infidèle n'a pas complètement accepté ce sentiment compréhensible, tout changement reste hors de portée. M'appuyant sur la définition du traumatisme présentée au chapitre 1, j'explique que la personne trompée est en plein dans le traumatisme de la découverte et qu'il existe néanmoins des mesures à adopter pour amorcer la reconstruction de son équilibre et de sa vie. La première consiste à soigner ce traumatisme. Imaginez la souffrance causée par cette découverte comme s'il s'agissait d'une plaie sur la peau qui s'infectera davantage si elle n'est pas refermée. Tant qu'il y aura irritation, il y aura peu d'espoir de reconstruction solide d'un nouvel équilibre de vie. De la même façon, les mensonges à répétition ne font qu'irriter la blessure causée par l'infidélité.

Mais il n'est pas rare que le partenaire qui a une liaison rouvre la plaie en niant son infidélité, et ce malgré des preuves accablantes. Soit il redoute les conséquences légales ou la colère qu'entraînerait la révélation de la vérité chez l'autre. Soit il craint que, une fois son infidélité admise, sa partenaire ne lui pose des questions dont les réponses ne peuvent qu'aggraver la situation. Ou encore, il est mû par la peur d'être obligé de mettre fin à sa conduite blessante pour son partenaire, même s'il n'est pas certain de souhaiter le divorce. Dans le cas de Nicolas, plusieurs amis étaient au courant de son aventure et deux d'entre eux s'en étaient même rendus complices, l'un en lui fournissant une garçonnière où il pouvait rencontrer sa petite amie et l'autre en mentant à Catherine qui l'avait un jour questionné sur les allées et venues de son mari. Ces deux amis avaient conseillé à Nicolas de garder le silence, quoi qu'il advienne. Quand il finit par admettre sa « passade », ils l'encouragèrent à limiter ses aveux au strict minimum. Ce comportement n'a rien d'exceptionnel. Beaucoup de gens entendent des avis - de leurs amis, de leur avocat, des médias - qui confortent leur résolution de taire la vérité. Or, que ce soit le conseil le plus souvent prodigué ne le rend pas pour autant judicieux.

Dans la plupart des cas, ce n'est qu'après que la vérité a été révélée qu'il devient possible de communiquer à nouveau. Le mensonge installe une barrière pratiquement infranchissable. Celui qui ment observe l'autre chaque fois qu'il lui parle pour évaluer si son mensonge est « passé ». De même, celui à qui l'on ment, même s'il n'en est pas tout à fait certain, peut avoir une vague impression que quelque chose ne va pas. Nombre de personnes racontent que, une fois qu'on leur a dit la vérité, elles comprennent que, quelque part, elles étaient au courant depuis le début. Cependant, le soulagement entraîne la souffrance dans son sillage. Comme l'a exprimé l'une de mes patientes, elle découvrit des faits dont elle aurait préféré qu'ils soient faux.

Les deux époux doivent comprendre qu'ils auront du mal à retrouver la confiance. Les pires craintes du partenaire infidèle peuvent se voir rapidement confirmées. La première réaction face à un aveu sincère dans ce domaine est généralement très émotive, comportant au moins des pleurs, des cris ou des bris d'objets. Dans les cas les pires, cela peut aller jusqu'à des violences physiques. C'est parfois l'occasion de déclarations irréfléchies, du style: « Tu es un salaud! - C'est fini entre nous! - Je ne te ferai plus jamais confiance! - La prochaine fois que tu me verras, ce sera au palais de justice! »

L'indispensable confrontation

✓ Si vous êtes le partenaire infidèle et que vous n'êtes pas encore prêt pour l'aveu, songez à ce qui vous empêche de le faire. Servez-vous de votre journal pour énumérer les réactions que vous craignez le plus de la part de votre conjoint. Pensez à tout ce que vous pourriez dire ou faire pour faciliter cette discussion difficile.

✓ Si vous êtes le partenaire qui soupçonne la trahison, cherchez à imaginer et à passer en revue ce que vous pourriez entreprendre pour vous préparer pour cette conversation qui, vous en avez la certitude, se profile à l'horizon mais que vous souhaitez la moins passionnelle possible.

Quand Nicolas reconnut les faits (au moins, une partie des faits), la rage de Catherine lui donna de prime abord la conviction que son couple était fini. Quelques semaines plus tard, alors qu'il commençait à regagner la confiance de sa femme, il se rendit compte qu'elle n'avait fait qu'exprimer le choc subi et la souffrance qui en découlait.

Face à la colère de son conjoint, la personne infidèle adopte souvent une réaction défensive qui prend différentes formes. La première est de continuer à nier: « Tu es dingue, c'est de la parano. Il n'y a rien. » Une autre consiste à essayer d'enrayer la colère: « Allez, calme-toi… reprends-toi en main… ça suffit. Oui, je l'ai fait. Maintenant, oublions ça et passons à autre chose. » Enfin, certains cherchent à justifier l'infidélité: « Tu n'étais jamais vraiment à mes côtés quand j'avais besoin de toi, c'est pourquoi je suis allé ailleurs. » Toutes ces réactions ne feront qu'augmenter la souffrance du conjoint trompé et son sentiment de solitude. Le mieux pour la personne ayant eu une aventure est d'écouter avec attention la douleur de l'autre et de l'accepter. Il y aura du temps plus tard pour entamer la discussion.

En général, la personne infidèle n'a pas au départ l'intention de blesser son partenaire et ne sait pas très bien pourquoi elle l'a trompé. C'est à cause de sa grande confusion et souvent de sa honte que ses tentatives d'explication paraissent creuses et fallacieuses. Ainsi, à ce stade, tout effort de ce type ressemble à une justification. Mais toutes les infidélités ne prennent pas la forme d'une liaison. Il peut s'agir d'un secret, comme une addiction sexuelle ou une tendance homosexuelle ou bisexuelle. Ce n'est qu'après que la souffrance de la découverte commence à s'atténuer que le couple peut commencer à parler de ce qui a précédé l'infidélité et des moyens de remédier à la situation ayant conduit à l'infidélité.

Le conseil qui va suivre revêt une importance capitale, que le partenaire infidèle croie ou non souhaiter sauver sa relation à ce moment bien précis. Il est indispensable que les deux partenaires comprennent que, s'ils restent ensemble, ils devront améliorer la qualité de leur communication. Mais *même ceux qui décident de mettre fin à leur relation auront tout autant besoin d'une communication honnête pour aboutir à un accord raisonnable.* N'oubliez pas, si vous avez des enfants, que le divorce ne mettra pas fin à vos contacts. Vous aurez souvent l'occasion au cours des années à venir de vérifier jusqu'à quel point le respect réciproque des ex-époux compte aux yeux de vos enfants. Remises de diplôme, fêtes religieuses, mariages ou décisions médicales délicates: longue est la liste des circonstances où il sera fait appel à vous en tant que parent, bien après la fin de votre couple. Beaucoup de couples séparés reconnaissent que l'évocation honnête de l'échec de leur relation et ce, sans culpabilisation, leur a permis de se quitter dans un climat de plus grande compréhension et, par la suite, de nouer une nouvelle relation, riche de ce qu'ils venaient d'apprendre.

C'est à celui qui a agi malhonnêtement qu'incombe la tâche de rétablir une communication honnête. Pour ce faire, il doit atteindre deux objectifs. Le premier consiste à détendre l'atmosphère en admettant les faits; l'autre à endosser la responsabilité de la souffrance causée par les mensonges qui découlent immanquablement de ces tricheries. Cela oblige le partenaire infidèle à faire deux déclarations, dans ses propres termes et de façon aussi détaillée que nécessaire. Ces déclarations présentent une reconnaissance de la réalité des faits et ouvrent la voie vers une communication sincère:

✓ *Aveu*: oui, j'ai eu une relation avec une (ou plusieurs) personne(s).
✓ *Remords*: je comprends qu'à cause de tous les mensonges que je t'ai racontés, je t'ai profondément blessé et que j'ai détruit ta confiance. (Remarquons que le remords ne s'applique pas à l'acte d'infidélité lui-même mais concerne le mensonge en tant que tel.)

Ces deux déclarations transmettent un message puissant. Elles informent la personne qui a découvert une infidélité que son sentiment de trahison est réel, pas du tout imaginaire, et entièrement légitime. L'aveu et le remords peuvent aussi avoir un effet profond sur le partenaire infidèle. Le remords sincère transforme celui qui l'éprouve. Si vous allez tout au fond de vous-même et que vous assumez la responsabilité de la souffrance que vous avez occasionnée, vous ne répéterez pas facilement l'acte qui a déclenché votre remords. Car qui voudrait revivre une telle souffrance?

Se préparer à soutenir le regard de l'autre; sincérité et honnêteté

✓ Vous avez eu une liaison: utilisez votre journal pour noter ce que vous êtes prêt à admettre. Si vous omettez un élément, pourquoi? Pouvez-vous en toute honnêteté dire que vous acceptez de mettre fin à ce comportement? Sinon, êtes-vous prêts à admettre que vous ne voulez pas arrêter?
✓ Votre partenaire a une liaison et vous savez que l'heure du face à face approche: utilisez votre journal pour y noter vos craintes les pires. Que pouvez-vous faire pour vous assurer que votre partenaire vous parlera avec franchise? Quelles techniques déjà utilisées dans d'autres situations stressantes pourraient vous aider à traverser cette épreuve?
✓ Pour les deux partenaires: essayez de vous concentrer sur les immenses avantages à tirer d'une discussion franche, pour effrayante qu'elle vous semble. Notez les bienfaits imaginables de cette conversation.

Pourtant, ces mesures ne sont pas faciles à prendre pour tout le monde. Reportons-nous à l'histoire de Catherine et de Nicolas. Nicolas avait commencé par reconnaître son attirance pour sa collègue de bureau, tout en jurant de ne pas avoir dépassé ce stade anodin. Catherine ne le crut pas tout à fait parce qu'elle remarquait encore des comportements bizarres chez lui. Elle continua donc à chercher des indices partout: compteur de la voiture, factures de téléphone, messagerie vocale. Il s'avéra rapidement que la liaison n'était pas terminée. Au cours d'une séance très douloureuse, Nicolas confessa à Catherine qu'il ne savait plus où il en était, qu'il se sentait attiré par sa collègue mais qu'il n'était pas entièrement certain de souhaiter mettre fin à leur couple. Il admit également que les choses étaient allées beaucoup plus loin qu'il ne l'avait laissé entendre au début. En fait, il avait avec sa collègue une relation sexuelle à laquelle il ne pouvait se résoudre à mettre fin. Ce qu'il voulait, disait-il, c'était du temps. Et pour blessée que fût Catherine d'entendre confirmer ses soupçons, elle exprima un certain soulagement parce qu'elle avait enfin l'impression que Nicolas était sincère. Elle lui déclara que, paradoxalement, elle se sentait plus en sécurité avec lui à présent que les choses étaient ouvertement dites. Cela a permis à Nicolas de lui dire enfin la honte qu'il éprouvait d'avoir tant menti et son appréciation de la souffrance qu'il avait causée.

Il faut insister sur un point: l'aveu est un acte douloureux pour les deux partenaires. Vous remarquerez dans notre exemple que la confession de Nicolas ne signifiait pas qu'il avait mis fin à sa liaison, pas plus que ses remords ne le poussaient automatiquement à le faire. C'est tout simplement que Catherine savait désormais, pour la première fois depuis plusieurs mois, ce que Nicolas éprouvait et ce qui s'était réellement passé. Si elle était bien évidemment vexée et en colère, elle était également soulagée de savoir la vérité et, surtout, d'avoir en face d'elle un interlocuteur sincère. Certes, cette vérité la déçut, et Nicolas continuait à avoir du mal à exprimer ses véritables sentiments, mais tous les deux allaient reconnaître rétrospectivement que ce moment-là marqua un tournant: à partir de là, il y avait une plus grande honnêteté dans leur communication. Ce fut un soulagement considérable pour Catherine de comprendre qu'elle n'était pas folle et que ses soupçons avaient été justifiés. Ce fut également un soulagement pour Nicolas d'être capable de parler d'un secret qu'il portait en lui depuis si longtemps, de ne plus avoir à mentir. Pourtant, il n'était pas certain de pouvoir rompre avec sa petite amie ni d'être prêt à l'avouer à Catherine.

L'indispensable confrontation

Toute la vérité ne se fait pas du premier coup. Admettre la vérité et exprimer des remords constituent un début, mais ce serait faire preuve d'un optimisme excessif que de supposer que le choix de l'honnêteté, une fois fait, aura définitivement triomphé. Le partenaire trompé continuera à vouloir des renseignements, à vérifier des dates et des heures pour dissiper ses soupçons. Patience et persévérance s'avéreront indispensables aux deux acteurs. Souvenez-vous aussi qu'il y a différentes sortes d'infidélité dont chacune entraîne sa problématique propre:

■ *Faire face à l'aveu d'une liaison*

Le partenaire déloyal a peut-être toujours l'esprit troublé, même s'il a reconnu avoir une liaison et qu'il a montré du remords pour ses mensonges. Ce trouble peut le pousser à promettre de renoncer à voir la tierce personne, mais il ne parviendra pas forcément à s'y résoudre. Dans le meilleur des cas, il admettra son tiraillement et cessera de cacher ses agissements. Dans le pire des cas, bien sûr, il continuera de mentir. Le partenaire avisé ne s'épargnera aucun effort pour bien faire comprendre à l'autre que c'est surtout de la vérité qu'il a besoin.

Le partenaire trompé qui espère sauver son couple doit se rappeler que le trouble, au contraire de l'assurance, est un signe prometteur. L'individu dans la confusion poursuit le dialogue avec son conjoint. Cela rapproche souvent les deux époux, même si la discussion est très stressante. Beaucoup de couples racontent que la découverte n'avait rien eu à voir avec une quelconque « illumination soudaine », qu'elle avait plutôt pris la force d'une suite d'événements, de conversations douloureuses et de révélations. Ces discussions permettent de parler avec clarté et honnêteté de la confusion éprouvée. Si le couple peut continuer dans ce même esprit d'ouverture, c'est encore mieux. Une liaison se nourrit de cachotteries, et beaucoup de gens expliquent que la leur a perdu de son charme à mesure que s'est instauré un dialogue sincère dans leur couple. Autre conséquence du dialogue: le couple recommence à être un « nous », ce nous qui affronte un problème en commun.

Tout cela ne signifie pas que le problème soit dépassé. Le partenaire infidèle a également noué un attachement avec une tierce personne, et il est normal qu'il faille du temps pour que ce lien soit rompu. N'oublions pas que la tierce personne du triangle a souvent la conviction que le couple établi va se défaire et qu'elle pourra dès lors épouser le partenaire auparavant infidèle. D'où le puissant désir que celui-ci peut éprouver de rencontrer un certain nombre de fois la tierce personne pour affronter la déception et l'amertume qui l'envahit à ce stade.

La tierce personne peut aussi menacer de détruire le couple en téléphonant au partenaire trompé pour lui révéler de nouveaux détails sur la liaison. Cela ne fait qu'augmenter la honte, la culpabilité et l'angoisse que tant de partenaires infidèles éprouvent déjà. Ils savent avoir blessé à la fois leur compagnon de vie et la tierce personne. Ils se sentent tiraillés quand ils essaient de réparer les torts qu'ils ont causés. Un grand nombre d'entre eux ont la conviction on ne peut plus pénible que, quoi qu'ils fassent désormais, les deux autres protagonistes souffriront profondément.

Tandis que la personne infidèle s'applique à faire le nettoyage dans le gâchis, son partenaire a souvent l'impression (souvent justifiée, au moins au départ) que c'est le chagrin de la tierce personne bien plus que le sien qui la préoccupe. Que l'époux infidèle prenne conscience de ce soupçon, et il s'attachera à dissimuler encore plus efficacement ses contacts avec l'amant ou la maîtresse qu'il essaie de quitter ou pour qui il conserve malgré tout des sentiments ambivalents. À ce stade, le partenaire trompé se dit en désespoir de cause: « Toujours les mêmes mensonges, la même tricherie. Moi, j'abandonne. » Pourtant, les comportements incriminés sont souvent en fait le signe annonciateur de la fin de la liaison. On peut interpréter de la même façon la multiplication des coups de fil pendant lesquels l'interlocuteur raccroche aussitôt ou, dans les cas extrêmes, des incidents de harcèlement. Autant d'actes qui montrent que la tierce personne se sent blessée et délaissée.

Le pourcentage des partenaires tiraillés qui décident finalement de sauver leur couple reste assez élevé. Bien sûr, il y a ceux dont l'ambivalence les conduits au désir de séparation. Nous aborderons dans la section suivante certains des problèmes qui surgissent quand l'un des partenaires prend cette décision. Pour l'instant, nous poursuivrons l'exploration des moyens de restaurer la confiance.

Faire face au coureur invétéré; Fred et Isabelle

Souvent, la femme du don Juan croit au début avoir affaire à un comportement sexuel certes excessif, mais finalement limité au flirt, jusqu'au jour ou elle commence à regarder en face la douloureuse vérité. Trop de détails se sont accumulés, trop de questions sont restées sans réponse. C'est alors qu'elle est accablée par tout ce qu'elle ignore de cet homme, mais aussi par la crainte d'avoir contracté une maladie à cause de son comportement irresponsable sur le plan sexuel. Les premières fois qu'elle le sommera de répondre sur ce point, elle se heurtera probablement à un démenti catégorique. Elle devra revenir de façon répétée à la charge avant que le masque ne tombe. Souvenez-vous que le comportement addictif du coureur de jupons est l'expression de sa peur d'abandon.

En règle générale, le don Juan ne veut pas se séparer de sa femme, et cela vous met relativement en position de force si vous souhaitez à votre tour rester avec lui. L'histoire de Fred illustre bien ce cas de figure.

La première fois que j'ai entendu Fred au téléphone, il parlait si doucement et avec tellement d'hésitation que c'est à peine si je le comprenais. Il me raconta que sa femme Isabelle lui avait donné mes coordonnées et qu'il devait me voir sur-le-champ car il était dans les problèmes jusqu'au cou. Je le rencontrai dès le lendemain. Cet homme de quarante-cinq ans environ était bien de sa personne et élégant. Président d'une grande entreprise dont l'usine se trouvait dans une autre région du pays, il passait en général un jour par semaine dans son appartement près de l'usine et, le reste du temps, sillonnait le pays à la recherche de nouveaux débouchés.

Avec embarras, Fred me raconta qu'il n'était jamais allé dans une ville sans essayer de trouver la compagne d'une nuit. « Je ne sais pas pourquoi j'agis ainsi, ajouta-t-il, mais j'ai l'impression que je dois le faire. C'est vraiment dingue, parce qu'il ne pourrait y avoir de meilleure épouse - ou de meilleure partenaire au lit - qu'Isabelle. J'ai besoin de votre aide, car elle vient de me mettre dehors. Je ne suis pas sûr de pouvoir vivre sans elle. » Plus nous parlions, plus il vidait son sac. Son récit lui paraissait à peine croyable et, pendant des années, il avait tout caché à son entourage. C'était une locomotive dans sa commune et il entraînait l'équipe de foot de ses fils. Si tout cela venait au jour, il craignait de ne plus jamais pouvoir affronter ses voisins, ses enfants ou ses salariés. Selon son souvenir, il avait ce comportement donjuanesque depuis l'âge de dix-sept ans, c'est-à-dire approximativement l'époque où il avait connu sa femme.

Isabelle m'appela après la première séance de Fred pour m'informer que, malgré tout l'amour qu'elle éprouvait pour son mari, il ne remettrait pas les pieds chez eux avant d'avoir véritablement fait face à lui-même et à la douleur considérable qu'il lui avait causée. Elle accepta de venir à une séance, mais uniquement pour lui faire part de ses exigences et non pour participer à la thérapie. Elle insista sur le fait que c'était le problème de son mari et qu'il devait s'y atteler de lui-même et pour lui-même. Fred la supplia de lui donner encore une chance, mais Isabelle répondit : « Je ne peux absolument pas te faire confiance pour l'heure. Je t'aime, mais ta vue me dégoûte en ce moment. Fais un travail sur toi, cherche à comprendre le pourquoi de tes actes, puis nous verrons. » Ils aboutirent enfin à l'accord suivant : Fred resterait dans son appartement près de l'usine et ne reviendrait à la maison que lorsqu'ils auraient décidé d'un commun accord qu'il était prêt à le faire. Il viendrait dans leur ville tous les jeudis, prendrait une chambre d'hôtel, irait à ses trois séances de thérapie puis retournerait à son appartement. Le seul endroit où Isabelle acceptait de le voir, lui dit-elle, serait en thérapie, et cela seulement quand il se serait clairement repris en main.

Fred finit par y consentir. En thérapie, il exprimait l'immense soulagement de pouvoir enfin parler de ce qu'il avait fait. Il savait que si seulement il parvenait à mettre un terme à ses aventures, il aurait une chance de regagner Isabelle.

Même s'il commençait à mieux se comprendre, il continuait à déraper de temps en temps au cours de ses déplacements. Il découvrit une association de personnes souffrant comme lui d'une addiction sexuelle. Dans ce cadre, il apprit à son grand réconfort qu'il n'était pas le seul à avoir ce problème et il améliora sa compréhension de son hypersexualité compulsive ainsi que des moyens de la maîtriser. Un beau jour, il appela Isabelle pour lui annoncer qu'il venait de passer le cap des six mois d'abstinence. Il l'invita à dîner pour fêter cette importante étape. Elle accepta et il ne leur fallut pas longtemps pour se remettre ensemble. Ce fut la première fois de sa vie que Fred avait connu la fidélité conjugale. Au cours de leur dernière rencontre avec moi, Isabelle déclara: « Pour important que ce soit pour moi d'avoir retrouvé ma confiance dans Fred, je pense que c'est encore plus important pour lui, parce qu'il sait qu'il peut désormais se faire confiance à lui-même. »

La rigueur de la position d'Isabelle représenta un tournant décisif pour Fred. Sa dépendance à l'égard de sa femme (trait caractéristique de l'« accro » sexuel, d'ailleurs) était en soi malsaine, mais elle se transforma en avantage pour leur couple. Fred tenait impérativement à conserver Isabelle, si bien que lorsque, tout en lui réaffirmant son amour, elle refusa de le revoir tant qu'il n'avait pas affronté son problème, il accepta sans réserve la nécessité d'entreprendre une thérapie. Les choses ne se passent pas toujours ainsi, comme nous le verrons dans la dernière partie de ce chapitre.

■ *Faire face à l'aventure d'un jour; Georges et Marie*

Il importe de faire la différence entre une aventure sans lendemain et l'addiction sexuelle. S'il s'avère qu'une personne vivant par ailleurs une relation privilégiée multiplie les conquêtes, il ne faut plus les considérer comme de véritables « aventures sans lendemain ». On peut avancer sans trop risquer de se tromper que cette personne a un problème d'addiction sexuelle, et que son partenaire ne voit que le sommet de l'iceberg.

Cependant, nous nous limiterons ici aux véritables aventures.

Comme d'autres formes d'infidélité, une aventure sans lendemain peut survenir dans toute relation exclusive, qu'elle naisse de la curiosité, de l'ennui, d'un relâchement momentané (quelques verres de trop lors d'un séminaire) ou même d'une coutume socialement acceptée.

Âgés tous deux d'une vingtaine d'années, Georges et Marie étaient mariés depuis moins d'un an quand celle-ci se déclara prête à divorcer. Ils étaient sortis ensemble plusieurs années avant le mariage et avaient été fidèles pendant leurs fiançailles. Chacun savait que l'autre avait eu des relations avec plusieurs partenaires avant leur rencontre, mais ni l'un ni l'autre n'y attachait d'importance.

Or les événements de la soirée où Georges avait enterré sa vie de garçon dans un club privé avaient terrassé Marie. Elle avait appris de son frère, l'un des convives, qu'au cours de la soirée, Georges, à l'instigation de ses amis, s'était éclipsé avec une des « danseuses », une prostituée recrutée pour l'occasion. Un jour ou deux avant le mariage, Marie, très en colère, avait donc soumis Georges à un interrogatoire en règle. Il avait reconnu que la fille avait dansé pour lui et qu'il avait glissé un billet de banque dans sa ceinture, mais il avait nié catégoriquement avoir eu des rapports sexuels avec elle. Marie avait accepté ses explications, tout en jugeant son comportement répugnant.

Pendant les mois qui suivirent leur mariage, des détails de plus en plus nombreux captèrent l'attention de Marie. Elle acquit ainsi la conviction que Georges avait effectivement fait l'amour avec la jeune femme. Elle estimait que ce fait était déjà mal, mais qu'il lui ait en plus menti, c'était un comble! Furieuse, elle l'interrogea à nouveau et, après quelques heures houleuses, il passa aux aveux, tout penaud. Persuadé qu'elle serait désormais soulagée d'entendre enfin la vérité, il fut pris au dépourvu par la colère de sa femme.

« Les hommes ne changeront jamais, insistait-il, c'est juste un truc de mecs. Les autres m'ont poussé à le faire, et je ne pouvais pas refuser. » Plus il essayait de se justifier, plus Marie se fâchait. À ce stade, elle se concentra sur un autre aspect des choses: « Pense un peu à toutes les justifications que tu te trouves. Le fait est que je t'ai posé la même question mille fois et que tu m'as menti mille fois. Et tu imagines que cette fois-ci je vais te croire? D'ailleurs, jusqu'à quel point es-tu influençable? Est-ce que je dois supposer que chaque fois que tu sors de mon orbite tu feras de nouveau tout ce qu'on t'incite à faire? »

Quand la tempête se fut un peu calmée, Georges et Marie comprirent que, au-delà de la question du mensonge sur les événements de la fête, il existait un problème de fond. Georges tenait à passer en toutes circonstances pour le brave gars, toujours soucieux de faire plaisir et de ne jamais vexer personne. Ce trait le conduisait souvent à raconter des mensonges qui lui attiraient des ennuis de plus en plus graves. Pour finir, Marie assura Georges que ce qu'il avait de plus précieux à lui donner était la sincérité, car elle ne pouvait supporter l'idée de « faire le flic » toute sa vie. Ils conclurent même un accord: Georges promit de dire la vérité la prochaine fois qu'il serait tenté de masquer les faits. Marie s'engagea en retour à ne pas s'énerver, si désagréable que soit la vérité, et d'en discuter jusqu'à ce qu'un accord se dégage sur le sujet.

Ils allaient bientôt avoir l'occasion de mettre leur nouveau contrat à l'épreuve. C'est avec prudence que Georges annonça à Marie: « Je veux être clair avec toi. J'ai failli me contenter de dire que je suis invité à une soirée où un de mes amis va enterrer sa vie de garçon, mais il faut aussi préciser qu'il y aura des prostituées. Néanmoins, comme il est venu à ma fête, il serait vexé si je n'allais pas à la sienne. » Marie exprima ses craintes, tout en essayant de garder son calme. Georges l'écouta avec attention. Il lui confia qu'il comprenait bien ce qu'elle ressentait et, en raison de cette empathic, il savait qu'il aurait la force de ne pas se laisser entraîner. Quand il revint de la fête, elle l'attendait. Ils discutèrent de ce qui s'était passé et Georges put lui dire en toute honnêteté qu'il n'avait pas participé à certaines choses qui, il en était parfaitement conscient, auraient rebuté sa femme.

Ce fut l'amorce d'un changement important dans leur couple. Car Georges et Marie avaient appris dès ces premières années de leur vie commune qu'ils n'auraient pas toujours le même point de vue mais que, s'ils se parlaient sincèrement, ils continueraient néanmoins à se respecter. Ils s'accordèrent également à dire que le sexe était une affaire intime qui ne devait plus déborder le cadre de leur relation exclusive.

Si la dispute entre Georges et Marie n'avait concerné que la fameuse soirée, leur couple n'en aurait pas profité, et Marie aurait pu décider d'aller jusqu'au bout de la procédure de divorce qu'elle croyait souhaiter. Au lieu de quoi, ils avaient œuvré de concert, malgré la difficulté de la chose, à transformer leur mode de communication sur des sujets délicats. Quelques années plus tard, ils reconnurent que, depuis lors, ils avaient affronté des problèmes avec une sincérité dont ils auraient été auparavant incapables. Et ils s'accordaient à dire que la crise déclenchée par cette fameuse soirée avait marqué un véritable tournant dans leur relation.

Quand la confiance ne peut renaître

L'engagement de franchise des deux partenaires ne constitue certes pas en soi une garantie de la survie du couple, mais elle peut préparer le terrain soit à une meilleure entente, soit à une meilleure séparation. Choisir la malhonnêteté condamne à vivre dans un climat durable de souffrances et de paralysie affective.

Diane était mariée depuis plus de vingt-cinq ans à Philippe, un homme taciturne et renfermé qui n'avait jamais été très démonstratif sur le plan des sentiments. Un beau jour, elle s'aperçut qu'il montrait un intérêt tout à fait étonnant pour sa secrétaire. Il commença à se lever tous les matins environ une heure plus tôt que d'habitude, prétendant que la voiture de sa secrétaire était en panne et qu'il passerait la chercher pour la conduire au travail. Diane remarqua également que cet homme qui détestait depuis toujours répondre au téléphone se précipitait désormais pour décrocher. Un jour, elle eut l'impression de l'entendre dire « chérie » à la personne à l'autre bout du fil, alors qu'elle-même n'avait pas eu droit à ce terme d'affection depuis des années. Elle devint obsédée par ce qu'elle considérait à présent comme la liaison de son mari, mais elle estimait ne jamais avoir réuni suffisamment de preuves pour s'en convaincre totalement, et elle hésitait à se fier à son intuition. En outre, chaque fois qu'elle avait interrogé Philippe sur le sujet, il l'avait traitée de folle. Elle finit par engager un détective privé pour contrôler les faits et gestes de son mari. Elle apprit ainsi que, tous les matins, Philippe retrouvait sa secrétaire chez elle une heure avant le travail et que les deux tourtereaux en ressortaient environ une heure plus tard. Puis il la raccompagnait vers 17 heures et repartait de chez elle vers 18 heures. « Mais, objecta-t-elle au détective, cela ne prouve rien. » Ce dernier lui demanda alors d'enregistrer les conversations téléphoniques de son mari. À les écouter, elle n'en comprenait pas le sens exact, sauf que les mots doux échangés ne lui échappaient pas. Là encore, elle demanda plusieurs fois à Philippe qui nia tout en bloc. Finalement, le détective privé abandonna l'enquête. Ses derniers mots à l'intention de Diane furent: « Ma p'tite dame, vous ne voulez tout simplement pas savoir! » Cela aida Diane à voir qu'elle avait fait son choix: quoi qu'il advienne, elle tenait à garder son mari. Elle avait trop peur des changements qu'elle aurait eu à affronter.

Cependant, il arrive souvent que l'un des partenaires - voire les deux - atteigne un point où il ne lui est plus possible de supporter la malhonnêteté et l'engourdissement. À ce moment-là, toute la colère rentrée, produit de tant de blessures non cicatrisées, finit par exploser, et un dénouement cauchemardesque se prépare. Quand mari et femme n'ont pas parlé de ce qui a dérapé ni fait le deuil de leur relation, l'amertume née des blessures cachées peut inciter l'un des deux à refuser de laisser partir l'autre, provoquant la fureur de ce dernier. Cela donne souvent lieu à des litiges sans fin, au point même que des fortunes y sont dilapidées. Qui plus est, les souffrances occasionnées par ces divorces amers touchent non seulement le mari et la femme, mais aussi les enfants. Je conseille fortement à tout couple qui semble se diriger vers une rupture « au vinaigre » de consulter un thérapeute de couple en vue d'instaurer un environnement propice à la négociation d'un divorce correct.

Les signes qui ne trompent pas

Il existe un certain nombre de signes qui indiquent qu'un point de non retour a été atteint. Le plus clair est, bien évidemment, le refus absolu de la part du partenaire trompé de reconnaître une infidélité malgré des preuves accablantes.

Le deuxième est l'absence de toute trace de remords, chez le partenaire infidèle, pour la souffrance causée par ses mensonges.

Enfin, le troisième est que, parfois, même la vérité et le remords ne suffisent pas à ranimer l'amour.

Rappelez-vous que…

- Il faudra en passer par un travail long et difficile pour restaurer la confiance.
- Le chemin sera peut-être parsemé de nombreux obstacles.
- L'aveu et le remords sont indispensables, même en cas de séparation.
- Il ne faut pas ménager sa peine pour instaurer la confiance: c'est une garantie de l'amélioration de la relation ou d'un divorce dans les meilleures conditions.

CHAPITRE 7

Une période charnière: reconstruire

Le chapitre précédent était consacré à l'effort requis pour restaurer la confiance. Dans celui-ci, nous examinerons l'expérience de couples qui ont su se hisser à un plan supérieur de confiance, de franchise et de communication, puis nous nous intéresserons à ceux chez qui la tromperie s'est poursuivie, l'époux infidèle n'ayant pas trouvé en lui-même la force de réaliser cette mutation. Nous verrons par ailleurs des situations où, en dépit des aveux et du remords exprimé, l'époux lésé ne peut se résoudre à admettre la vérité et doit donc partir.

Mais, que le couple survive ou se défasse, chacun des deux protagonistes a certainement le droit à une vie satisfaisante au-delà de l'infidélité. Nous allons d'abord considérer des cas où le couple finit par tirer parti de la découverte d'une liaison extra-conjugale, pour parler ensuite des autres types d'infidélité et, enfin, des situations où l'un des deux partenaires doit affronter seul les problèmes révélés par l'infidélité, puisque l'autre refuse de l'accompagner.

Première étape clé: les conditions du retour de la confiance

Nous allons prendre une à une les étapes de la période de nécessaire reconstruction suivant la découverte d'une liaison, sachant que, en réalité, les choses se déroulent rarement de façon aussi linéaire et ordonnée. Une réserve cependant: il faut se rappeler, en lisant ce passage, que les questions soulevées à l'un de ces stades risquent de se reposer par la suite, même celles qui semblent déjà avoir été définitivement réglées.

La perte de confiance est une expérience si douloureuse qu'elle incite à se tenir constamment sur ses gardes, à l'affût d'une nouvelle trahison. Ainsi, à partir du moment où l'époux infidèle avoue sans équivoque sa tromperie, son partenaire éprouve dans l'immense majorité des cas un grand soulagement. Il a enfin la confirmation, peut-être après s'être entendu dire des mois durant que ses soupçons relevaient du délire, qu'il a encore toute sa raison.

En effet, nombre d'époux trompés donnent l'impression d'être fous pendant la période où ils subissent la désinformation de leur partenaire. Au chapitre 3, nous avons évoqué le stade de l'irritabilité, où la personne souffre d'humeurs changeantes. Elle s'emporte pour un oui ou pour un non, sans savoir elle-même pourquoi. C'est que, à un niveau pas tout à fait conscient, elle se rend progressivement compte qu'il se passe quelque chose de terrible, mais elle se croit obligée de refouler cette intuition à cause de tous les mots faussement rassurants qui lui sont adressés. Pis, certains époux infidèles trouvent dans la « folie » grandissante de leur partenaire une justification supplémentaire pour leur infidélité. Car qui aurait envie de passer toutes ses soirées en compagnie d'un individu aussi imprévisible et déséquilibré?

■ *La sincérité, prélude indispensable à la confiance; Guillaume et Catherine*

La réaction normale à une expérience traumatisante est la méfiance. Une période de confiance renouvelée peut s'arrêter net dès qu'apparaît le moindre petit signe, comme un mensonge resté sans explication. Imaginons une femme qui consulte les factures du téléphone, ainsi qu'elle le fait depuis des années: soudain, elle remarque que son mari l'a appelée en PCV de l'autre bout du pays, au même moment où il était censé participer à un congrès professionnel dans une tout autre région! Elle repense à cette époque-là où elle l'avait supplié de dire la vérité. Il avait juré qu'il ne se passait rien de mal, qu'il avait tout simplement hâte de quitter ce congrès ennuyeux, alors qu'en réalité il avait été en vacances avec sa maîtresse. La première impulsion de la femme est de bien laisser monter sa colère pour pouvoir jeter cette nouvelle preuve à la tête de son mari. Au lieu de quoi elle décide d'entamer avec elle-même un bon dialogue qui se résume ainsi :

✓ Il s'agit d'une histoire déjà ancienne.
✓ Je sais qu'il a eu une liaison, puisqu'il l'a déjà reconnu.
✓ Cela me rappelle son infidélité passée mais ne prouve pas qu'il continue de me tromper.
✓ J'ai besoin d'en discuter avec lui. Je crains que, si je ne le fais pas, mon ressentiment et ma colère ne ressortent ultérieurement, et sous une forme stérile.
✓ Je dois lui faire comprendre que plus il me révèle de mensonges avant que je ne les découvre moi-même, plus je me sentirai en sécurité, au lieu de devoir toujours m'attendre à de mauvaises surprises.
✓ J'ai l'impression d'être enfin prête à en parler calmement.

Lorsqu'elle a exprimé son désir de discuter, son mari a éprouvé lui aussi le besoin de s'y préparer. Voici donc le dialogue préliminaire qu'il a eu avec lui-même :

✓ Je vais me mettre à sa place. Je sais qu'elle a beaucoup souffert, surtout à cause de mes mensonges.
✓ Si j'étais à sa place, j'y verrais le rappel qu'il faut rester aux aguets, au cas où la liaison ne serait pas terminée.
✓ Je connais ma tendance à me justifier de façon agressive chaque fois qu'elle fait une découverte de ce type.
✓ Je dois trouver les mots pour lui dire que je sais combien cela la perturbe de tomber sur quelque chose qui évoque cette période douloureuse.
✓ Je vais jouer cartes sur table en répondant le plus exactement possible à toutes les questions qu'elle pose.

Grâce à la préparation des deux époux, ils ont pu franchir ce cap difficile en ayant le sentiment d'avoir encore progressé. Tous deux avaient accepté d'être totalement sincères. C'est cette sincérité qui est la base d'une relation solide. *La sincérité ouvre la voie à la confiance, et la confiance à la complicité.*

Notons qu'il n'est pas toujours aussi facile de restaurer la confiance, surtout quand l'époux infidèle a encore des contacts avec la tierce personne ou qu'il se livre à d'autres formes d'infidélité, comme l'accumulation d'aventures sexuelles. Nous y reviendrons.

Pour mieux comprendre certains des chemins tortueux qui conduisent à la confiance, reprenons brièvement le cas de Guillaume et de Catherine, présenté au chapitre précédent. Un soir, après plusieurs semaines de bonne entente, Guillaume rentra beaucoup plus tard que d'habitude à la maison, où il trouva sa femme inquiète et anxieuse. Il lui expliqua qu'il avait bien revu sa petite amie, mais seulement pour lui dire qu'il ne pouvait plus vivre deux relations à la fois et qu'il voulait donner une seconde chance à son mariage. Catherine, en dépit de sa forte envie de le croire, était en proie à un tourbillon d'émotions. Outre le fait qu'elle était mécontente de cette reprise de contact avec sa rivale et agacée que son mari soit rentré aussi tard sans prévenir, elle avait des doutes sur le sens véritable de cette rencontre: Guillaume l'avait-il vraiment organisée, comme il le prétendait, pour mieux se recentrer sur leur couple?

Elle se confia à ce stade à une amie qui, tout en compatissant, lui répondit que ce serait le summum de la bêtise de refaire confiance à Guillaume. Par la suite, lorsque la situation s'était améliorée, Catherine en voulut à cette amie d'avoir parlé avec tant de désinvolture. Son aigreur et ses soupçons redoublèrent d'intensité.

Il fallut des semaines et des semaines pour que ce couple retrouve une plus grande confiance. Pendant ce temps, Catherine avait constamment besoin d'être rassurée. Guillaume satisfit cette exigence en téléphonant souvent au cours de la journée, en la tenant au courant de tous ses déplacements et en lui témoignant beaucoup d'affection. Il put également lui avouer sa tristesse d'avoir fait souffrir son ancienne maîtresse et ses moments de cafard, non seulement parce qu'il estimait avoir mal agi envers les deux femmes, mais aussi parce qu'il se repensait avec nostalgie au côté « grisant » de sa liaison.

Le mot est bien choisi, puisque l'euphorie que l'on connaît en pareil cas ressemble à bien des égards à celle qu'apportent l'alcool ou les stupéfiants. Il s'agit d'un état non naturel mais très tentant, généralement suivi d'un dégrisement qui amène la personne à regretter d'avoir cédé à ce comportement addictif. Mais, se souvenant de ce moment de bien-être intense, celle-ci risque de vouloir le retrouver pour sortir de sa déprime. Or l'époux engagé dans une liaison extra-conjugale peut éprouver la même ambivalence. Autant il aimerait continuer, autant il considère que sa liaison a quelque chose de malsain. C'est pour cela que, dans bien des cas, le temps joue en faveur du couple établi, dont la phase de déprime renforce de nouveau l'attrait.

Faire éclater la bulle permet de renouer le dialogue

Nous avons vu, au chapitre 3, les conditions entourant la naissance - quelquefois un peu fortuite - d'une liaison extra-conjugale. Une telle relation se déroule dans bien des cas dans une petite bulle, en vase clos et, dès qu'elle ne fonctionne plus à l'abri de la lumière, dès que la bulle éclate, le dialogue peut enfin reprendre entre mari et femme. La ligne est à nouveau ouverte. Certains couples signalent qu'ils n'ont jamais discuté aussi longuement ni aussi profondément que dans la phase où il faut reconstruire la confiance. Les efforts consentis à ce stade présentent l'avantage supplémentaire de porter des fruits à l'avenir. Car les époux peuvent profiter de l'honnêteté et de la confiance nouvellement acquises pour parler non seulement de l'infidélité et de ses séquelles, mais aussi du sens de leur union. Une fois ce cap franchi, ils sont prêts à aborder la deuxième étape de la construction d'un nouvel équilibre: celle où vous faites défiler devant vos yeux votre vie de couple depuis votre première rencontre.

Deuxième étape: faire l'inventaire; passer sa vie de couple en revue depuis le tout début

Il ne suffit pas de retisser des liens de confiance et de renoncer aux infidélités pour avancer. Revivre le déroulé de son couple, c'est acquérir un ensemble de nouvelles compétences qui permettra aux deux partenaires non seulement de surmonter leur crise, mais aussi d'y puiser les éléments constitutifs d'une relation plus solide. Pour réaliser un tel inventaire, il ne faut pas être avare de son temps: il y va peut-être de l'avenir d'une union de longue date. Certains couples n'ont besoin que d'une ou de deux séances par semaine, tandis que d'autres doivent discuter quotidiennement avant de pouvoir réduire l'éloignement psychologique qui se prolonge au-delà de la crise. Je vous conseille en tout cas de vous astreindre systématiquement à patienter jusqu'à l'heure du dialogue fixée d'un commun d'accord, y compris quand un problème apparemment urgent surgit dans l'intervalle. Notez dans votre journal les thèmes qui vous tiennent à cœur. Ainsi, vous aurez une plus grande impression de préparation et de lucidité au moment d'entamer la discussion. Pensez aussi à choisir une heure où il n'y aura pas d'interruptions. Songez à mettre votre répondeur et à éteindre votre téléphone portable ou votre bip. Par ailleurs, vous devrez ménager du temps pour réfléchir tout seul aux idées apparues au cours de vos échanges. Votre journal sera à cet égard un outil précieux.

Premier outil fondamental: établir des règles de discussion

Dès lors que vous aurez décidé du lieu et de l'heure de votre dialogue, il convient de vous donner des règles de discussion. C'est là un moyen simple d'assurer que vous ouvrirez de nouvelles pistes de réflexion au lieu de ressasser à l'infini des préoccupations ancicnncs. Avant tout, il faut savoir bien écouter et détecter l'émotion derrière les mots de votre partenaire. Nous avons déjà vu des techniques propices à l'écoute empathique au chapitre 5: n'oubliez pas de vous en servir. Personne ne change sous l'effet de supplications ou de menaces; personne ne conclut d'accords garantissant son évolution ultérieure. Non: le changement authentique ne se produit que quand chacun ressent ce que ressent l'autre. Dès lors que celui qui tient réellement à son partenaire se rend compte de lui avoir fait très mal, il *désire* y remédier.

Considérons quelques principes de base. Dans une conversation donnée, il faut pour l'essentiel laisser la parole à l'un des deux. On peut désigner celui qui estime avoir quelque chose d'urgent à dire, ou encore jouer à pile ou face pour choisir. La tâche de l'autre consiste à faire parler celui qui a la parole, et c'est plus difficile que l'on ne croit. Évitez les questions tendancieuses, qui évoquent plutôt des débats de prétoire. Une question dans ce contexte a pour seule fonction de permettre à celui qui écoute de se pénétrer du sens profond des mots prononcés. Voici quelques astuces dont il faut se souvenir:

✓ Prêtez une oreille attentive au contenu des propos de l'autre.
✓ Guettez les sentiments que peut receler ce contenu.
✓ Regardez en face votre interlocuteur.
✓ Pensez au langage de votre corps. Si vous hochez la tête en signe de refus, votre partenaire enregistrera votre geste et risque de se refermer.
✓ Encouragez votre partenaire à s'exprimer le plus librement possible afin que vous puissiez vous imprégner de ses sentiments.
✓ Résistez à la tentation de vouloir répondre à ses remarques. Il vous appartient d'écouter, pas de vous justifier.
✓ Gardez-vous de comparer vos sentiments à ceux de votre partenaire. S'il dit: « Je suis tout le temps débordé de travail, alors que tu n'as jamais l'air de t'en émouvoir particulièrement », ne répondez surtout pas par une phrase du style: « Je ressens la même chose. »
✓ Marquez un temps d'arrêt au bout de quelques minutes pour reformuler les propos de l'autre et, dans la mesure du possible, décrire dans vos propres mots les sentiments que vous croyez y déceler.

Celui qui parle doit éviter les paroles incendiaires. Si vous êtes survolté, si vous criez ou pleurez, vous risquez de braquer votre interlocuteur et donc de l'empêcher d'écouter avec empathie. Préférez donc la verbalisation au « déballage », la première personne à la deuxième: « Je m'inquiète et je me sens oublié quand tu n'appelles pas pour prévenir que tu seras en retard » plutôt que: « Tu ne téléphones jamais, et cela me rend furax. Tu es vraiment le roi des sales égoïstes! » N'oubliez pas qu'il s'agit de faire ressentir à l'autre ce que vous éprouvez et non pas de l'humilier.

Certains couples inventent leurs propres règles de communication en fonction des craintes les plus fortes qu'ils ont l'un par rapport à l'autre.

Dans un cas, les époux ont rédigé un contrat sommaire. Le mari a écrit: « Je m'engage à ne pas répondre “Je ne sais pas” aux questions concernant mes sentiments, et à tâcher de résumer ceux-ci le plus clairement possible. » La femme a écrit: « Je m'engage à m'abstenir de crier, si grand que soit mon énervement. »

Quels sujets aborder?

Nombre de couples commencent par évoquer leurs débuts ensemble. Il est très utile de reparler ainsi du jour où vous vous êtes connus, des côtés de l'autre qui vous ont tout de suite plu ou des moments de bonheur que vous avez partagés. En effet, lorsque le problème de l'infidélité se pose, beaucoup de couples ont déjà oublié ce qui les avait réunis au départ et le plaisir qu'ils avaient eu à être ensemble. Certains affirment que cette évocation d'un passé heureux et commun les a fortement émus. Il est également important d'aborder à ce stade les difficultés rencontrées en début de parcours. Par exemple, un homme n'avait jamais révélé auparavant, pendant plus de trente ans de vie commune, combien il avait souffert d'avoir entendu sa jeune épouse d'alors dire que, en faisant l'amour, elle s'acquittait de son « devoir conjugal ». Cet aveu a déclenché une discussion importante sur l'éducation puritaine que la femme avait reçue et son impact sur son attitude envers la sexualité. Et si tous deux ont estimé que cette conversation n'avait pas dégagé de nouvelles idées, ils se sont étonnés de constater par la suite une amélioration spectaculaire de leur entente sexuelle. On le voit: ce n'est pas la logique, mais l'empathie qui permet d'avancer.

Deuxième outil: adopter une méthode de résolution des conflits, apprendre à ne plus esquiver les questions importantes

L'une des causes principales des liaisons extra-conjugales est l'inexistence, au sein du couple, d'une bonne méthode pour résoudre les conflits. Les scrupules qu'ont certains à parler de pensées ou de sentiments jugés gênants ou honteux risquent d'exclure toute discussion des problèmes de l'un ou de l'autre et, tant que ceux-ci restent souterrains, ils ne peuvent être réglés. Comme l'a exprimé une femme: « Si je n'arrivais déjà pas à lui dire que cela me dérangeait qu'il ne se lave pas avant de se mettre au lit, comment allais-je trouver les mots pour lui dire que mon amour pour lui déclinait et que j'avais quelqu'un d'autre dans ma vie? » Les moyens d'esquiver des questions importantes sont légion. Contentons-nous d'en citer deux que propose le thérapeute familial Lyman Wynne: la pseudo-agressivité et la pseudo-harmonie.

La pseudo-agressivité

La pseudo-agressivité se définit par le maintien d'un climat permanent de chamailleries comme ciment du couple. L'idée peut paraître saugrenue, mais le fait est que certaines personnes sont si mal à l'aise avec des sentiments profonds qu'elles tombent sur des solutions bizarres. C'est à ce prix que les époux pseudo-agressifs peuvent rester unis: ils canalisent la totalité de leurs sentiments dans des disputes sur des questions si peu importantes qu'il est pratiquement impossible de se souvenir par la suite de leur origine. Tant que le couple s'accroche à ce modèle, il ne saurait y avoir de discussion sur les problèmes qui comptent réellement, ce qui exclut, bien évidemment, toute solution et toute évolution personnelle.

La pseudo-harmonie

La pseudo-harmonie, autre manière de fuir l'intimité, passe par l'instauration d'une ambiance d'entente parfaite d'où tout conflit est banni. La famille qui fonctionne ainsi projette l'image d'une vie joyeuse et sans heurts, comme dans l'une de ces fameuses séries télévisées des années cinquante, alors qu'en réalité des questions primordiales sont soigneusement évitées. À l'instar du couple pseudo-agressif, la famille pseudo-harmonieuse s'avère incapable de s'attaquer à ses problèmes.

Demandez-vous, en examinant votre couple, s'il ne présente pas des ressemblances avec l'un de ces deux portraits. Ou y décelez-vous d'autres habitudes qui entravent le dialogue avec votre partenaire? Vous aurez peut-être du mal dans un premier temps à parler de ces obstacles: si vous avez un passif de mauvaises communications, il est normal que la discussion sur ce que c'est que de communiquer n'aille pas de soi. C'est donc un bon moment pour que chacun parte de son côté pour se préparer. Reprenez tous deux votre journal personnel et énumérez les sujets dont vous auriez aimé parler par le passé mais que vous n'avez jamais su aborder. Mais gardez cette liste de thèmes pour plus tard et bornez-vous, pour l'heure, à noter les raisons pour lesquelles vous n'avez pas pu en discuter jusqu'ici.

■ *Raymond*

Considérons l'entrée de journal d'un de mes patients, Raymond:

Ce qui me gêne

✓ Elle semble toujours porter plus d'intérêt aux enfants qu'à moi.

✓ Elle a l'air très déçue de ma vie professionnelle, et cela me donne l'impression qu'elle n'a pas beaucoup d'estime pour moi en tant qu'homme.

✓ Elle fait si souvent des dépenses inconsidérées que j'ai peur de me retrouver sur la paille.

Ma façon de communiquer

✓ Enfants: je me tais, mais je bouillonne intérieurement. C'est peut-être pour cela que je m'abrite derrière la télé.

✓ Argent: soit je hurle, soit je me moque de ma femme, souvent de manière assez méchante.

✓ Vie professionnelle: je ne dis généralement rien. Mais quand elle se met à s'extasier sur la brillante carrière d'un tel, je m'arrange toujours, plus tard dans la journée, de provoquer une dispute sur un tout autre sujet.

■ *Sarah*

Et voici l'entrée de journal de sa femme, Sarah:

Ce qui me gêne

✓ Il ne me montre son affection que quand il a envie de faire l'amour. Ça m'horripile, et ensuite, quand nous nous retrouvons au lit, cela ne me dit rien du tout de faire l'amour. Je n'arrive pas à comprendre. Au début de notre relation, cela se passait tellement bien.

✓ Il est tellement dur envers les enfants, toujours en train de les ridiculiser et de les dénigrer. J'ai parfois l'impression que si je suis restée avec lui, c'est seulement pour protéger les enfants de ses sarcasmes. Maintenant que j'y pense, il me parle souvent de cette même façon moqueuse. J'aimerais pouvoir le changer.
✓ Il semble ne penser qu'à son travail. Il raconte sans arrêt qu'il le déteste, que cela l'épuise et ainsi de suite.

Ma façon de communiquer
✓ Sexualité : je fais tout ce que je peux pour ne pas devoir en parler. Quand nous avons des rapports, j'y cède un peu à contrecœur, de telle sorte que cela l'agace forcément de penser que je le fasse dans cet esprit-là. Mon corps est bien là, mais c'est évident que je ne m'y investis pas.
✓ Enfants : j'évite d'aborder le sujet avec lui, mais dès qu'il a le dos tourné, je leur donne raison. Je sais que cela l'énerve, mais comme je le fais en son absence, nous n'en discutons jamais vraiment.
✓ Vie professionnelle : je me moque de lui du fait qu'il se plaint tout le temps de sa fatigue. Mais au fond, c'est que je lui en veux de consacrer plus d'énergie à son travail qu'à moi.

Vers une relation plus authentique et une expression plus soucieuse d'un épanouissement partagé

Dans la tenue de votre journal, laissez momentanément de côté les questions de fond - sexualité, enfants, travail, etc. - pour vous concentrer sur votre mode de communication. Chacun des deux partenaires doit faire profiter l'autre du fruit de sa réflexion dans ce domaine. Dans vos discussions, veillez à limiter vos propos aux modifications que vous aimeriez introduire dans votre façon de communiquer. Il faut aussi résister à la tentation de dire à votre partenaire sur quels points vous voulez le voir changer. Si vous parvenez à respecter ces contraintes, vous constaterez bientôt que chacun assume pleinement la responsabilité de son rôle et, par la suite, qu'une position commune commence à se dessiner. N'oubliez pas que, dès que vous agressez l'autre, ce sentiment du « nous » se dissipe et chacun se retranche derrière ses défenses. Il y a gros à parier dans ce cas que vous retomberez rapidement dans vos vieilles habitudes de communication, toujours aussi inefficaces. Regardons à présent la position commune à laquelle ont abouti Raymond et Sarah:

Sarah et Raymond

✓ Nous enterrons beaucoup de problèmes. Au lieu de les aborder, nous faisons presque comme s'ils n'existaient pas, sauf que cela ne veut pas dire pour autant qu'ils ont cessé de nous déranger.
✓ Nous recourons souvent au sarcasme, l'un tout autant que l'autre. Il faut en avoir conscience si nous voulons évoluer. Chacun devra prendre sur lui de réfréner sa tendance à la dérision.
✓ Nous communiquons davantage par ce que nous taisons que par ce que nous disons. Nous reconnaissons tous deux notre tendance à refuser les rapports sexuels comme moyen d'exprimer notre mécontentement.

Une fois que vous êtes tombés d'accord sur le mode de communication souhaité, vous êtes prêts à aborder la question de votre couple en tant que tel. Efforcez-vous à ce stade d'éviter toute évocation de l'infidélité et de centrer votre discussion sur la nature de votre relation. Mais si l'époux trompé a de nouveaux soupçons ou manifeste des symptômes d'une réaction post-traumatique (comme des « flash-backs » évoquant les épisodes les plus douloureux de cette expérience), il est indispensable que l'autre lui prodigue attention et compassion. Puis, quand la personne sera rassurée, la recension de votre histoire de couple peut reprendre. Mais dites-vous bien qu'il ne faut pas chercher à couvrir trop de terrain en une seule séance. Laissez-vous le temps nécessaire pour faire de nouvelles entrées dans votre journal et réfléchir aux questions soulevées pendant votre dernier dialogue.

Trouver le moment où cela a commencé à ne plus aller aussi bien

Il peut être utile, une fois un nouveau mode de partage et de dialogue acquis, de chercher à déterminer le moment à partir duquel la situation a dégénéré. Par exemple, chacun dessine, sur une feuille de papier, une échelle comme celle-ci:

Pire ——————————————————————— Meilleur
1 5 10

Ensuite, sur la marge de gauche, vous indiquerez les années de votre couple, y compris vos débuts, puis, à côté, une notation (de 1 à 10) pour chaque année. Vous n'aurez peut-être aucune idée des raisons qui vous ont poussé à attribuer telle note à telle année, mais peu importe. Laissez-vous guider par votre intuition. Quand vous aurez tous deux fini ce travail, comparez vos évaluations. Vous découvrirez, selon toute probabilité, que vous êtes sensiblement d'accord sur le moment à partir duquel la situation a commencé à se dégrader.

S'il se révèle, comme c'est souvent le cas, que vous avez tous deux bien noté les premières années, discutez des aspects les plus agréables de cette période, ceux qui vous manquent actuellement et que vous aimeriez retrouver. Cette discussion vous aidera peut-être à mettre le doigt sur vos atouts en tant que couple. Ne vous étonnez pas non plus d'apprendre qu'elle vous a rapprochés l'un de l'autre. En effet, cet exercice révèle à de nombreux couples que, avant de s'y être livrés, ils avaient pratiquement oublié les attraits qu'ils s'étaient trouvés au départ ou les côtés de l'autre qu'ils adoraient. Cette évocation à deux rétablit un sentiment de complicité affaibli par le passage du temps mais qui permet désormais d'analyser avec une plus grande sérénité le pourquoi de la baisse des notes à partir d'un certain stade.

Chacun doit ensuite dresser sa propre liste de tous les facteurs négatifs ayant marqué la première année véritablement mal notée. Encore une fois, regardons les entrées de journal faites par le même couple que tout à l'heure.

■ *Raymond*

Raymond a écrit :

5e année

✓ Le sentiment de me faire repousser par ma femme.

✓ La première fois où j'ai douté d'avoir eu raison de me marier.

✓ Les rapports sexuels, jusque-là excellents, ont commencé à devenir moins fréquents et moins bons.

- *Sarah*

Sarah a écrit:

4e année

✓ À la suite de ma fausse couche (premier enfant), je me suis sentie toute vide dedans. Je n'arrivais pas à en faire le deuil.
✓ Je ne sais pas pourquoi, mais je ne voulais plus avoir personne à proximité.
✓ Les tentatives de Raymond pour me séduire me paraissaient tellement grossières. Pourquoi m'embêter à ce point alors qu'il voyait bien que je n'en avais pas envie? N'aurait-il pas pu plutôt me réconforter un peu plus?

Vous aurez sûrement remarqué l'écart d'un an entre les dates identifiées par l'un et par l'autre comme marquant le début de la détérioration. Ce n'est pas rare, compte tenu des différences de sensibilité existant entre individus. En tout cas, Raymond et Sarah ont commencé à s'interroger ensemble sur les origines des tensions apparues au cours de ces deux années. Après avoir comparé leurs listes, ils ont décidé de consigner tous les événements importants de cette période. Voici le résultat:

- *Raymond et Sarah*

4e et 5e années

✓ Mon père *(a écrit Sarah),* à qui je tenais énormément, est mort dans un accident de la route. Âgé de cinquante-cinq ans, en excellente forme, il était en train de faire son jogging quand une voiture l'a renversé.
✓ J'ai eu une importante promotion dans mon travail *(a écrit Raymond)* qui m'a imposé des déplacements fréquents et loin de chez moi.
✓ Nous avons quitté le centre-ville pour une maison de banlieue.
✓ Je me suis sentie très isolée *(a écrit Sarah).* N'ayant pas de permis de conduire, je me suis trouvée dépendante des autres, et mon refus de prendre des cours de conduite t'agaçait. J'avais l'impression d'avoir dû subir cet exil banlieusard pour te permettre de réaliser ton rêve à toi. Nous n'en avions même pas discuté sérieusement. Je me voyais presque comme une victime d'enlèvement!

À partir de votre propre journal, engagez la discussion avec votre partenaire sur la première année qui, de l'avis de tous les deux, fut difficile.

Attachez-vous à écouter avec empathie, c'est-à-dire avec le cœur, en éprouvant les sentiments de l'autre. Raymond et Sarah se sont rendu compte qu'ils avaient à peine parlé à l'époque des sources de stress multiples auxquelles ils étaient soumis en même temps. Chacun avait eu l'impression de devoir y faire face tout seul. Et votre couple? Sur quelles difficultés passées pouvez-vous vous mettre d'accord?

De qui parlez-vous? De vous ou de l'« autre »? Sarah et Raymond (suite)

Sarah et Raymond avaient déjà bien avancé. Ils parlaient désormais de leur couple, pas de l'infidélité. Ils commençaient à repérer de vieux modes de fonctionnement négatifs auxquels ils avaient tous deux contribué et, armés de cette nouvelle lucidité, ils avaient cessé de se faire des reproches. Les progrès réalisés renforcèrent leur conviction d'avoir bien négocié le virage du rétablissement de la confiance au cours des six mois suivant la fin de la liaison extra-conjugale.

C'est alors que les appels téléphoniques où le correspondant raccrochait aussitôt, déjà un fait courant dans la vie de Sarah, commencèrent à se produire avec une fréquence accrue. Sarah n'avait pas de doute quant à leur source, dit-elle à son mari, qui ne confirma ni n'infirma. Elle se sentit très mal à l'aise face à cette réaction, sans savoir exactement pourquoi.

Un jour, les coups de téléphone ont franchi un nouveau cap. Ils étaient désormais le fait de plusieurs correspondants, tantôt des hommes, tantôt des femmes, dont Sarah ne reconnaissait pas la voix et qui, à sa grande consternation, lui racontaient en long et en large la liaison de Raymond, y compris des détails que lui-même ne lui avait jamais révélés. On prétendait que Raymond avait eu d'autres liaisons et qu'il continuait de fréquenter Claire, sa maîtresse. Sarah fit tout son possible pour comprendre le sens de ces appels. Elle releva notamment que son mari n'avait jamais droit à ces récits, que tout appelant malveillant qui tombait sur lui raccrochait immédiatement, alors qu'elle-même rencontrait les deux cas de figure. En outre, même la fonctionnalité « identification de l'appel » lui donnait à tous les coups l'indication « numéro d'appel inconnu ». Perplexe et alarmée, Sarah demanda à Raymond de la rassurer.

Raymond commença par répondre qu'il accepterait sans réserve de prendre une à une les accusations lancées au téléphone afin de distinguer entre celles qui correspondaient à la réalité - des détails anciens qu'il n'avait pas encore évoqués avec elle, voire qu'il avait oubliés - et celles qui étaient sans fondement. Il s'empressa également de rejeter avec véhémence l'allégation quant à la poursuite de sa liaison.

Au cours d'une de ces conversations, Sarah émit l'hypothèse que Claire se trouvait derrière ces appels malveillants.

« Pas du tout! répondit ce dernier sur un ton qui déplut fortement à Sarah. Ce n'est pas son genre. Jamais elle ne ferait une chose pareille.

- Comment oses-tu faire son éloge comme ça? éclata Sarah, désormais furieuse. Si tu as tellement d'estime pour elle, tu n'as qu'à ficher le camp et la rejoindre!

- Pourquoi faut-il parler d'elle? demanda Raymond, se mettant lui aussi en colère. Ce n'est pas elle qui m'intéresse, c'est notre couple. Moi, je veux que nous construisions quelque chose ensemble, alors que toi, tu laisses ces coups de téléphone idiots nous gâcher la vie! »

■ *Quand l'« autre » est idéalisé(e)...*

La réponse de Raymond n'a rien d'inhabituel. Du fait que la plupart des liaisons extra-conjugales se déroulent en vase clos, l'époux infidèle est généralement assez aveugle aux imperfections de la tierce personne. Raymond se rappelait tous ces bons moments d'insouciance qu'il avait connus avec sa maîtresse. Il avait même du mal à imaginer qu'elle se livrerait à des actes de vengeance aussi méprisables, et il préférait ne pas envisager une telle éventualité. À un certain niveau, il voulait conserver les souvenirs agréables de son idylle dans un petit compartiment de son esprit, un lieu de stockage bien privé auquel lui seul aurait accès. Il ne voyait pas pourquoi Sarah se fâchait tant devant son refus d'attribuer les appels malveillants à son ex-maîtresse. Ce ne fut qu'à partir du moment où il commença lui-même à recevoir à son bureau des coups de téléphone de Claire qu'il lui apparut jusqu'à quel point elle devait lui en vouloir. Son ex-maîtresse lui proféra bientôt une menace confirmant entièrement l'interprétation de Sarah: si elle ne pouvait le récupérer, rien ne l'arrêterait pour empoisonner son couple.

Il comprit enfin pourquoi Sarah supportait si mal de l'entendre « défendre » Claire. Quand il le lui expliqua, elle parut quelque peu soulagée, mais encore très distante.

Quand le soupçon rode…

Il faudra plus d'un mois à Sarah pour situer cette nouvelle crise dans son contexte. L'empressement de Raymond à prendre la défense de Claire lui était resté en travers de la gorge. Qui pis est, il avait ravivé tous ses soupçons les plus angoissants. Un jour, Sarah se mit presque machinalement à inspecter comme autrefois les vieilles factures de téléphone, à la recherche de nouveaux indices. Elle s'effraya de cette obsession. Après tout, Raymond se montrait depuis un certain temps très attentif et investi à fond dans leur couple. Ils avaient poursuivi comme prévu leurs discussions sur leur relation, qui se déroulaient de façon très encourageante. Pourquoi s'acharnait-elle donc à ce point?

Sarah aurait tellement voulu vaincre ses inquiétudes, mais elle ne voyait tout simplement pas d'issue. Un jour, elle lâcha: « Raymond, il faut que je me débarrasse de mes soupçons. Ils sont en train de me détruire. Mon ultime protection est de fouiner partout, sauf que j'ai horreur de ça. Mais je continue quand même à me demander si ma méfiance est vraiment sans fondement. J'ai donc pris une décision. Premièrement, je dois t'entendre dire dans tes propres mots que ces coups de fil étaient bel et bien l'œuvre de Claire et que tu comprends que tes démentis aient pu m'excéder. Deuxièmement, je m'engage à éviter de tomber dans la suspicion maladive. Si, par contre, mes soupçons s'avèrent justifiés, j'entamerai dans les vingt-quatre heures une procédure de divorce. Et là, je ne plaisante pas. »

Sarah fit cette déclaration autant pour elle-même que pour son mari. Elle en a tiré un sentiment de plus grande sécurité et la conviction qu'elle pouvait relâcher sa vigilance et reprendre sans réserves son travail d'analyse de son couple. Cette expérience est loin d'être exceptionnelle. Beaucoup d'époux auparavant trompés ont le plus grand mal à se séparer de leurs soupçons, censés amortir le choc de toute nouvelle déception.

Quand...

Si vous avez commencé à examiner ces périodes critiques où le climat s'est dégradé et où la mauvaise entente a commencé à s'installer dans avec votre couple, avec son cortège de mal-être et de souffrances, il vous faut pour identifier les facteurs ayant contribué à cet état de fait, trouver les « quand » de votre propre histoire.

Pour vous aider, je vous conseille de revenir aux questions abordées au chapitre 2 afin de voir si certaines d'entre elles s'appliquent à votre cas en vous servant de votre journal pour préciser les liens possibles.

Troisième étape: une relation meilleure ou un divorce meilleur

Si tout s'est bien passé pendant les deux premières étapes, les époux peuvent envisager de maintenir leur couple grâce au principe de l'intimité, qui réunit confiance, sincérité et honnêteté. Dans une relation érigée sur ce socle, les deux partenaires connaissent le plaisir intense et durable qui vient de la conviction d'avoir créé un espace exceptionnel et exclusif habité par des souvenirs qui n'appartiennent à personne d'autre qu'eux-mêmes. Pas de place, dans une relation aussi complice, pour une tierce personne. Confiance, sincérité, honnêteté, intimité: voilà les éléments qui mettent le couple à l'abri des infidélités, car leur relation de couple est devenue un bien trop précieux pour être remis en cause par le caprice d'un instant.

Pourtant, il existe une troisième possibilité. Une fois la confiance et l'honnêteté restaurées, les époux peuvent néanmoins conclure à la nécessité de dissoudre leur union. Dans certains cas, c'est parce que tous deux reconnaissent dans la liaison extra-conjugale un symptôme révélant que leur couple n'en a plus pour longtemps. Dans d'autres, c'est qu'un seul des époux a décidé irrévocablement de mettre fin à son mariage, quels que soient les sentiments de son partenaire.

L'herbe est-elle vraiment plus verte ailleurs ?

On pense souvent avoir trouvé dans sa liaison extra-conjugale les qualités mêmes qui faisaient défaut dans son couple, et on se dit que, si seulement on pouvait s'extraire de cette relation imparfaite, il n'y aurait plus aucun obstacle sur le chemin du bonheur absolu dans les bras de son amant ou de sa maîtresse.

Quand j'ai affaire à un patient mû par cette conviction, je l'incite à prendre le temps de bien réfléchir et de répondre à cette question: « Est-ce parce que je crois avoir trouvé mieux que j'envisage de divorcer ou parce que j'estime que mon couple ne pourra en aucun cas se transformer en relation saine et satisfaisante? »

Je lui signale par ailleurs que, de l'avis de la plupart des spécialistes de la question, il y a peu de chances pour qu'une liaison extra-conjugale débouche sur une union durable, la fourchette des estimations allant de 3 à 7 %. On le voit: fonder sa décision de divorcer sur la perspective d'une longue vie heureuse avec la tierce personne, c'est se bercer d'illusions. Si vous entretenez une liaison extra-conjugale et que vous projetez de divorcer, vous devez vous dire que, selon toute probabilité, vous mettrez plusieurs années avant de pouvoir établir un couple digne de ce nom et que cela ne sera pas avec votre amant ou maîtresse d'aujourd'hui. Si, en outre, vous avez des enfants, le moment est venu de réfléchir sobrement aux conséquences qu'ils auront à supporter. Car tout porte à considérer le divorce comme une source majeure de souffrance durable pour les enfants. Pour ces différentes raisons, mieux vaut donc fonder votre décision de divorcer sur la viabilité de votre couple plutôt que sur votre conviction que l'intensité de vos sentiments pour la tierce personne « prouve » qu'il est condamné. Le fait est que, dans bien des cas, le côté palpitant d'une liaison indique que le couple établi est certes en difficulté mais qu'il n'est pas du tout sans espoir.

C'est généralement à un moment de grande vulnérabilité que l'époux infidèle se lance dans une liaison extra-conjugale, qu'il interprète comme une véritable aubaine. Se sentant revivre, il se raconte que cette nouvelle personne détient la clef de son bonheur. Cette réaction très courante, surtout en début d'idylle, évoque irrésistiblement la notion de *tocade,* que le dictionnaire définit comme un « goût très vif, généralement passager, souvent bizarre et déraisonnable, pour une chose ou pour une personne ». Il faut du temps pour déterminer si ce premier élan se transformera en amour durable ou s'il se révélera un simple feu de paille.

Ne pas rester prisonnier de sa souffrance ; se donner le choix d'être libre

Certains couples sont incapables de discuter du sens de l'infidélité qu'ils viennent de vivre, car ils redoutent les conclusions auxquelles ils pourraient aboutir. Du coup, ils restent prisonniers de leur souffrance pendant des années. Dans *Huis clos,* Jean-Paul Sartre met en scène un homme enfermé dans une pièce avec deux étrangers. Le désespoir des trois personnages grandit à mesure qu'ils se rendent compte qu'ils ne sortiront jamais de ce véritable Enfer sur Terre. Or ce même sentiment d'horreur gagne parfois les couples qui se laissent paralyser par la perspective du divorce. Fait curieux, les raisons énumérées ci-dessus s'entendent dans la bouche de l'homme comme de la femme, de la victime tout autant que de l'acteur de l'infidélité:

✓ Je crains de faire trop souffrir mes enfants.
✓ J'ai peur que mes enfants ne me pardonnent jamais.
✓ Je doute de pouvoir faire face sur le plan financier.
✓ Sans moi, mon partenaire ne tiendra pas le coup psychologiquement.
✓ Sans mon partenaire, je ne tiendrai pas le coup psychologiquement.
✓ J'ai peur que ma famille me reproche d'abandonner trop facilement la partie.
✓ Je ne me vois tout simplement pas me remettre à chercher un partenaire dans le monde des célibataires après tant d'années.
✓ Et s'il s'avérait qu'il n'y a pas mieux sur la place?

Affronter hardiment l'avenir peut produire des résultats étonnants. Ceux qui parviennent à imaginer « une vie après le divorce » découvrent qu'ils n'auraient aucun mal, s'il le fallait, à survivre à la fin de leur couple. Ils en tirent un sentiment de liberté: convaincus de ne plus être condamnés à la perpétuité, ils savent désormais pouvoir rester ou pas au gré de leurs désirs. « Dès que j'ai compris que l'option de partir m'était ouverte, m'expliqua un patient, j'ai senti une bouffée d'énergie. J'avais des choix. Je pouvais m'investir à fond dans mon couple, sachant que, si je devais un jour m'en aller, au moins je serais en paix avec moi-même. » En l'occurrence, il décida de rester.

Une femme finit par opter pour le divorce après avoir douloureusement supporté la liaison que son mari entretenait de plus en plus ouvertement depuis plusieurs années. « Une fois que j'ai bien pesé le pour et le contre, dit-elle, toutes mes peurs se sont dissipées. Une issue qui m'avait paru inconcevable était soudain devenue tout à fait concevable. Je me suis rendu compte que ma famille me soutiendrait et que je pouvais compter sur un vaste réseau d'amis fidèles. En plus, nous avions suffisamment d'argent pour permettre un règlement correct. C'est donc avec un calme olympien que j'ai annoncé ma décision à mon mari. Je crois d'ailleurs que cela a été un soulagement pour tous les deux. »

Avez-vous l'impression d'être enfermé dans votre relation tout en désespérant de pouvoir en sortir? Reprenez donc votre journal pour énumérer toutes les raisons de cette impasse. Pliez une page en deux dans le sens de la longueur. Notez sur la gauche tout ce qui vous maintient dans une situation à la *Huis clos,* puis, sur la droite, les conseils que vous pourriez donner à un ami se trouvant dans votre cas. Si rien d'utile ne vous vient à l'esprit, songez à consulter un ou plusieurs professionnels. Mieux vaut envisager les conséquences financières d'un divorce avec un comptable ou un avocat. De même, face à des problèmes affectifs qui peuvent sembler insurmontables, il convient de faire appel à un thérapeute, éventuellement spécialisé dans l'assistance aux couples. Mais veillez, dans ce cas, à bien lui préciser que vous êtes là non pas pour obtenir une réponse à la question de savoir si vous devez rester ou partir, mais pour comprendre pourquoi vous avez tant de mal à imaginer une vie au-delà de votre couple actuel. L'une de mes patientes passa plusieurs mois en thérapie avant d'avoir affronté toutes ses peurs. Elle décida finalement de maintenir son couple et parvint à régler avec son mari la question de l'infidélité. Ironie du sort, celui-ci connut peu de temps après une mort soudaine et inopinée. La femme allait par la suite signaler que toutes ces séances de thérapie lui avaient énormément apporté: elles l'avaient préparée non seulement pour l'éventualité d'une séparation, mais aussi pour celle de la perte de son mari pour cause de décès.

Caractéristiques du bon divorce avec enfants

On a beaucoup écrit sur les effets négatifs du divorce sur les enfants. Mais, à l'évidence, il existe aussi de bons divorces qui sauvegardent les droits de ces derniers. La psychologue Constance Ahrons a enquêté sur des couples divorcés et les conséquences de leur rupture pour toute la famille. Le bon divorce est, selon elle, « celui dont adultes et enfants sortent avec un équilibre affectif au moins aussi grand qu'auparavant ». Dans ce cas, écrit-elle, « une famille reste une famille », car les deux parents continuent de se charger des besoins affectifs, économiques et physiques de leurs enfants. Environ 50 % des couples étudiés par Constance Ahrons avaient réussi à instaurer des rapports amicaux, et ce, au bout de deux ou trois ans de vie séparée.

La plupart des divorcés, souligne l'auteur, finissent par se remarier. Cela veut dire que, à partir d'un certain moment, leurs enfants font partie d'une famille « binucléaire » puisqu'ils ont toujours affaire à leurs deux parents malgré le fait que le couple s'est scindé en deux. Sain et normal, le nouvel ensemble est désormais constitué de deux familles nucléaires ayant chacune toute latitude pour s'épanouir et pour avoir des interactions avec l'autre.

Pour invraisemblable que cela puisse paraître à un couple qui envisage à peine le divorce, il faut savoir que chacun des deux partenaires a de grandes chances de finir dans une relation durable avec quelqu'un d'autre. Et dès lors qu'ils conservent leur estime réciproque et qu'ils analysent ensemble les raisons de leur échec, ils se dirigent vers un divorce à l'amiable.

Dans la plupart des couples divorcés, les deux parents continuent d'aimer leurs enfants et d'œuvrer pour leur offrir le meilleur possible. Ils se rendent compte que, pour ce faire, ils ont tout intérêt à instaurer une relation de parentalité conjointe. Nombre de ces parents parviennent à collaborer étroitement non seulement avec leur ex-époux, mais aussi avec le nouveau partenaire de celui-ci.

Caractéristiques du bon divorce sans enfant

La plupart des couples sans enfant qui décident de divorcer à la suite d'une infidélité n'ont certes pas de raisons impérieuses pour maintenir le contact. Et pourtant, eux aussi auraient tout à gagner d'un règlement à l'amiable. Comprendre les causes de la liaison extra-conjugale, c'est déjà s'acheminer vers une nouvelle conception des exigences à avoir dans toute union ultérieure. Nombre de couples accumulent les conditions propices à des infidélités dès lors qu'ils ont du mal à communiquer et à aborder leurs problèmes de façon sensée. Du coup, ceux qui ont bien appris leur leçon la première fois auront moins tendance à retomber dans les mêmes erreurs.

Il n'est pas rare que l'un des partenaires ou les deux d'un couple m'ayant déjà consulté pour une affaire de divorce reprennent rendez-vous avec moi à l'issue de la procédure, pendant qu'ils cherchent encore à s'y retrouver dans leurs sentiments et, dans bien des cas, à aller jusqu'au bout de leur deuil. Certains expriment le souhait à notre dernière séance de me revoir une fois ou deux quand ils auront entamé une nouvelle relation sérieuse. J'ai donc eu très souvent le plaisir de constater la maturité qu'ils avaient acquise grâce à leur échec précédent.

Que faire face à un comportement d'addiction sexuelle

Au chapitre 2, nous avons passé en revue plusieurs formes d'infidélité qui n'ont pas les mêmes racines que la liaison de longue durée. Contrairement à celle-ci, qui suppose un mélange d'intimité sexuelle et d'investissement affectif, les autres types d'infidélité se résument essentiellement aux rapports sexuels: on ne songe surtout pas à s'attacher à son partenaire. Ce serait pourtant verser dans le simplisme que d'affirmer que ces comportements n'ont pas d'autres dimensions, puisque la chasse, la conquête et le pouvoir en font également partie. De la part des hommes, il peut aussi s'agir d'une volonté de réduire les femmes à de simples objets sexuels. Le psychologue Ronald Levant parle à cet égard de « sexualité sans affects », définie comme « la tendance à vivre son désir sur un registre purement physique, en dehors de tout engagement émotionnel ». Donjuanisme et conquêtes à répétition en sont les variantes les plus connues. Et dès lors que ces comportements en viennent à dominer la vie de l'individu, ils acquièrent le caractère d'une addiction.

■ *Les racines avant mariage d'un tel comportement*

Cette tendance se dessine tôt dans la vie, bien avant le mariage. Les personnes qui la manifestent ont subi trois influences au moins:

✓ la norme culturelle qui considère la femme comme un simple instrument de plaisir;
✓ une histoire familiale dans laquelle les hommes ont transmis un modèle de mépris pour les femmes;
✓ une faible estime de soi.

Comme la liaison extra-conjugale, la sexualité sans affects demande souvent beaucoup de tromperie. Celui qui souffre d'addiction sexuelle est passé maître dans l'art de mentir et d'esquiver: il raconte autant d'histoires aux cibles de sa séduction qu'à son épouse. Dans le passage qui suit, je vais m'adresser aux deux partenaires à tour de rôle, puisque le comportement addictif en question précède généralement l'existence du couple qui en fait les frais. Si vous vous retrouvez un tant soit peu dans le portrait que je viens de croquer, je vous conseille tout d'abord de relire au deuxième chapitre les pages concernant l'addiction sexuelle.

■ *L'addiction sexuelle se traite comme les autres comportements de dépendance: toxicomanie, alcoolisme, etc.*

L'expression « addiction sexuelle » se réfère à tout comportement sexuel à caractère compulsif et débridé. Ce qui nous intéresse plus particulièrement ici est le besoin constant de séduire, d'avoir des rapports sexuels et d'abandonner aussitôt la personne conquise. On n'a ni le temps ni l'envie de s'attacher. Le mot d'ordre, c'est « Au suivant! ».

Patrick Carnes, autorité sur le sujet, souligne que l'addiction sexuelle tient souvent de famille. On la trouve déjà dans la génération précédente, où elle prolongeait, dans bien des cas, des comportements semblables dans d'autres domaines (alcoolisme, addiction au jeu, etc.). Patrick Carnes a par ailleurs décelé chez ceux qui souffrent de ce trouble une proportion non négligeable d'anciennes victimes de maltraitance sexuelle, psychologique ou physique. Dans la quasi-totalité des cas, l'« accro » au sexe reconnaît avoir eu la conviction, pendant l'enfance, d'être sur Terre essentiellement pour satisfaire les besoins de ses parents plutôt que d'occuper une place centrale dans leur vie. Il en retire un sentiment terrible de vide qu'il cherchera par la suite à combler par son comportement addictif: il gagne ainsi l'attention des autres sans courir le risque d'être exploité sur le plan affectif, comme il l'a été dans l'enfance (et l'est peut-être toujours à l'âge adulte).

Les principales caractéristiques de l'addiction sexuelle sont énumérées ci-dessous. Notez, en les lisant, celles que vous détectez dans votre propre conduite. Vous remarquerez sûrement que plusieurs d'entre elles semblent se contredire. Il y a à cela deux raisons: d'une part, tous ceux qui souffrent d'addiction sexuelle ne manifestent pas l'ensemble des symptômes relevés et, d'autre part, le comportement de certains varie au gré des circonstances.

✓ L'addiction sexuelle est vécue comme une compulsion, un penchant auquel on ne peut résister. Ce n'est pas un désir, c'est un besoin.

✓ Pas d'attachement affectif: on se borne à l'acte sexuel, où affleure cependant une volonté de puissance.

✓ C'est une véritable obsession permanente que de trouver une nouvelle conquête.

✓ L'addiction sexuelle envahit toute la vie de la personne, prenant une part croissante de son temps et empiétant de plus en plus sur son travail et ses rapports aux autres.

✓ C'est un comportement à haut risque, ce qui renforce l'attrait et l'effet grisant de l'addiction.
✓ La personne peut également avoir d'autres addictions.
✓ La personne devient un menteur hors pair pour dissimuler ce comportement honteux à ses yeux.
✓ La personne peut se vanter de ses multiples conquêtes.
✓ La personne se trouve exposée à des dangers divers comme le suicide, de graves violences physiques, le SIDA ou d'autres maladies sexuellement transmissibles.

Connaissez-vous une personne cumulant plusieurs des caractéristiques présentées dans cette liste ou dans le passage du chapitre 2 consacré à l'addiction sexuelle? Si c'est le cas et si celle-ci persiste à cacher son comportement addictif, sachez qu'il y a peu d'espoir de la voir redresser son couple. Hélas! la plupart de ceux qui ont un problème de ce type ne l'affrontent que lorsqu'ils ont touché le fond. Si cependant cette personne prête une oreille attentive à ses propres angoisses, elle aura peut-être une chance d'obtenir de l'aide tout de suite, avant que la situation ne s'aggrave encore.

Voici un certain nombre de mesures qu'il serait bon quelle prenne dans un premier temps:

✓ Lire le plus possible sur l'addiction sexuelle (notamment les ouvrages de Robin Norwood et de Melody Beattie, qui figurent dans la bibliographie).
✓ Contacter une assistante sociale, votre mairie, ou le centre hospitalier universitaire le plus proche, un conseiller conjugal ou un thérapeute habitué à soigner des problèmes de ce type. C'est l'occasion de rencontrer d'autres personnes qui ont le même problème que vous et qui peuvent vous encourager à l'affronter et à le surmonter.
✓ Comme toutes les personnes atteintes d'une addiction, elle devra faire face à un certain nombre de questions liées à sa famille d'origine, ou encore à sa relation avec son conjoint et ses enfants. D'où l'importance de consulter un thérapeute spécialisé dans les problèmes familiaux.

Se libérer des confusions de sens dans lequel un tel partenaire entraîne

Il est devenu courant, dans les discussions sur ce problème, d'employer le néologisme de « codépendance » pour caractériser la situation de celui qui vit en couple avec la victime d'une addiction, quelle qu'elle soit. Ainsi, le conjoint d'un toxicomane semble condamné à exécuter avec lui un pas de danse triste et sans fin: il y a une « tierce personne » - l'addiction et les réactions qu'elle suscite chez la femme (il s'agit majoritairement d'un comportement masculin) - qui projette constamment son ombre sur toute la relation. Patrick Carnes relève trois attributs communs à tous les partenaires de compulsifs sexuels.

Confusion entre intensité et intimité

Les compulsifs sexuels sont généralement des individus dynamiques qui réussissent dans leur travail et qui vivent intensément. Si bien que leur partenaire a souvent l'impression de les voir se précipiter de crise en crise. Leurs ennuis ont souvent un rapport avec leur addiction sexuelle ou un autre comportement addictif, qu'il concerne la drogue, l'alcool ou le jeu. Le conjoint, qui se trouve entraîné malgré lui dans ce tourbillon d'activité, finit par confondre intensité et intimité.

Il existe aussi la réaction contraire à cette frénésie, qui consiste à nier les évidences, à faire le dos rond en attendant que l'orage passe. Malheureusement, cette attitude de dénégation consomme une telle énergie qu'elle laisse la personne épuisée et déprimée. D'autres partenaires réagissent par la colère. Mais il s'agit dans tous les cas de figure d'une attitude purement réactionnelle face au comportement addictif qui, selon Patrick Carnes, « vous remplit la vie sans pour autant permettre la satisfaction de vos besoins ».

Confusion entre obsession et attachement

Le conjoint se révèle aussi obsédé par son partenaire que l'est celui-ci par le maintien de son addiction. La peur de l'abandon incite puissamment à concentrer toute son attention sur le compulsif, au détriment de soi-même. Or le vrai attachement, au contraire de l'obsession, se développe dans la confiance et la sécurité. L'inquiétude permanente dans laquelle vit le codépendant présente l'avantage de « lui garantir un lien avec le compulsif, y compris quand celui-ci est absent ». Patrick Carnes raconte, à l'appui de cette affirmation, l'histoire d'un patient que sa femme avait quitté, alors qu'elle était en pleine addiction. Pendant plusieurs années après ce départ, celle-ci allait rester l'objet d'une véritable obsession, toujours présente dans la vie de cet homme. Le prix à payer dans ce cas est l'incapacité à s'occuper de soi et de son avenir.

- *Confusion entre pouvoir et sécurité*

« Dans toute relation, rappelle Patrick Carnes, on court le risque de voir partir l'autre. » Le partenaire de la personne atteinte d'une addiction se démène fébrilement afin de s'assurer que l'abandon tant redouté n'aura pas lieu. Cela prend la forme d'efforts inlassables pour « changer » l'autre, travail de Sisyphe s'il en fut. Il s'agit tantôt de supplier ou de cajoler, tantôt de se mettre en rage ou de fondre en larmes. Mais que l'on accable de reproches le « toxicomane » ou qu'on lui pardonne son comportement, jamais on ne l'engage dans un dialogue fructueux. Car à un certain niveau, le vide caractéristique de la victime d'addiction donne à son partenaire une fausse impression de plénitude qui le dispense de s'interroger sur lui-même.

Il convient de commencer par se poser cette question incontournable: « Puis-je rester dans cette relation sans perdre ma dignité, voire mon équilibre psychique? » Peut-être que vous y avez déjà répondu maintes fois par la négative mais que vous n'imaginez tout simplement pas le moyen de quitter l'autre. Peut-être que vous vous dites par moments: « Si seulement nous pouvions dépasser ce problème, je serais ravi de rester, puisque mon partenaire est quelqu'un de merveilleux. Mais si ce n'est pas possible, je serai obligé de partir. »

Pour préparer une décision aussi importante, il vous faudra entreprendre des démarches semblables à celles qui sont conseillées au compulsif sexuel lui-même:

✓ Lisez le plus possible sur l'addiction sexuelle en portant votre regard non seulement sur les attributs du « drogué », mais aussi sur ceux du codépendant. Pensez surtout que votre réflexion doit vous permettre d'évoluer vous-même, puisque vous n'avez pas les moyens de changer l'autre.

✓ Contactez une association d'entraide, un conseiller conjugal ou un thérapeute habitué à soigner des problèmes de ce type. On vous aiguillera peut-être vers un groupe de discussion ouvert ou même destiné exclusivement aux partenaires de compulsifs sexuels. Outre l'écoute bienveillante et les encouragements des autres, ce groupe vous aidera surtout en vous rappelant que votre vie ne doit pas nécessairement tourner autour des souffrances de votre partenaire, bref, que vous existez vous aussi.

✓ À l'instar de votre partenaire, vous devrez faire face à vos origines familiales et à l'empreinte qu'elles ont laissée sur vous, de préférence avec l'assistance d'un thérapeute spécialisé dans les problèmes de famille et l'addiction sexuelle. Une conséquence possible de cette démarche est que, constatant à un stade ultérieur que vous avez évolué, votre partenaire envisagera de vous accompagner chez le thérapeute.

Il arrive couramment que les individus en couple avec un partenaire au comportement addictif menacent de le quitter, une fois, deux fois, mille fois. Mais la répétition à l'infini des ultimatums présente un inconvénient de taille: elle finit par renforcer le sentiment de sécurité et de pouvoir qu'éprouve le « drogué ». Pourquoi en effet s'affoler face à quelqu'un qui a si souvent annoncé son départ définitif mais qui n'a jamais mis sa menace à exécution ou qui est toujours revenu au bout d'un ou deux jours?

■ *Redonner du sens aux mots et…*

Les parents avertis le savent: si leurs menaces ne sont jamais suivies d'effet, leur enfant cessera bientôt de se laisser intimider. Il ne lui faut pas longtemps pour comprendre qu'il ne sera pas vraiment enfermé « toute l'année » dans sa chambre, comme son père ou sa mère le lui a peut-être juré dans un moment de colère. *Une menace de ce type* est une affirmation, une prédiction qui *a peu de chances de se réaliser.* Annoncer puis traduire son affirmation en actes, c'est, au contraire, se donner les moyens de dominer la situation. Votre partenaire ne prendra sûrement pas au sérieux des paroles prononcées en l'air, tandis que, s'il se rend compte que vous avez la ferme intention d'agir en conséquence de vos affirmations, il sera plus enclin de modifier son comportement.

On menace en général quand la crise atteint son paroxysme: « La prochaine fois que cela se reproduit, je m'en vais! » Puis, dès le retour à la normale (si délirante soit-elle), on y renonce. Une vraie prise de position se médite bien à l'avance et s'annonce avec assurance et au moment opportun. Il n'est évidemment pas chose aisée que de se résoudre à lancer une annonce de ce type.

Cela vous oblige, si vous vous êtes coulé dans le rôle du codépendant, à vous libérer des trois traits cités par Patrick Carnes.

■ *... se libérer de la confusion entre intensité et intimité*

Rien de plus intense que de menacer, alors qu'une affirmation a quelque chose de tranquille et de raisonnable. Mais surtout de très efficace.

■ *... se libérer de la confusion entre obsession et attachement*

Une personne obsédée tourne frénétiquement en rond. Elle agit soudain sur un coup de tête puis annule son action l'instant d'après. Lorsque, en revanche, on éprouve un véritable attachement pour l'autre, on a une idée claire des mesures qui s'imposent et on les prend calmement. Dès que vous avez opté fermement pour la prise de positon claire et affirmée de votre conduite future, vous serez envahi d'un sentiment de sérénité formidable qui n'échappera certainement pas à votre partenaire. C'est la sérénité de quelqu'un qui ne badine pas avec le respect et la dignité que l'on se doit à soi-même comme envers l'autre.

■ *... se libérer de la confusion entre pouvoir et sécurité*

En tant que partenaire d'une personne atteinte d'une addiction, vous avez été jusqu'ici incapable d'affronter la perspective d'une rupture définitive. Or vous apprêter à tenir une conduite ferme et à l'annoncer, c'est assumer pleinement ce risque, sachant que mettre fin à votre couple est la seule issue possible pour sauvegarder votre équilibre personnel. Dès l'instant que vous avez franchi ce pas, vous cesserez de chercher à influencer l'autre. Vous connaîtrez enfin ce sentiment intime de sécurité qu'apporte la conviction d'avoir su vous défendre et préserver votre intégrité. Sentiment que vous ne pourrez partager avec votre partenaire que s'il (ou si elle) se prend en charge, ainsi que vous venez de le faire.

Ayant modifié de la sorte votre comportement, vous aurez bientôt une idée assez claire de la probabilité qu'il y a de voir votre partenaire regarder en face son addiction et entamer le long travail qu'exigerait sa « désintoxication ». Car c'est surtout à ce stade que les personnes véritablement désireuses de vaincre leur addiction se mettent à la recherche d'un groupe de discussion ou d'une thérapie. Si, donc, votre partenaire s'obstine à refuser toute démarche de ce type en dépit de votre prise de position tranchée, la conclusion s'impose: il y a peu de chances pour qu'il change un jour.

Comment donner une assise solide à ce nouvel équilibre

Le choc se prolonge souvent bien après la découverte d'une infidélité et le moment où elle est abordée avec franchise avec votre partenaire. Un dicton nous dit que le temps guérit les chagrins. Certains auteurs récents objectent cependant qu'il n'y a jamais de coupure nette permettant de tourner définitivement la page. Il serait sans doute plus exact d'affirmer que l'individu sort transformé d'une expérience traumatisante. Nombreux sont ceux qui signalent avoir connu, pendant une période assez longue à la suite d'une telle expérience, une vigilance à peine imaginable face aux dangers possibles. Ronnie Janoff-Bulman décrit dans les termes suivants ceux qui ont réussi à surmonter sainement un fort traumatisme psychique: « Ils ont fait résolument face à la réalité. Ils éprouvent un certain désenchantement mais qui se confond rarement avec le désespoir. C'est au contraire un désenchantement tempéré par l'espérance. »

Nous avons parlé jusqu'ici des mesures à prendre au stade critique de la découverte. Le moment est donc venu d'envisager les moyens de hâter le retour à une vie heureuse et épanouie. Si on peut distinguer entre les compétences nécessaires aux couples qui restent ensemble et celles dont ont besoin les couples qui se séparent, certaines s'appliquent aux deux catégories. Nous allons donc commencer par les principes indispensables à toute reconstruction de son monde.

Un traumatisme auquel il faut donner un sens; Sam et Quentin

L'individu qui est passé par une expérience traumatisante souffre, explique Ronnie Janoff-Bulman, d'une perte de sens. Il a l'impression que la vie ne rime plus à rien. Or trouver un sens à son expérience se révèle souvent le chemin de la paix intérieure. Sam, dont la femme avait entretenu une liaison de longue durée, a pu analyser rétrospectivement la manière dont il avait dépassé son traumatisme:

— Je me rappelle un jour où ma colère était à son comble. Elle avait beau jurer qu'elle m'adorait, qu'elle avait fait une terrible erreur et qu'elle ne pouvait rien imaginer de plus beau que de vivre heureuse avec moi, j'ai dû me retenir de la frapper. Tout à coup, j'ai eu comme un éclair. Il m'est apparu clairement qu'elle avait envisagé de me quitter à cause de défauts que moi aussi je voyais à présent chez moi. J'avais été froid, indifférent, autoritaire. Je comprenais désormais qu'il fallait considérer sa liaison comme un signal d'alarme. J'avais besoin de changer, je ne pouvais continuer à exiger qu'elle me supplie tous les jours à genoux de lui pardonner son dérapage. À partir de là, ma sérénité s'est renforcée de jour en jour. À mesure que j'évoluais, je découvrais que j'éprouvais pour ma femme une tendresse profonde dont je ne m'étais pas aperçu pendant des années.

Quentin, lui, trouva d'abord un sens négatif et seulement ensuite un sens positif à la réaction de sa femme quand elle lui demandait des comptes sur son addiction sexuelle. Il jugea dans un premier temps que son couple était condamné et qu'il n'y aurait jamais de remède à son problème. Cette interprétation, tout en donnant un sens à l'intervention de sa femme, laissait Quentin dans un état désespéré. Mais plus tard, il commença à se dire: « Cette addiction m'épuise depuis longtemps, et j'ai enfin une raison pour la combattre, l'analyser et la vaincre. C'est finalement une chance que ma femme ait formulé des exigences. »

Notre capacité de résistance et de renouveau; résilience et optimisme

La résilience se définit comme l'aptitude à réagir vivement, à se redresser à la suite d'un malheur ou d'un changement. C'est la capacité de rebond de la personne. Cette élasticité permet d'affronter une crise en la considérant comme une chance à saisir, alors qu'en son absence on ne voit plus que des dangers.

L'optimisme est la capacité à apercevoir les promesses de l'avenir, y compris en tant de crise. S'agit-il d'une qualité innée? Autrement dit, celui qui ne le manifeste pas est-il un pessimiste né? Ce n'est pas l'avis de Martin Seligman psychologue qui étudie la dépression et son traitement depuis plus de vingt-cinq ans. Les racines de la dépression, explique-t-il, sont pour la plupart à chercher ailleurs, dans les idées négatives apprises dès la petite enfance. Le parent dit à son enfant: « Tu fais tout de travers, tu es vraiment un monstre! », ou « Tu me dégoûtes à table! » ou encore « Tu n'arriveras à rien à l'école ». Ces trois messages et tant d'autres du même style contribuent à rendre les enfants pessimistes sur leurs aptitudes et leur potentiel. Le résultat est ce que Martin Seligman appelle l'« impuissance acquise ». Les adultes peuvent dès lors se fournir tout seuls en messages pessimistes qui finissent par les déprimer. À partir de là, Martin Seligman s'est convaincu de la possibilité de surmonter la dépression grâce à l'apprentissage d'un mode d'explication optimiste.

Martin Seligman s'appuie dans ses travaux sur les principes de la psychologie cognitive, qui étudie la connaissance humaine et ses processus. Il s'intéresse plus particulièrement à l'effet qu'à votre façon de penser sur vos humeurs et votre comportement. Dans son livre *Apprendre l'optimisme* (voir bibliographie), il présente une méthode simple qui permet à l'individu d'acquérir un « mode d'explication optimiste », même s'il a longtemps fonctionné de manière inverse. Selon un des postulats fondamentaux de la psychologie cognitive, chacun est constamment engagé dans un dialogue intérieur: celui qui se tient des discours négatifs éprouve des sentiments négatifs et agit de façon négative et contre-productive. Malheureusement, rares sont ceux qui se rendent compte des présupposés négatifs qui sous-tendent leurs pensées et qui déteignent sur tant de leurs actes. C'est donc pour permettre aux individus de réaliser le passage entre pessimisme et optimisme que Martin Seligman les incite à examiner, à comprendre et à modifier leur façon de dialoguer avec eux-mêmes.

À cette fin, il attire leur attention sur la différence entre modes d'explication pessimiste et optimiste, puis il leur présente une technique simple qui aide à penser autrement. Le pessimiste, affirme-t-il, se croit face à des problèmes de caractère permanent. Or « celui qui trouve des raisons permanentes à ses ennuis - stupidité, manque de talent, laideur - ne va guère agir pour modifier la situation; il ne cherchera pas à s'améliorer ». À quoi bon, se dit-on, puisqu'il n'y a rien à faire? Si, en revanche, on attribue ses problèmes à des causes passagères - accès de mauvaise humeur, efforts insuffisants, laisser-aller vestimentaire -, on voit aisément les moyens d'y remédier.

La technique proposée a été mise au point par un autre spécialiste de la pensée humaine et de la façon dont nous réagissons à notre environnement, Albert Ellis:

✓ *Adversité*: on peut classer sous cette rubrique tout événement en apparence négatif, que ce soit un fait relativement anodin comme un résultat particulièrement décevant à un examen ou un bouleversement important et non voulu comme un licenciement ou la découverte d'une infidélité.
✓ *Interprétation*: c'est le sens que vous donnez à l'adversité. Soulignons que c'est cette interprétation qui dictera votre réaction face à vos malheurs. Si elle est largement négative, vous serez découragé et vous prendrez de mauvaises décisions quant à la voie à suivre.
✓ *Conséquences*: il s'agit de votre humeur et de votre comportement en cas d'adversité.

Adversité: un étudiant obtient un résultat médiocre au premier examen d'un nouveau cours.

Interprétation: « Je suis nul, je rate tout, mes études sont fichues. »

Conséquence: déçu et découragé, l'étudiant en veut à lui-même. Sa réaction est de se retirer du cours.

Imaginons qu'il décide au contraire de résister à sa première impulsion, qui est de se juger bête. Il tiendrait dans ce cas un raisonnement comme celui-ci: « Je suis relativement intelligent. J'ai dû mal comprendre les indications du professeur, voilà tout. Conclure que j'étais idiot à partir d'un seul mauvais résultat, c'était quand même un peu exagéré! Après tout, j'ai eu très bonne moyenne au secondaire. »

Il serait dès lors dans un tout autre état d'esprit, loin de son abattement et de sa colère de tout à l'heure. Ayant remis de l'ordre dans ses idées, il pourrait aussi agir autrement. Il commencerait peut-être par consulter des étudiants qui ont passé le même examen. Il apprendrait que le professeur a une réputation de sévérité et que plusieurs de ses camarades ont également été déçus par leur résultat. Enfin, il songerait peut-être à prendre rendez-vous avec le professeur afin de mieux cerner ses exigences.

Pas de doute: l'interprétation des événements influence l'attitude de l'individu face à l'adversité et les mesures qu'il prend pour la surmonter.

On s'aperçoit que le découragement de cet étudiant et les mauvais choix qu'il risque de faire découlent moins de l'adversité comme telle que de l'image générale qu'il a de lui-même. L'ennui, c'est que l'on se rend rarement compte de ce lien dans la vie quotidienne. La méthode d'Albert Ellis permet de prendre conscience des pensées qui conduisent à des sentiments négatifs et destructeurs, eux-mêmes propices à des actions stériles.

■ *Mélanie*

Mélanie est venue me consulter à la suite d'une révélation: après vingt-cinq ans de vie commune et la naissance de deux enfants, son mari lui avait annoncé que plus rien n'allait entre eux et qu'il souhaitait une séparation. Il partit le soir même. Mélanie pleura constamment et dormit à peine, pensant sans cesse à cette situation à moitié incompréhensible. Ainsi, quand je lui proposai la méthode d'Ellis, elle consentit à l'essayer.

Voyons le résultat :

✓ L'*adversité* résidait, bien sûr, dans le départ de son mari.
✓ L'*interprétation* de Mélanie fut : « Je ne peux vivre sans lui. Je n'ai jamais bien su m'occuper de moi-même et je n'ai pas les compétences d'une vraie célibataire. Le vaste monde me paraît effrayant et négatif, un environnement où je sombrerai. »
✓ La *conséquence* fut l'affolement, qui ne pouvait se traduire dans la pratique que par les efforts de Mélanie pour récupérer son mari.

Servez-vous à présent de votre journal pour analyser votre situation actuelle à l'aide de cette technique. Ensuite, afin de prendre un peu de recul, imaginez, par exemple, qu'il s'agit du problème d'un ami et non pas du vôtre et que vous cherchez à en discuter avec lui. Que lui diriez-vous ? Efforcez-vous d'utiliser cette manière de travailler sur les pensées qui renforcent votre pessimisme. Dès lors que vous parvenez à les relativiser, vous remarquerez chez vous un léger regain d'optimisme. Certains ont cependant du mal à chasser de leur esprit des habitudes de pensée négatives, et c'est pour eux que Martin Seligman a ajouté encore deux étapes à la méthode.

La première comporte deux dimensions - la *distraction* et la *réfutation* - que nous examinerons une à une. Quelquefois, face à un problème particulièrement difficile, on a l'impression de faire du surplace, de s'agiter en pure perte. Mais il existe un certain nombre de moyens d'en détourner son attention jusqu'à ce que l'on soit prêt à l'affronter dans de meilleures conditions. Une possibilité consiste tout simplement à crier « Stop ! » lorsqu'on en a eu assez. Évidemment, cette technique, bien que très utile quand on se trouve tout seul, risque vite, en société, de vous attirer une réputation de déséquilibré mental. C'est pourquoi certaines personnes préfèrent garder sur elles un petit carton sur lequel est inscrit en caractères rouges le mot « Stop ! » et qu'elles peuvent sortir chaque fois qu'elles peinent à s'affranchir d'une pensée obsédante. Ce rappel discret produit sensiblement le même effet que le cri poussé à l'écart de tous. Ou encore, on se dit les mots « Pas maintenant » tout en prenant date pour s'attaquer ultérieurement et calmement au problème. Enfin, on peut garder sur soi son journal de bord et y noter ces paroles de distraction lorsqu'elles paraissent nécessaires. Cela permet de mettre ses ennuis provisoirement de côté puis de les affronter par la suite grâce aux compétences acquises au fur et à mesure. La deuxième dimension, la réfutation, va encore plus loin: elle passe par la remise en cause des idées noires. À la suite d'un échec, on a tendance à penser: « Je fais tout de travers, je suis un vrai raté. » Or on peut combattre cette interprétation défaitiste en se disant: « Est-ce que je fais véritablement tout de travers? Est-ce que je ne viens pas d'obtenir une promotion dans mon travail? N'étais-je pas content d'avoir récemment amélioré ma technique au tennis? Cela n'a pas de sens de me considérer comme un raté. » Notons par ailleurs que l'expression « Je suis un raté » évoque la permanence, une condition qui s'applique sans exception. Or chacun sait que les affirmations contenant les mots « toujours » ou « jamais » pèchent le plus souvent par exagération et par absence de rigueur. Vous constaterez donc que l'emprise sur vous de vos réflexes défaitistes s'affaiblit à mesure que vous les contestez.

Dernière étape: la *dynamisation.* Si vous avez réussi à contredire vos interprétations pessimistes, vous verrez que les conséquences auparavant jugées inévitables semblent de moins en moins effroyables. Vous vous sentez même prêt à prendre des initiatives et vous devenez plus confiant quant à vos perspectives.

Regardons à présent l'expérience de Mélanie avec ces deux dernières étapes. Ayant constaté que la persistance de son angoisse l'empêchait de relativiser ses idées négatives, elle décida de commencer par se calmer grâce aux techniques de distraction exposées ci-dessus. Elle obtint notamment des résultats assez satisfaisants avec les cartons portant l'inscription « Stop! » Cette méthode présentait déjà l'avantage de la faire rire un peu d'elle-même et d'atténuer ainsi sa tristesse et sa douleur. Elle se remit par ailleurs à pratiquer, avec un certain succès, une technique de respiration en profondeur qu'elle avait apprise dans le cadre d'un programme de relaxation. Mais ce qu'elle trouva de plus utile était de consigner ses pensées dans son journal en se promettant de les reprendre – tous les soirs juste avant l'heure du coucher – pour développer sa réflexion. Cette programmation eut pour effet de la libérer largement de ce qui était devenu une préoccupation de tous les instants. Qui plus est, Mélanie était agréablement surprise par la qualité des rectificatifs qu'elle commençait à apporter à ses conceptions pessimistes, comme le montre le paragraphe suivant :

— Je fais quand même des choix assez judicieux dans pas mal de domaines. Au travail, par exemple, j'ai l'estime de mes collègues, qui ne m'ont jamais reproché un quelconque manque de discernement. En plus, j'ai élevé trois enfants, et j'ai eu à prendre toute seule beaucoup des décisions importantes les concernant. Je m'en suis finalement bien sortie puisque j'ai des gosses formidables. Cela donne à penser que je ne dois pas me tromper si souvent que ça. Quant à la perspective de me retrouver célibataire, il est vrai que les gens craignent généralement le divorce, et pourtant, il paraît que 50 % environ des couples américains finissent par se séparer. Mais ils ne se suicident pas tous pour autant. J'imagine donc que je m'adapterai à ma vie de divorcée, comme j'ai pu m'adapter à tant d'autres choses.

À ce stade, Mélanie s'est sentie dynamisée. Elle n'était plus ni fâchée ni déprimée, et elle ne pensait plus sans cesse à son mari. Elle éprouvait désormais une espérance nouvelle. Mais surtout, elle prit bientôt une première initiative en dénichant un groupe de discussion pour personnes en instance de séparation, auquel elle décida de se joindre.

En relisant ses vieilles notes sur les conséquences, Mélanie comprit jusqu'à quel point ses sentiments défaitistes d'alors l'avaient entraînée vers des actions stériles. Mais à présent qu'elle avait pris du recul, elle se sentait revigorée et optimiste. Elle avait laissé derrière elle sa peur.

Essayez à votre tour d'appliquer les cinq étapes de cette méthode en vous servant de votre journal. Ce faisant, portez une attention particulière aux arguments que vous avancez pour réfuter vos conceptions négatives et aux possibilités que vous trouvez pour détourner votre attention lorsque vous avez l'impression de tourner en rond.

Quand on touche le fond...

Il n'y a pas de taille unique en matière de méthodes psychologiques. Certains se plaignent du côté aride et rébarbatif de cette démarche, qui peut même les laisser encore plus découragés qu'au départ. Au tout début de la crise, ils ne parviennent pas à se dégager du tumulte d'émotions qu'ils vivent, et ils ont honte de cette incapacité à rebondir. Ces personnes seraient mieux avisées de se tourner vers d'autres méthodes.

Le psychiatre Frederic Flach, à l'instar de Martin Seligman, insiste sur la notion de résilience, sauf qu'il l'aborde de façon très différente. Il la définit comme « l'aptitude à affronter des tournants importants et potentiellement dangereux ». On peut y distinguer deux stades: celui du *dérèglement,* où l'on cède au stress, et celui de la *réintégration,* où l'on recolle les morceaux de son univers brisé pour créer une structure nouvelle et plus solide que la précédente.

Frederic Flach a en effet constaté, à la fin des années soixante, que nombre de ses patients semblaient anéantis, du moins provisoirement, par un grand tournant dans leur vie. Alors qu'auparavant il aurait mis des états aussi extrêmes sur le compte de la maladie mentale, il estimait désormais que ces personnes « se préparaient pour un niveau d'adaptation nouveau et supérieur ». Sous l'effet du stress, explique-t-il, l'individu atteint un « point de bifurcation », expression empruntée à la physique. Une réaction possible consiste à se diriger vers une transformation nouvelle et utile, appelée réintégration. Mais on peut aussi se contenter de se débrouiller par des moyens totalement insuffisants, en se résignant fondamentalement à la situation telle qu'elle est. Or suivre cette voie, c'est s'enfermer dans l'angoisse et le désespoir. C'est se figer en pleine crise, tant on a peur du changement.

Juliette

Quand Juliette découvrit que son mari n'avait cessé de collectionner des maîtresses pratiquement depuis le jour de leurs noces trente ans plus tôt, elle tomba dans la dépression (soit le stade du dérèglement). Puis, au bout d'un an environ de thérapie et constatant que son époux avait déjà bien entamé une nouvelle liaison, elle finit par se rendre à l'évidence: il avait montré sa vraie personnalité, il ne changerait jamais et elle n'y pouvait rien (la voilà arrivée au point de bifurcation). Telle était l'amertume de Juliette qu'elle se vengea en soumettant son mari au spectacle quotidien de son martyre (d'autant qu'elle avait choisi comme solution de maintenir les choses en l'état).

Du coup, Juliette se trouva prisonnière de son couple, privée de tout espoir de changement positif. Imaginons à présent ce qui se serait passé si elle avait affronté autrement ce défi. Elle aurait certes connu au départ le même choc, la même rancœur, la même souffrance. Mais, une fois surmontée cette première réaction, elle aurait très bien pu se dire : « Rien ne m'oblige à continuer de vivre avec un homme qui me ment depuis trente ans. Je vais lui demander des comptes pour voir s'il a au moins la correction et le courage de me raconter les faits. J'exigerai aussi qu'il réaffirme solennellement son investissement dans notre couple. S'il ne peut pas ou ne veut pas, je vais devoir prendre mes affaires en main. Je vais réfléchir sérieusement aux moyens de m'extraire de cette relation dans de bonnes conditions financières et affectives. »

Frederic Flach énonce quatre lois qui régissent le cycle dérèglement-réintégration :

✓ Pour pouvoir tirer les leçons d'une mutation, il faut d'abord s'effondrer.
✓ Dans une période de chaos, on ignore nécessairement de quoi sera fait le futur.
✓ Chaque dépassement réussi d'une période de dérèglement et de réintégration vous laisse encore mieux armé pour affronter les stress à venir.
✓ Une crise existentielle qui ne débouche sur rien peut handicaper l'individu, le privant des forces dont il aura besoin pour affronter d'autres tournants.

Si vous êtes à l'aise avec la démarche cognitiviste prescrite par des figures comme Martin Seligman, Aaron Beck ou Albert Ellis, vous aurez peut-être du mal à admettre que l'apprentissage demande l'écroulement psychique. Dans votre expérience, vous avez peut-être surmonté rapidement le premier choc de la découverte et utilisé vos moyens intellectuels pour recoller les morceaux de votre vie.

Mais si vous êtes effectivement en plein effondrement, n'oubliez pas que l'on peut considérer cette expérience chaotique comme un stade normal et nécessaire du changement.

Autour de vous

Après avoir défini la résilience, Frédéric Flach porte son attention sur les individus qui en font preuve. Étudier leur fonctionnement, affirme-t-il, devrait nous permettre de mieux connaître et donc d'acquérir cette qualité. La personne résiliente refuse de rester bloquée, elle veut progresser. Elle s'intéresse à la solution et pas seulement au problème. Autonome, elle se fie à son jugement, et cela présente l'avantage supplémentaire de lui permettre de discuter avec les autres sans se croire obligée d'accepter toutes leurs idées. Elle dispose d'un bon réseau d'amis, dont plusieurs confidents. Dotée d'humour et d'un esprit ouvert, elle a des centres d'intérêt multiples. Elle montre par ailleurs une grande perspicacité concernant ses pensées et ses sentiments ainsi que ceux des autres. Elle sait communiquer. Elle supporte bien le stress. Sa philosophie de la vie l'aide à tenir en cas d'adversité.

Ces attributs se laissent cultiver. Dans votre journal, faites l'inventaire de ceux que vous possédez déjà: peut-être serez-vous agréablement surpris par le résultat. Les utilisez-vous à bon escient? Où se situent vos points faibles? Quelles mesures pourriez-vous prendre pour tirer parti des compétences que vous avez? Quelles nouvelles compétences vous seraient particulièrement utiles en ce moment? Comment procéder pour les acquérir?

Se libérer de son traumatisme, pardonner

Pardonner, c'est cesser d'en vouloir à celui qui vous a fait mal et lui témoigner ce changement dans les sentiments que l'on a envers lui. L'idée du pardon a pourtant quelque chose d'effrayant, d'autant que l'on a coutume de l'assimiler à l'oubli. Il convient donc de commencer par différencier ces deux concepts. Oublier, c'est ne plus conserver une idée en mémoire, c'est la chasser de son esprit. Or il paraît très difficile, pour ne pas dire impossible, d'oublier un grand tournant dans sa vie. D'ailleurs, serait-on bien avisé de vouloir le faire? Pour quelqu'un qui est passé par la découverte d'une infidélité et qui en a beaucoup appris, oublier cette épreuve aurait pour effet d'émousser son esprit critique et de le désarmer face aux crises qui pourraient éclater à l'avenir. On imagine mal, par exemple, que l'on puisse passer le reste de sa vie de couple sans jamais broyer du noir. Mais on aimerait espérer que, le jour où cela se produirait, un petit signal d'alarme sonnerait et déclencherait cette pensée: « Oh là! Je crois bien que mon partenaire retombe en ce moment dans cet état d'ennui et de langueur qui avait précédé sa liaison. J'ai intérêt à avoir une bonne discussion avec lui pour que nous puissions remettre notre couple sur ses rails. Je devrais aussi m'interroger sur moi-même et mon rôle éventuel dans ce changement. » L'énergie dégagée par cet effort de mémoire peut recharger et revitaliser le couple.

Il ne faut pas non plus confondre pardonner et cautionner. Quand on atteint le stade où l'on admet la vérité du remords de son partenaire auparavant infidèle, on peut se sentir prêt à donner son pardon. Mais cela ne veut pas dire pour autant que l'on approuve son infidélité. C'est son repentir que l'on accepte.

Il est difficile de donner son pardon sur commande. Nombre de conjoints infidèles, nous l'avons déjà vu, essaient d'arrêter le torrent d'émotions que peut déverser leur partenaire après avoir appris la vérité. Or certains réclament l'absolution pour la même raison: pour sortir l'autre de son état de perturbation. L'ennui, c'est que si l'on pardonne avant d'avoir complètement digéré sa souffrance, on risque d'avoir l'impression d'avoir capitulé à des fins de confort psychologique. Le pardon donné dans ces circonstances laisse un goût amer dans la bouche.

Vient un jour cependant où l'on découvre que, une fois la crise surmontée, on est déjà en bonne voie de construction de son nouvel équilibre. C'est à partir de là que le couple peut envisager le pardon. C'est le moment de dissiper les derniers secrets faisant obstacle à l'intimité (celle-ci étant fondée sur la confiance et la sincérité). L'expérience de Benjamin illustre bien cette idée. Quelques mois après que sa femme eut mis fin à sa liaison, il lui demanda:

« Est-ce que tu avais réellement cessé de le voir au moment où tu me l'avais juré? J'ai continué pendant tout ce temps à soupçonner quand même le contraire.

– J'avais peur de te l'avouer à cette époque, répondit sa femme, mais aujourd'hui je me sens suffisamment à l'aise pour te dire que, effectivement, nous nous sommes revus plusieurs fois. J'avais le sentiment que je ne pouvais mettre fin à cette relation que face à face, alors que j'avais promis de le faire par téléphone. J'ai aussi couché une dernière fois avec lui, et c'était vraiment bizarre, comme si toute la passion avait disparu. Avec le recul, je crois comprendre que ce n'était pas lui qui comptait dans cette liaison, mais ma déception à l'égard de notre couple. Et que c'était une manière idiote de l'exprimer. Je suis navrée de l'avoir fait, et de t'avoir menti. »

Le pardon est, dans une grande mesure, affaire de réciprocité. Lorsque Benjamin entendit cet aveu et les excuses présentées par sa femme, il eut l'impression que quelque chose en lui fondait. Retenant à grand-peine ses larmes, il lui demanda de bien vouloir excuser la froideur et l'angoisse qu'il avait longtemps montrées. Et d'ajouter: « Nous avons sans doute joué chacun un rôle dans tout ce gâchis. J'espère seulement que nous avons appris quelque chose et que nous ne devrons plus jamais repasser par là. »

Le pardon comporte encore une dimension qui, elle, est entièrement personnelle et non réciproque. Souvent, y compris pendant des années après la fin d'une liaison, l'époux infidèle continue de culpabiliser. Or il est tout aussi indispensable d'être magnanime envers soi qu'envers l'autre. Nombre de mes patients remâchent sans cesse le mal qu'ils ont fait. Dans ce cas, je les incite à penser également aux retombées positives de la souffrance occasionnée, d'autant que l'immense majorité des couples ayant réussi à se ressouder après une infidélité se trouvent plus heureux que jamais auparavant. Mener à deux le travail douloureux de réconciliation et retour à une vie de couple confiante et épanouie suppose et engendre un degré d'ouverture et de communication jusque-là inimaginable pour les partenaires. Je rappelle également à mes patients qu'ils n'ont plus besoin de leur culpabilité puisqu'ils s'en sont déjà servis pour se transformer.

L'époux trompé peut lui aussi éprouver quelques remords. Une femme se dira par exemple: « Je m'étais tellement investie dans d'autres aspects de ma vie, je donnais tant à mes enfants ou à mes parents, qu'il ne me restait plus d'énergie pour mon couple. Ce n'est pas étonnant que mon mari ait été chercher son bonheur ailleurs. » Le même conseil vaut pour cette patiente: dès lors que l'apprentissage a eu lieu et que les liens entre les partenaires se sont renforcés, on peut estimer que la culpabilité a largement rempli sa fonction. Elle n'a plus de raison d'être.

■ *Le pardon en cas de divorce*

Ne pensons pas pour autant que le pardon n'a pas d'importance pour ceux qui décident de se quitter. Comme nous l'avons déjà vu, nombre de couples qui réussissent, à la suite d'une infidélité, à franchir les trois étapes de la reconstruction d'un équilibre et de rapports sincères et authentiques concluent néanmoins à la nécessité du divorce. Mais, s'ils ont examiné en profondeur les faiblesses de la relation, ils peuvent atteindre eux aussi ce sentiment d'achèvement qu'autorise le pardon. Certains couples sont certes incapables de vivre un tel climat de réciprocité au moment de la rupture, mais ils parviennent à l'instaurer deux ou trois ans plus tard.

■ *Lâcher prise, dialogue et réconfort*

La découverte d'une infidélité prélude quelquefois à une mauvaise rupture qui s'accompagne d'un arrêt quasi total de la communication. À l'évidence, on ne saurait parler de pardon réciproque dans ce cas. Dès lors que le partenaire infidèle s'en va sans avoir ni avoué ni exprimé de remords, il laisse l'autre en plan. Il n'est pas chose aisée pour ce dernier que d'avoir un sentiment d'avoir terminé quelque chose. Il doit au contraire trouver le moyen de lâcher prise, sous peine de voir sa vie empoisonnée par la rage et la rancune.

Ceux qui connaissent le programme en douze étapes utilisé par les Alcooliques anonymes connaissent le concept du « lâcher prise », où l'on parle de confier sa vie et son sort à Dieu. Soulignons, avant d'aller plus loin, que, pour les participants à ce réseau, il ne s'agit pas nécessairement du dieu d'une religion précise, mais de l'idée que se fait chacun d'une puissance supérieure à lui-même, voire l'aspect le plus noble de sa propre personnalité. On ne lâche pas prise dans la colère: il s'en faut. On le fait dans la sérénité. Le lâcher prise peut prendre la forme d'une lettre décrivant l'impact de quelqu'un qui vous a blessé. L'auteur rédige sa lettre à la première personne et s'abstient d'accuser. Qui plus est, rien ne l'oblige à l'envoyer: certains enterrent la leur ou la rangent dans un endroit spécial. Dans mon cabinet se trouve une coupe sculptée par un ami et, parfois, quand un patient croit avoir subi un tort irréparable, il écrit son chagrin sur une feuille de papier, puis la chiffonne et la met dans la coupe prévue à cet effet. On a là une autre façon de lâcher prise. Ceux qui parviennent à se débarrasser de la sorte d'une souffrance profonde sont à même de tourner la page et d'entamer une nouvelle étape plus heureuse de leur vie. C'est une compétence qui mérite largement d'être acquise.

On a tout à gagner de la rencontre avec d'autres personnes ayant eu des problèmes d'infidélité. Des groupes de discussion sont non seulement un excellent moyen de s'informer et d'entendre des points de vue divers sur le sujet, mais aussi une source de réconfort. Si, en outre, vous avez l'habitude de surfer sur Internet, sachez qu'il existe de nombreux forums où les internautes échangent leurs idées sur le problème de l'infidélité tout en gardant l'anonymat, avantage bien appréciable. Enfin, même ceux qui n'ont plus qu'un lien très distant avec la religion dans laquelle ils ont grandi peuvent découvrir l'utilité de parler de leur épreuve à un ministre du culte (prêtre, pasteur, rabbin...) ou même à d'autres fidèles.

Le nouvel équilibre

Dans ce chapitre, nous avons considéré les différentes voies de la reconstruction de votre vie. Certaines concernent le travail que les partenaires peuvent réaliser ensemble, qu'ils aient décidé de se quitter ou de chercher à fonder leur relation sur des bases plus solides, alors que d'autres conviennent tout particulièrement à l'individu qui doit affronter seul la disparition de son couple. Mais s'il fallait distinguer le fil conducteur qui court à travers toutes les propositions faites jusqu'ici, ce serait l'importance d'améliorer votre capacité à ressentir et à comprendre ce que vous vivez. Bref, il s'agit d'avoir de l'empathie envers vous-même. Car c'est ainsi que vous acquerrez une plus grande empathie envers votre partenaire, à condition, bien sûr, que celui-ci ait la volonté de digérer sa peine et de s'acheminer vers une vie de couple meilleure.

Rappelez-vous que…

- On peut surmonter une infidélité soit en refondant son couple sur l'honnêteté, soit en le quittant avec une sagesse accrue qui permet de mieux faire à l'avenir.
- Une liaison extra-conjugale a beau paraître merveilleusement intense, elle se déroule largement à l'écart de la réalité quotidienne, ce qui déforme nécessairement l'image que l'on peut en avoir.
- Admettre la possibilité d'une vie après le divorce donne la force d'examiner sans tabous l'histoire de son couple et de prendre les décisions les mieux adaptées.
- Il est très risqué de divorcer en pensant que sa liaison se transformera en couple durable, puisque les statistiques nous disent plutôt le contraire.
- Il est sain de mettre fin à une relation lorsque, y ayant mûrement réfléchi, on conclut qu'elle ne marchera jamais.

CHAPITRE 8

Du côté des enfants

Ce que les enfants attendent des parents

L'infidélité, tel un puissant hors-bord, laisse une trace dans son sillage, et certains enfants, de frêles esquifs, chavirent dans les remous qu'elle a causés. L'enfant a un besoin impérieux de cette sécurité que prodiguent les parents. Il veut les admirer, écouter leurs conseils et les considérer comme des modèles. Il les voit presque comme des divinités douées d'une infinie sagesse, alors même qu'il s'oppose à leur autorité. Il éprouve malaise, désillusion et confusion si les parents n'atteignent pas la perfection attendue.

Quand les adultes sont perturbés, leur progéniture s'en trouve souvent affectée, indépendamment de l'âge. Une liaison antérieure à la naissance d'un enfant peut même avoir plus tard un effet sur celui-ci. Ce sont non seulement les jeunes enfants et les adolescents, mais également les enfants adultes et leurs relations conjugales futures qui peuvent en subir l'influence, fût-ce de façon très variable. À mesure que les enfants prennent conscience que quelque chose ne va pas (même s'ils ne savent pas exactement de quoi il s'agit), ils commenceront à se poser beaucoup de questions comme celles-ci:

- ✓ Je sais qu'il se passe quelque chose; qu'est-ce qui ne va pas?
- ✓ Est-ce grave?
- ✓ Essayez-vous de régler le problème?
- ✓ Allez-vous divorcer?
- ✓ Que va-t-il m'arriver?

Ces questions ne sont pas toujours formulées aussi carrément. Elles peuvent s'exprimer par des colères, des dépressions ou d'autres réactions qui semblent sans aucun rapport avec l'infidélité. En tant que parents, vous devez acquérir la sensibilité qui vous permettra de comprendre la signification du comportement de votre enfant. Parfois, il vous appartiendra d'énoncer clairement ce qu'il pense ou ressent. Les questions de l'enfant, implicites ou explicites, exigeront des réponses différentes selon son âge et son niveau de maturité.

Les difficultés rencontrées par un couple qui traverse une épreuve ne doivent pas l'empêcher de prendre le temps de réfléchir aux moyens d'aider ses enfants. J'ai toujours été frappé par le nombre de parents qui me consultent pour un problème d'infidélité et qui, préoccupés par leurs enfants, cherchent à les protéger au mieux, malgré leurs difficultés propres pour retrouver leur équilibre.

Où sont les limites ?

Un secret est une information que l'on cache à tout le monde ou que l'on partage avec certains tandis que d'autres l'ignorent. En ce qui concerne les secrets entourant la vie de famille, il faut comprendre un autre concept qui est au cœur de la thérapie familiale, à savoir les limites. Il s'agit de cet espace séparant les membres d'une famille ainsi que de celui qui se dessine entre la famille et le monde extérieur. Quand les choses se passent bien, certaines limites sont très clairement fixées. Par exemple, la plupart des parents enseignent à leurs enfants que certaines informations sont privées, qu'elles sont la propriété exclusive du cercle familial et qu'il ne faut pas en parler avec des étrangers. Cela forme une frontière, qui d'un côté inclut la famille et de l'autre exclut les étrangers. De même, on a un exemple de limites à l'intérieur de la famille quand les aînés sont investis d'un certain niveau de responsabilité et de pouvoir sur les cadets en l'absence des parents. Pourtant, dès le retour de ces derniers, les aînés perdent leur pouvoir et se trouvent de nouveau soumis, tout comme les cadets, à l'autorité de leurs parents. Nous voyons ainsi que les limites définissent les rôles et les règles au sein d'une famille ainsi que les niveaux de pouvoir de chacun. Normalement, les plus jeunes ont moins de pouvoir et d'autorité que leurs aînés, qui, eux, en ont moins que les parents. Mais quand les limites s'estompent, on assiste à des inversions qui sapent la structure familiale.

Les enfants, tout en rechignant à se plier à l'autorité parentale, ressentent néanmoins la sécurité affective qui constitue une dimension indispensable à toute vie familiale saine. Bien évidemment, la qualité de la relation du père avec la mère compte énormément à leurs yeux. Si cette relation est forte, les parents fonctionnent comme une équipe soudée et les rapports au sein de la famille sont harmonieux. Mais lorsque surviennent des problèmes de couple (comme la découverte d'une infidélité), ils se répercutent sur tout le monde. Cela donne souvent naissance à de nouvelles alliances entre membres de la famille. Un aîné imaginera désormais qu'il est de son devoir de protéger celui, père ou mère, qu'il considère comme le partenaire lésé. De son côté, ce parent se félicitera des attentions prodiguées et encouragera l'enfant à poursuivre dans cette voie. Un frère ou une sœur qui se sent exclu de cette entente se vexera et exprimera son malaise par l'indocilité ou d'autres moyens.

Les secrets peuvent désorganiser les limites familiales de nombreuses façons. Si, par exemple, un parent qui entretient une liaison avoue son infidélité à l'un de ses enfants en lui faisant jurer le secret sous prétexte d'épargner son conjoint, une limite légitime entre parents et enfants s'efface. Une nouvelle limite se dessine désormais: contraint par son serment, l'enfant se ligue avec ce parent et s'éloigne de l'autre. Cette situation peut avoir de profondes répercussions sur l'enfant, qui se sentira investi d'une grande importance (en fait, bien trop grande) aux yeux du parent infidèle, alors qu'en même temps il éprouvera éventuellement de la culpabilité envers son autre parent.

Une variante de cette violation des limites produit quand on fait une confidence à deux ou à plusieurs enfants à des moments différents tout en demandant à chacun de ne rien révéler à personne. Dans ce cas, chaque enfant se sent à la fois lié au parent lui ayant confié le secret et séparé de l'autre parent ainsi que de ses frères et sœurs.

Jusqu'où un secret est-il secret?

Le psychologue Mark Karpel a étudié l'impact des secrets sur la vie de famille. « Dans certains cas, souligne-t-il, une telle confusion entoure les secrets que l'on a du mal à opérer une distinction nette entre le fait de savoir et de ne pas savoir. » Quand un secret est divulgué, nombreux sont ceux qui avouent qu'ils s'en doutaient depuis longtemps ou qu'ils pressentaient l'existence d'un problème sans pouvoir le nommer. Il est donc raisonnable de supposer que ce que l'on considère comme un secret ne l'est que partiellement, ou ne l'est que pour certains… à moins qu'il ne s'agisse d'un secret de Polichinelle. Beaucoup d'enfants ayant subi l'infidélité d'un de leurs parents m'ont affirmé que le plus difficile pour eux était de maintenir le secret de famille. « C'est comme s'il y avait eu un éléphant dans le salon et que personne n'osait en parler », m'a confié un jeune homme après que son père eut avoué sa liaison. « Je le savais déjà, tout comme mon frère et ma sœur, même si à l'époque j'ignorais qu'ils le savaient, car je croyais être le seul à être au courant. Ce n'était même pas parce que le secret m'avait été révélé: je l'ai découvert tout seul. Quand j'y repense aujourd'hui, il me semble que la seule personne qui l'ignorait était ma mère. Cela a été pour moi une véritable torture de me taire pendant tout ce temps. J'avais même peur de confier mon malaise au psychologue de l'école, alors que je lui avais déjà parlé de mes problèmes personnels, parce que je me disais qu'en aucun cas il ne fallait aborder un sujet aussi honteux. Cela n'a fait que renforcer l'isolement de ma mère. Imaginez: nous étions tous au courant, sauf elle. »

Confidentialité et loyauté

Un enfant détenteur du secret de l'infidélité d'un de ses parents se voit comme un conspirateur qui a juré le silence. « Divulguer le secret, dit Mark Karpel, serait vécu comme une trahison qui plongerait la personne dans la culpabilité. » Mais autant l'enfant se sentirait coupable envers le parent infidèle s'il envisageait de révéler cette infidélité, autant il pourrait avoir l'impression, en se taisant, de faillir à son devoir de loyauté envers celui qui l'ignore. Cette culpabilité peut s'avérer encore plus profonde. Colin, un adolescent, m'a raconté que son père l'avait un jour emmené déjeuner pour le présenter à sa petite amie, et qu'il lui avait demandé de n'en parler à sa mère sous aucun prétexte.

Quelques semaines plus tard, sa mère lui révéla qu'elle soupçonnait son père d'avoir une liaison et qu'elle avait engagé un détective privé pour le suivre. Elle lui fit aussi jurer le secret. Colin avait eu l'impression de bien porter ces deux secrets jusqu'au jour où son frère aîné, étudiant, rentra pour les vacances de Noël. Ayant senti de la tension dans l'air, celui-ci lui demanda si à son avis quelque chose ne tournait pas rond à la maison. Colin fit mine de ne rien savoir mais, plein de remords, il devint très agité, ne trouvait plus le sommeil et perdit quatre kilos en à peine plus d'une semaine.

Ses parents, très inquiets, prirent rendez-vous avec le psychologue scolaire, qui les engagea à s'adresser avec leur fils à un spécialiste des thérapies familiales. Dès la première séance, il ne fallut pas plus de quelques minutes pour que le père confesse sa liaison à sa femme. Pour pénible que lui fût d'entendre cet aveu, Colin en éprouva un profond soulagement. Il ne devait plus porter ce terrible secret. Il n'est pas du tout rare que les symptômes d'un enfant servent de sonnette d'alarme aux parents pour leur indiquer qu'il est temps de mettre fin à un secret et de faire face aux problèmes de l'infidélité et du couple.

Quand les adultes font porter leurs problèmes par les enfants

L'époux trompé est souvent habité par la crainte que l'infidèle ne le quitte pour la tierce personne. Et si la découverte de l'infidélité ne débouche pas sur l'aveu et le remords, la peur d'abandon risque de devenir accablante. Le conjoint lésé peut en outre redouter que ses enfants ne le désertent eux aussi. Pour éviter ce sort, il essaiera peut-être de les attirer de son côté en recourant à des stratagèmes divers. Telle personne trompée médit de son conjoint, suscitant ainsi de douloureux problèmes de loyauté chez l'enfant. Ou elle peut monopoliser le temps et l'attention des enfants, qui se trouvent du coup privés d'espace d'autonomie. Un fils adolescent soumis à de telles exigences de la part de sa mère risque de se sentir très mal à l'aise et menacé par une intimité aussi grande. Dans l'esprit de beaucoup d'adolescents, en effet, le moindre contact physique telle une demande de câlins - voire un excès de paroles affectueuses - est chargé de sous-entendus sexuels et vite assimilé à une tentative de séduction ou à un geste répugnant.

Les filles adolescentes peuvent avoir des réactions semblables aux efforts de leur père pour s'attirer leurs faveurs quand il craint de les perdre. La peur de l'abandon peut conduire l'homme infidèle, une fois mis au jour, à des actes tout aussi déstabilisants pour ses enfants. Une adolescente que je suivais en thérapie reçut pour la Saint-Valentin un énorme bouquet et une boîte de chocolats de son père. En refusant le cadeau, elle déclencha une dispute féroce. Ce cadeau, insistait-il, n'était qu'une expression de gratitude pour le soutien qu'elle lui avait accordé. Sur ce, la jeune fille lui jeta le bouquet à la figure en criant: « Imbécile! Tu ne vois pas que ce n'est pas à moi que tu aurais dû offrir ces fleurs, mais à maman! »

Les enfants d'un don Juan sont également pris au piège des problèmes de secrets. Il y a des coureurs de jupons qui mettent un point d'honneur à se vanter de leurs exploits auprès de leur fils. Cela peut avoir deux conséquences différentes. Certains garçons s'identifient à ce côté de leur père et s'empressent de lui emboîter le pas. D'autres, qui découvrent ses frasques soit par ouï-dire, soit parce qu'ils en sont directement témoins, risquent d'en être profondément dégoûtés et d'éprouver une forte envie de protéger leur mère. La plupart des garçons qui sont dans ce cas de figure gardent leur secret, sans affronter ni l'un ni l'autre parent, tant ils en ont honte. Mais les fils ne sont pas les seuls à souffrir. Il s'avère que nombre de nymphomanes ont elles-mêmes eu un père volage. Il n'est pas non plus rare que la fille d'un coureur de jupons épouse elle-même un coureur de jupons.

Ces enfants qui sont mêlés à la liaison d'un de leurs parents

Les enfants se trouvent souvent impliqués malgré eux dans les relations extra-conjugales de leurs parents. En effet, on notera la fréquence statistique des liaisons concernant des individus du même milieu social ou se déroulant dans le cadre du travail. Dans les deux cas, il n'est pas rare que l'enfant connaisse déjà la tierce personne avant le début de la liaison. Quand un parent infidèle s'arrange pour que des liens se tissent entre la tierce personne et l'enfant, celui-ci ne se doute généralement pas de servir les intérêts de son parent. Ce n'est que plus tard qu'il se rend compte d'avoir été utilisé.

Un patient se souvenait des nombreuses liaisons de son père dans la petite ville où ils vivaient:

— Là où j'ai grandi, c'était la coutume d'appeler la plupart des adultes « oncle » ou « tante », suivi de leur prénom. C'était les assimiler, comme me le disaient mes parents, à des membres de la famille. J'en ai tiré, bien sûr, un grand sentiment de confiance et de sécurité: je savais que tous ces adultes autour de moi m'aimaient et veillaient sur moi. Bien plus tard, j'ai remarqué que mon père nourrissait un intérêt tout particulier pour l'une ou l'autre « tante ». Dans ces cas-là, je me retrouvais souvent invité à les accompagner à déjeuner au bureau de mon père ou à faire une promenade en voiture. Un jour - je devais avoir treize ou quatorze ans -, j'ai vu mon père embrasser et enlacer une de ces femmes. J'ai cru mourir. Puis j'ai commencé à comprendre que chacune de ces « tantes » était l'une de ses maîtresses. Je n'ai jamais pu me résoudre à en parler ni à lui ni à ma mère, mais cette pensée n'était jamais loin de mon esprit. J'éprouvais une grande colère et pas mal de culpabilité. Mais surtout, j'ai perdu ma foi dans la dignité des adultes. Je pense que toute cette expérience m'a laissé un double héritage: premièrement, je n'ai jamais eu de maîtresse et, deuxièmement, je suis devenu méfiant et presque misanthrope. Encore aujourd'hui, je me demande sans cesse qui est digne de confiance et qui ne l'est pas. Je sais que cela m'a aussi porté à surprotéger mes filles.

Une attitude adaptée à l'âge de l'enfant

Les parents découvrent souvent qu'il est illusoire d'imaginer avoir pu dissimuler une infidélité à leurs enfants. Une ancienne patiente qui avait terminé sa thérapie depuis quatre ans décrit parfaitement ce problème:

— Comme vous le savez, notre thérapie a eu une issue positive et nous sommes de nouveau réunis et heureux. En fait, nous sommes sur le point de fêter le vingt-cinquième anniversaire de notre mariage. Nous avons eu beaucoup de mal à décider ce qu'il fallait faire si les enfants découvraient l'infidélité de David. Six mois après la fin de notre thérapie, il a reçu un coup de fil d'une employée de l'entreprise où il avait auparavant travaillé - et où tout s'était produit - qui l'informait du décès d'un parent de l'un de leurs ex-collègues. C'est moi qui avais décroché mais Rachel, qui avait alors dix ans et qui avait parfois accompagné David au bureau, avait déjà rencontré cette femme et l'avait trouvée jolie et séduisante. Quand elle a compris qui était en ligne, elle s'est exclamée: « Hé, papa! ta petite amie est au téléphone. » J'étais morte de honte, et nous lui avons tous les deux assuré que « papa n'a pas de petite amie ». Pourtant, Rachel n'a pas voulu en démordre. Elle nous a raconté qu'elle nous entendait parfois évoquer cette « petite amie » (comme je l'appelais) quand David et moi en parlions, en général tard le soir. De toute évidence, elle nous avait écoutés, mais sans jamais rien dire. Comme elle était petite à l'époque, j'ai pu traiter la chose à la légère (j'ai prétendu que je taquinais son père), mais je craignais toujours qu'elle ne découvre la vérité ou qu'elle ne me croie pas. Je tenais à dissimuler cette histoire à mes enfants parce que je pensais qu'ils verraient leur père sous un éclairage différent et trompeur. Pendant cette période houleuse, je m'entendais très mal avec notre fille plus âgée,

Léa, qui avait seize ans à l'époque, et je ne voulais pas qu'elle utilise cette infidélité comme argument contre lui. Je jouais alors les grandes protectrices. Je ne jurerais pas que les enfants n'étaient au courant de rien, mais, puisque notre couple est heureux désormais et qu'ils le voient, je ne mettrais jamais le sujet sur le tapis. En tout état de cause, David et moi, nous estimons que la protection des enfants est une tâche à laquelle il faut s'atteler dès le départ. Nous voyons rétrospectivement que nous étions tellement obnubilés par nous-mêmes que nous ne nous sommes pas rendu compte que les enfants flairaient nos difficultés. Je pensais à l'époque que nous avions bien caché les choses, mais aujourd'hui je sais que nous n'aurions jamais dû parler de nos problèmes dans la maison (quelle que fût l'heure) quand les enfants y étaient. Ils sont bien plus malins qu'on ne le croit.

Voici ce qu'écrit une jeune femme de vingt-neuf ans au sujet de la relation extra-conjugale de son père et du divorce de ses parents:

— J'ai assisté il y a deux ans à la liaison de mon père. Cela a changé ma conception du couple, de la vie, de tout. J'ai vu un aspect de mon père que j'ignorais totalement. Comme j'étais la confidente de ma mère, elle m'a raconté bien plus de choses que je n'aurais aimé en savoir. Je me sentais prise entre deux feux. Tout le monde semblait avoir besoin de moi, mais personne ne se rendait compte de ce que je vivais. Cette expérience a eu une incidence sur mes relations avec mon petit ami. Nous sommes ensemble depuis huit ans, mais je n'ai toujours pas envie de l'épouser et j'ai l'impression qu'il me quittera un jour, comme mon père a fini par quitter ma mère. Je suis devenue très sceptique. Toute cette histoire a transformé radicalement ma vision des choses. J'ai dans l'idée que je ne me marierai jamais.

Ayant examiné deux histoires en profondeur, attardons-nous sur quelques principes généraux qu'il convient de respecter quand les enfants affrontent ce problème. Vous remarquerez que, dans certains cas, deux attitudes opposées sont évoquées. Cela ne devrait pas vous surprendre, car les expériences stressantes produisent souvent des comportements extrêmes.

■ *Les petits*

Les très jeunes enfants n'ont pas encore appris à parler de questions complexes et qui les touchent profondément. Pour cette raison, ils ont tendance à exprimer leur émoi presque entièrement par leur comportement. Les tout-petits montreront souvent des signes d'insécurité et de régression, comme l'enfant de quatre ou cinq ans qui, bien que déjà propre, recommencera à avoir des « accidents ». D'autres se mettront à sucer leur pouce, à ronger leurs ongles ou à devenir collants. Ceux qui jusque-là travaillaient bien à l'école voient leurs notes chuter ou se font remarquer pour des problèmes de discipline. Beaucoup développent de petits problèmes de santé. D'autres font des colères. Cauchemars et terreurs nocturnes ne sont pas non plus rares. Certains enfants s'essaient à la pyromanie tandis que d'autres deviennent des « enfants modèles ».

■ *Les plus grands*

Les enfants plus grands tombent parfois dans les comportements régressifs rencontrés chez les petits. La principale différence est qu'ils sont capables de verbaliser certains de leurs sentiments. Souvent conscients que la tension entre parents peut être un signe annonciateur de divorce, les enfants de cet âge savent que leur vie serait bouleversée si cela se produisait. Alors que certains se contentent de se renfermer, d'autres montrent clairement leur colère et leur peur. D'autres encore qui ne sont pas encore prêts à affronter la réalité laissent néanmoins affleurer la même angoisse: ils parlent de façon impertinente, ont des comportements excessifs et cherchent, par tous les moyens possibles, à paraître suffisamment perturbés pour faire comprendre à leurs parents qu'ils doivent rester ensemble. Ils peuvent voler dans les magasins, faire du vandalisme ou commencer à se battre avec d'autres. Dans certains cas, les enfants de cette tranche d'âge menacent de se suicider.

Les adolescents

Les adolescents ont beaucoup de mal à affronter l'infidélité de leurs parents. À cela, deux raisons. D'abord, ils viennent à peine d'acquérir la capacité à appréhender les choses dans leur ensemble. Grand observateur du développement humain, Jean Piaget a décrit l'adolescence comme l'étape de la croissance où la raison et l'abstraction se sont développées au point d'aboutir à la pleine maturité intellectuelle. Équipés pour observer le monde de façon critique, les adolescents peuvent désormais examiner les idées et les règles qu'on leur demande de respecter dans la vie et les juger à l'aune de leur propre logique. C'est pour cela qu'ils sont très sensibles à l'« hypocrisie ». Malheur au parent qui demande à un ado de faire ce qu'on lui dit plutôt que ce qu'on fait ou, qui pis est, dont les actes contredisent les valeurs qu'il affiche!

Ensuite, mais c'est tout aussi important, les adolescents ont vivement conscience de leur sexualité bourgeonnante. Ils sont tour à tour irrésistiblement attirés, puis dégoûtés, par tout ce qui y a trait. Nombre d'entre eux aspirent à un monde ordonné et c'est pourquoi ils attendent que leurs parents leur fournissent le modèle d'une relation sûre où la sexualité s'inscrit dans le cadre de la vie familiale.

Domaine du secret et domaine du personnel

Ce qui définit le secret, c'est qu'il relève de l'« inexprimé ». Le domaine du secret se distingue du domaine de l'intime, du personnel, par le fait que ce dernier peut s'affirmer comme tel. Interrogé sur tel incident ou tel aspect de sa vie, on dira sans ambages: « Je préfère ne pas en parler. J'estime que c'est personnel. » Si, par exemple, je traite toute une famille et qu'un problème d'insatisfaction sexuelle surgit chez les parents, je leur demande s'ils le considèrent comme une affaire qui ne regarde que tous les deux. S'ils répondent par l'affirmative (et c'est généralement le cas), les enfants sont priés de quitter la salle de consultation. Il ne s'agit pourtant pas d'un secret. Les parents ont manifestement un problème mais qui, de leur avis, ne concerne pas directement les enfants, voilà tout.

Mark Karpel explique ainsi son insistance sur cette différence: « La distinction tourne autour de la pertinence de l'information pour celui qui ne sait pas. Un secret concernant une relation extra-conjugale de l'un des époux est, dans la plupart des cas, hautement pertinent pour l'autre époux puisque des questions cruciales comme la confiance, la fidélité, la tromperie ou la violation de la réciprocité sont en jeu. » Les parents auraient intérêt à bien réfléchir à cette notion de pertinence. On jugera par exemple que tel enfant est encore trop jeune pour apprendre l'infidélité de l'un de ses parents mais qu'il est prêt à entendre une remarque du style: « Tu vois que même si papa et maman se disputent beaucoup, ils essaient de régler le problème. » Arrivé à l'adolescence, cet enfant accordera une importance capitale à cette question puisque c'est l'âge auquel l'individu se trouve aux prises avec les problèmes d'ordre relationnel. À ce moment-là, les parents décideront s'il convient ou non de parler plus ouvertement avec lui. Ayant réévalué la pertinence de cette information auparavant intime, ils seront prêts à en discuter.

Peut-être vous demandez-vous à ce stade: « Ne s'agit-il pas là aussi d'une question de frontières? » Si c'est le cas, vous auriez entièrement raison. Quand les parents déterminent ce qui est pertinent et ce qui ne l'est pas pour leurs enfants, ils leur montrent un espace délimité par le devoir des adultes de les protéger. C'est à l'intérieur de cet espace protégé que les enfants grandissent et mûrissent le plus facilement. Par exemple, le parent évoqué ci-dessus qui met ses enfants au courant de la liaison de son partenaire pour s'attacher leur affection non seulement viole une frontière mais transforme en secret une information qui aurait dû rester du domaine du personnel. Il peut sembler qu'on joue ici sur les mots, mais il n'en est rien. Le parent doit évaluer la maturité de l'enfant et, sur cette base, déterminer ce qui l'aidera le mieux à dépasser la crise. « Maman et papa ont des problèmes »: voilà un énoncé honnête qui informe suffisamment l'enfant pour qu'il ne se sente pas exclu ou « dans le noir », mais pas trop pour le bouleverser. Prétendre que tout va bien serait à la fois mentir et créer un climat de secret. Reconnaître qu'il y a un problème permet au parent de se dire que l'affaire est tout de même personnelle, au moins pour l'instant.

Quel est le meilleur moment pour parler à vos enfants ?

Il n'est pas conseillé, à moins d'une nécessité impérieuse, de parler à vos enfants d'une infidélité qui vient d'avoir lieu ou qui est en cours. Mais vous feriez bien de les informer de l'existence d'un problème conjugal si les tensions entre vous et votre conjoint deviennent patentes. Dès lors que vous avez l'impression de tout mettre en œuvre pour améliorer la situation ou que vous êtes en thérapie, il faut leur dire que vous consacrez tous vos efforts au problème et que les choses ont des chances de s'améliorer. S'ils demandent plus de détails, répondez que ces précisions restent du domaine du personnel. En aucun cas un parent ne doit évoquer son infidélité à un enfant sans l'avoir préalablement révélée à son partenaire. Cela placerait l'enfant dans l'intenable position de détenteur d'un important secret.

Dans certaines circonstances, cependant, il est impossible de donner ce degré de protection: soit que les partenaires se disputent ouvertement au sujet de la liaison et que l'enfant en est témoin, soit que des rumeurs qu'il est susceptible d'entendre circulent dans son entourage. En effet, si l'enfant doit apprendre quelque chose, mieux vaut que ce soit de votre propre bouche plutôt que de celle d'étrangers. Il existe encore un autre cas de figure, qui est celui où, après la fin de la liaison, la tierce personne se livre néanmoins au harcèlement. Et enfin, si le parent infidèle envisage de quitter la maison pour emménager avec la tierce personne, cette nouvelle est mieux reçue quand ce sont les parents qui l'annoncent.

À quoi vous attendre quand vous parlez à vos enfants ?

La stabilité est primordiale pour les enfants, et c'est pourquoi il n'y a pas de recette infaillible pour parler de l'infidélité sans créer de malaise pour personne. Après tout, l'idée que l'un de vous deux ait eu, ou entretienne toujours, une liaison ne peut qu'évoquer la menace d'une grande perte dans l'esprit de votre enfant. Une première discussion de ce type permettra donc, au mieux, de diminuer le niveau de suspicion et de planter les graines d'un entretien plus fructueux à l'avenir.

Les enfants plus jeunes donnent l'impression de refuser de comprendre quand on les informe de problèmes au sein de la famille. Ne vous en inquiétez pas: ils avanceront à leur rythme pour autant que vous ne les bombardiez pas de détails sordides. Il arrive qu'un jeune enfant qui, de prime abord, paraît peu intéressé revienne plus tard avec des questions qui prouvent qu'il avait bien entendu mais qu'il n'était pas encore prêt à parler.

Les enfants plus âgés ou adultes réagissent souvent avec colère et s'érigent volontiers en juges. Peut-être se doutent-ils de quelque chose depuis un moment, et l'aveu leur permet de donner libre cours à leur douleur et à leur colère refoulées. Tout ce qui a été dit dans les chapitres précédents concernant la réaction du partenaire qui découvre une infidélité s'applique aux enfants plus âgés. Mona, une adolescente de quinze ans, relate son expérience en ces termes:

> — Un jour, mon père m'a prise de côté pour me parler. J'ai tout de suite su ce qu'il allait dire parce que mes parents se disputaient depuis des mois et on pouvait entendre à travers la porte que c'était au sujet d'Élisabeth, notre voisine. Elle était autrefois la meilleure amie de maman, et mon frère, ma sœur et moi-même la considérions comme une tante. D'une voix douce, mon père a essayé de s'exprimer avec gentillesse, en choisissant bien ses mots. Il expliquait qu'il avait déjà tout avoué à maman et qu'il voulait que je sache qu'il essayait de mettre fin à son histoire mais qu'il était encore très attiré par Élisabeth. Je n'en croyais pas mes oreilles. Ni une ni deux, je me suis mise à hurler. Je suis quelqu'un de très poli, mais là, je l'ai traité de tous les noms qui me venaient à l'esprit. Ma gorge me faisait mal, tellement je criais, mon visage était si chaud que j'avais l'impression que ma peau allait prendre feu. Il a essayé de me calmer, mais en vain.

J'étais soulagée d'avoir eu l'occasion de me libérer des soupçons que j'avais gardés en moi, et le fait qu'il doive s'humilier en l'avouant à moi personnellement m'a sans doute un peu remonté le moral. Je l'ai traité de pauvre type et pis encore. Je lui ai dit que je n'arrivais pas à croire qu'il puisse faire cela à maman et je lui ai demandé comment il pouvait se moquer à ce point de mon petit frère, de ma petite sœur et de moi-même.

Mais ce n'était pas le fin mot de l'histoire. Pendant la dispute avec mon père, j'ai également pris conscience de ma grande colère contre ma mère. Comment avait-elle pu gober tous les bobards que mon père lui avait racontés? Avait-elle même une idée de ce qui se passait, ou depuis combien de temps? En écoutant l'histoire de mon père, j'avais l'impression que cela durait depuis au moins deux ans. Ma mère pouvait-elle être bouchée au point de ne se rendre compte de rien? Et si c'était le cas, n'avait-elle aucun respect pour elle-même? Comment pouvait-elle se laisser gruger de la sorte? Et par Élisabeth, sa meilleure amie?

Mona eut avec sa mère un face à face à peu près aussi vif que celui qu'elle avait eu avec son père. Elle se sentit nettement mieux après s'être défoulée ainsi. Elle remarqua aussi que, à partir de là, ses parents commencèrent à la traiter un peu différemment, comme s'ils se disaient qu'ils avaient sous-estimé sa maturité.

Si ses parents sont restés ensemble, prétend Mona, c'est peut-être en partie parce qu'elle avait tellement reproché à son père son irresponsabilité. Elle se déclare soulagée du résultat obtenu, car leur séparation aurait bouleversé sa vie. À quinze ans à peine, elle subissait déjà trop de changements - l'école, ses amis, même son aspect - et elle doute qu'elle aurait pu supporter un divorce en plus. La liaison de son père ne cessa d'ailleurs pas immédiatement après son aveu. Il fallut encore environ deux ans avant qu'il n'y mette un terme et que les rapports de ses parents ne s'améliorent véritablement. Mona se souvient comme d'un cadeau inoubliable du jour où ses parents se sont assis avec elle pour l'informer qu'ils étaient ensemble pour de bon.

Des crises de ce type provoquent souvent des réactions très fortes chez les enfants adultes. Il ne faut pas oublier que la plupart des parents ont au moins vingt-cinq ans de plus que leurs enfants. L'éventualité d'une rupture entre leurs parents, parfois après quarante ans de mariage, a quelque chose de traumatisant pour bon nombre d'adultes. Beaucoup découvrent que cela crée des tensions dans leur propre couple. Un homme rapporte sa première réaction quand il apprit que son père de soixante-dix ans avait une liaison avec sa secrétaire, une jeune femme de la trentaine: « Mais... elle est plus jeune que moi! et même plus jeune que ma femme! » Puis il se dit que son père n'en était probablement pas à sa première aventure. Son imagination tournant à cent à l'heure, il se mit à dresser le bilan de sa relation avec son père. Ensuite, il se demanda avec angoisse quelle serait sa responsabilité envers sa mère en cas de divorce. Enfin, il commença à considérer le mariage en tant qu'institution avec des sentiments très mitigés. Il enchaînait les idées obsédantes à l'infini.

Certains adultes ont supporté pendant l'enfance une longue succession d'infidélités parentales, que ce soit sous la forme de liaisons, d'aventures à répétition ou de donjuanisme. De l'avis de certains spécialistes, une éducation de ce type produit des effets comparables à ceux observés chez des enfants élevés par des alcooliques ou des personnes atteintes d'une autre addiction. « Ceux qui ont grandi au milieu des secrets et des tromperies ainsi que des menaces constantes à la stabilité du couple ont sensiblement la même psychologie et les mêmes problèmes que les enfants de parents alcooliques », affirme Frank Pittman. Il arrive parfois qu'un adulte qui commence à comprendre l'impact d'un tel environnement familial sur sa vie (souvent à travers une thérapie) atteigne le stade où il s'estime obligé de mettre ses parents devant leurs responsabilités. Sachons donc qu'il n'est jamais trop tard pour que des parents, à condition de bien vouloir écouter et prendre en compte la souffrance de leur enfant, entreprennent l'indispensable travail de réparation et de reconstruction de son équilibre et de sa vie.

Rappelez-vous que...

- Les enfants voudraient que leurs parents soient des modèles d'honnêteté et de cohérence.
- Les parents ne peuvent pas cacher facilement leurs problèmes à leurs enfants.
- Il est important pour les enfants que les frontières au sein de la famille soient clairement tracées.
- Un enfant ne doit pas être chargé de secrets dont ses frères et sœurs ou ses parents sont tenus à l'écart.
- À tout âge, les enfants sont profondément affectés par l'infidélité d'un parent.

CHAPITRE 9

La famille et les amis

Chercher conseil et réconfort auprès de votre famille et de vos amis est une démarche hasardeuse : vous risquez de ne pas recevoir tout à fait ce que vous vouliez. Vos proches et vos amis peuvent certes vous apporter leurs idées et leurs encouragements, auquel cas vous vous félicitez de leur avoir parlé. Mais souvent ils s'érigent en juges qui vous assènent des opinions bien arrêtées. Quand on a besoin d'aide, il est très pénible de devoir subir des critiques qui semblent injustes et insensibles. Dans ce chapitre, nous examinerons les avantages et les inconvénients qu'il y a à s'adresser à son entourage immédiat.

La famille

Jennifer était tourmentée par la liaison de son mari, Vincent. Jamais, dans toute son existence, elle ne s'était sentie aussi seule. Plutôt renfermée, elle avait d'abord décidé que, malgré tout, il était encore préférable de garder toute l'affaire pour elle-même. Puis, un jour qu'elle rendait visite à sa sœur aînée Bernadette, elle sentit qu'elle n'en pouvait plus. Bernadette remarqua la pâleur et le silence de Jennifer et lui demanda si tout allait bien. Éclatant en sanglots, celle-ci se mit à évoquer le choc que lui avait causé le comportement de Vincent. Comme elle essuyait ses larmes, elle fut abasourdie de s'entendre dire qu'elle s'était tout de même beaucoup emportée contre Vincent ces derniers temps. Et sa sœur d'ajouter : « Est-ce que tu crois vraiment que c'est indiqué ? » Bernadette poursuivit en lui détaillant tous les cas où elle l'avait prise en défaut dans son rôle d'épouse. Plus tard, Jennifer affirma : « Aussi proche que je sois de ma sœur, j'ai regretté de ne pas avoir eu la sagesse de lui taire mes problèmes, car sa réaction m'a terriblement déçue. Je m'étais tournée vers elle pour avoir une écoute attentionnée et un certain réconfort, et je l'ai quittée pleine de remords et de honte. J'ai compris que, de son point de vue, si Vincent me trompait, c'était ma faute. »

Longtemps après que Vincent eut mis un terme à sa liaison et que leur couple eut retrouvé son équilibre, Jennifer repensa à ce fâcheux incident. Désormais rassérénée, elle se rendit compte que Bernadette avait alors réagi en fonction de sa propre vie de couple. En effet, Bernadette s'appliquait constamment à apaiser le caractère colérique de son mari et semblait toujours savoir quand il valait mieux céder. Jennifer ne se souvenait d'ailleurs pas d'une seule occasion où sa sœur avait tenu tête à son mari. Or si c'était le type de relation qui lui convenait, Jennifer, elle, ne s'en accommoderait jamais. Du fait que Bernadette acceptait sans se plaindre les sautes d'humeur de son mari, elle attendait la même docilité de la part de sa sœur et, par conséquent, ne pouvait lui offrir aucun réconfort.

Les peurs, préoccupations, projections et habitudes de nos proches

L'histoire de Jennifer n'est pas unique en son genre. Quand vous approchez des membres de votre famille, parents, frères, sœurs, dites-vous bien qu'ils vous parleront à partir de leur propre histoire et que celle-ci peut dicter leur réponse. Que vous soyez le partenaire infidèle ou la personne trompée, vous devez discerner les préoccupations personnelles de votre interlocuteur. Il n'est facile pour personne en effet de laisser au vestiaire son histoire, ses valeurs ou même ses craintes.

Quand vous vous épanchez, votre récit peut déclencher chez votre interlocuteur des fantasmes sur ce qu'il aurait souhaité faire en pareil cas mais qu'il n'a jamais eu le courage de réaliser. Lucie raconta à sa mère son histoire passionnée, sans omettre pour autant la confusion qu'elle éprouvait. Elle confessa que, bien que follement éprise de son amant, elle se rendait compte que ce n'était là qu'une passade et que, avec le temps, elle retomberait à nouveau amoureuse de son mari. Quelle ne fut pas sa stupeur quand sa mère l'encouragea fermement à poursuivre sa liaison, quitte à devoir divorcer! Pendant près de cinquante ans, celle-ci avait supporté une vie de couple difficile. Lucie savait qu'en de nombreuses occasions son père avait insulté sa mère. Elle l'avait même vu la bousculer et la frapper plusieurs fois. À mesure que la discussion avançait, sa mère avoua: « J'ai si souvent prié pour avoir le courage d'entamer une relation avec un autre homme. Je ne sais pas pourquoi je suis restée avec lui toutes ces années. Peut-être aurais-je pu trouver l'amour si je l'avais cherché en dehors de mon couple. » Lucie avait bien l'impression d'avoir appris quelque chose au sujet de sa mère, mais cette dernière était tellement aveuglée par sa propre expérience qu'elle ne pouvait pas l'aider.

Face à une infidélité dans le couple de leur enfant, les parents craignent parfois les responsabilités qu'ils auraient à assumer en cas de divorce. Kevin, trompé par sa femme, se tourna vers ses parents pour partager sa souffrance. Or ceux-ci l'exhortèrent à faire tout son possible pour garder sa femme, tout en ajoutant que ce n'était pas la peine de trop compter sur eux. Convaincus qu'un divorce le ruinerait et qu'il aurait besoin d'eux pour ses enfants et sa sécurité financière, ses parents lui firent bien comprendre qu'ils ne voulaient pas de cette charge supplémentaire. Kevin fut profondément déçu et consterné. Dans son esprit, il avait fait appel à eux à seule fin de leur communiquer ses préoccupations, non pas pour leur demander une aide financière. Notons par ailleurs que beaucoup de grands-parents craignent en cas de divorce de perdre le contact avec leurs petits-enfants ou même leur bru ou leur gendre. Pour toutes ces raisons, ils peuvent faire pression sur leur enfant pour qu'il évite la séparation.

Ces parents qui considèrent les enfants comme un prolongement d'eux-mêmes

Gérald avait décidé de révéler son aventure à ses parents, car il craignait que sa femme ne leur en parle avant lui. Il s'attendait, bien sûr, à entendre des critiques, mais rien ne l'avait préparé pour cet étrange reproche de sa mère: « Comment as-tu pu me faire ça? » Pendant les mois qui suivirent, elle lui répéta qu'il lui brisait sa vie, alors que lui, de son côté, avait l'impression de ne pas pouvoir lui communiquer l'ampleur de sa peur et de son désarroi. Il consultait un thérapeute pour essayer d'y voir clair dans ses sentiments, mais, pour l'instant, plus il s'exprimait dans sa thérapie et moins il était sûr de ce qu'il éprouvait. Sa place était-elle auprès de cette nouvelle femme ou auprès de son épouse et de ses enfants? Avait-il besoin de plus de temps pour lui-même? En aucun cas il ne pouvait partager ces questionnements avec sa mère, qui ne voyait dans les actes de son fils qu'une remise en cause d'elle-même en tant que mère. Gérald avait le sentiment que, aux yeux de celle-ci, il avait cessé d'être un individu à part entière, et cela ne faisait qu'aggraver sa confusion.

Remise en cause de valeurs ; préjugés et attitudes de soutien

Les valeurs religieuses, culturelles ou familiales des proches risquent également de faire obstacle à l'appui escompté par celui qui se tourne vers eux dans sa détresse. On lui dit: « Cela ne s'est jamais produit dans notre famille. Pas question de le cautionner. » Ou, quand il s'agit du partenaire trompé: « Tu ne dois pas laisser détruire ton couple. Le divorce est impensable, quoi qu'il advienne. » Les parents peuvent aussi redouter d'être couverts de honte par la rumeur publique qui court sur leur enfant. Notons que, dans des milieux religieux traditionnels, cette crainte n'est pas sans fondements: elle se concrétise parfois dans la menace d'ostracisme.

S'épancher auprès de sa famille peut avoir d'autres conséquences malheureuses, comme en témoigne l'expérience de Frida. Celle-ci, le cœur brisé, avait confié à ses parents qu'elle venait de découvrir l'infidélité de son mari. Ses parents, qui avaient toujours apprécié William, l'écoutèrent attentivement. Par la suite, ils lui manifestèrent affection et encouragements, l'appelant pratiquement tous les jours pour prendre de ses nouvelles. Ce n'est que progressivement que Frida comprit à quel point l'inconduite de William les avait outrés. Cependant, son thérapeute lui avait suggéré qu'il s'agissait certainement d'un simple épisode dans la vie de William et qu'elle avait tout intérêt à éviter d'en parler pour se concentrer sur son propre couple. Qui plus est, comme William semblait attentif quand il était avec elle et que leur relation sexuelle restait satisfaisante, Frida n'eut pas de mal à adhérer à cette stratégie. Or elle découvrit que la colère de ses parents avait pris de telles proportions qu'ils en étaient incapables de raisonner. Sans jamais faire ouvertement allusion à cette affaire, ils ne rataient jamais une occasion pour montrer leur déplaisir. Ils continuèrent de battre froid à William, même après que le couple eut largement réglé le problème. Résultat des courses: Frida regretta de leur avoir fait des confidences.

Mais il arrive très souvent, cela va de soi, que la famille fournisse un excellent soutien. Les parents ou les frères et sœurs qui veulent aider doivent se rappeler que le couple a de grandes chances de survivre à l'infidélité. Voilà pourquoi cela n'a aucun sens pour eux d'émettre des jugements de valeur, que l'être aimé soit la personne infidèle ou la personne trompée. En effet, quand un membre de votre famille se tourne vers vous, c'est pour trouver affection et compréhension, et le meilleur moyen de montrer votre sollicitude est plus d'écouter que de parler. Les rares fois où vous prendrez la parole, ce sera donc surtout pour inciter l'autre à s'exprimer plutôt que pour lui communiquer votre avis. Même s'il sollicite un jugement ou une opinion, le mieux est de vous enquérir encore de son état d'esprit ou de sa disposition affective. Permettre à une personne en détresse de s'exprimer, c'est lui donner l'impression d'être entendue et l'aider à se sentir mieux. N'oubliez pas: c'est bien la personne elle-même qui détient les réponses, et pas vous. Si vous avez l'impression d'être dépassé par la situation et que la personne semble très agitée ou gravement déprimée, il faut l'engager à consulter un psychologue. Dans le chapitre 11, vous trouverez des lignes directrices permettant de trouver un thérapeute spécialisé dans les problèmes liés à l'infidélité.

Les amis

Toutes les questions concernant les relations avec la famille s'appliquent aussi aux amis, que ce soit les fantasmes, les craintes, l'affirmation de principes ou les attitudes partisanes. Mais, dans ce cas, les réactions peuvent revêtir quelques nuances particulières ou poser d'autres problèmes.

La peur que cela se sache

Tant le partenaire trompé que l'infidèle se sentiront extrêmement isolés quand ils devront affronter les problèmes que fait surgir l'infidélité une fois apparue au grand jour. En raison de l'atmosphère de secret qui entoure ces situations, nombreux sont ceux qui redoutent de partager leur souffrance et qui seront tentés de la supporter dans la solitude. Cette peur n'est pas difficile à comprendre. Car que se passe-t-il si l'un des partenaires se confie et que le confident ne garde pas son secret? Ou si ce dernier s'érige en juge au lieu d'être ouvert? Par ailleurs, le partenaire trompé peut se sentir honteux d'avoir été trahi.

Après des années de secret, Alex finit par avouer à sa femme, Clara, l'addiction sexuelle qu'il vivait depuis des années. Non seulement il ne supportait plus de lui cacher la vérité, mais le comportement obsessionnel qui accompagnait son addiction le déprimait de plus en plus, au point où il envisageait le suicide. Clara fut écœurée par le récit d'Alex et se demandait avec horreur si elle n'avait pas attrapé une maladie sexuellement transmissible. Qui plus est, l'idée qu'il ait risqué toutes ces années de la contaminer, même si cela ne s'était pas produit, la mettait hors d'elle. Et il avait encore le culot d'affirmer qu'il l'aimait! Alex l'informa qu'il avait déjà entamé une thérapie et que le psychologue lui avait conseillé de commencer par rejoindre un groupe de discussion entre personnes atteintes d'addiction sexuelle. Or rien de tout cela n'avait de sens pour sa femme, qui lui demanda de disparaître de sa vue. Ayant parcouru désespérément la liste de ses amis à la recherche d'une oreille compatissante, Alex se rendit compte qu'il n'y avait absolument personne à qui il osait se confier. Il appela son psychologue, qui l'engagea vivement à renoncer à ce projet et à assister plutôt aux réunions de son groupe de soutien pour y trouver quelque sympathie.

Clara refusa de voir son mari pendant plus d'un mois. Quand sa famille ou ses amis lui demandaient ce qui se passait, elle se bornait à répondre qu'ils s'étaient séparés. Elle se sentait très seule, d'autant qu'elle avait trop honte pour en parler à qui que ce soit. Il y avait néanmoins un couple, Grégory et Viviane, dont Alex et Clara se sentaient particulièrement proches. Un jour, incapable de garder plus longtemps le silence, Clara révéla la vérité à son amie. Elle fut considérablement soulagée du soutien que celle-ci lui témoignait et heureuse de pouvoir enfin se livrer à quelqu'un. Viviane était aussi révoltée que Clara par le comportement d'Alex. Mais plus tard, quand les deux partenaires se furent réconciliés, Clara découvrit que ses amis souhaitaient rompre les ponts. Viviane lui fit comprendre qu'elle avait été idiote de retourner avec son mari, qui, selon elle, était le genre d'homme qui ne change jamais. En outre, elle lui en voulait d'autant plus qu'elle pensait lui avoir dit clairement qu'elle aurait tort de se remettre en couple avec Alex. Pourquoi n'avait-elle pas suivi son conseil? Clara, à son tour, se sentit trahie par son amie et eut la conviction d'avoir payé bien cher sa confidence.

Curiosité et excitation

Qui se sent diminué et vide est plus susceptible de rechercher une aventure amoureuse. Une liaison génère une excitation qui comble le vide. Pourtant, derrière l'exaltation et l'engouement se cache une ambivalence profonde. Car en même temps que la personne infidèle vit sa liaison, une part d'elle-même reste en retrait, comme si elle se doutait que cette liaison ne durerait pas toujours et que son couple de longue date possède un potentiel de vitalité non réalisé. À cause de cette ambivalence, le partenaire infidèle est particulièrement sensible à l'avis de ceux qu'il estime.

Dans son livre *The Monogamy Myth* (« le Mythe de la monogamie »), Peggy Vaughan analyse la situation de la femme infidèle qui révèle son secret à d'autres. « La plupart des femmes, écrit-elle, n'osent se confier qu'à leurs amies les plus proches. Mais comme les confidences ont un côté excitant qui est souvent valorisant, elles ont pour effet de renforcer les sentiments positifs de la femme à l'égard de sa relation extra-conjugale. Elles s'accompagnent en prime de la satisfaction de penser que cette aventure vous fait paraître sous un jour beaucoup plus flatteur auprès de vos amies. »

Une des raisons pour lesquelles une confidente applaudira des deux mains à de tels aveux est qu'elle peut vivre ainsi une aventure par procuration, sans devoir en affronter elle-même les complications que cela entraînerait. Une femme m'a raconté que, pendant qu'elle suivait les relations torrides d'une de ses amies, elle avait l'impression que cette dernière tenait la vedette d'un film et qu'elle-même partageait l'affiche avec elle. Cet enthousiasme peut grandement conforter l'infidèle dans son choix de maintenir sa liaison tout en gommant son ambivalence. Il permet par ailleurs d'oublier le vide que cette aventure comble temporairement.

■ *Des amis à l'épreuve du feu?*

Certains amis peuvent toutefois répugner ne serait-ce qu'à entendre parler d'infidélité. C'est peut-être parce que leur propre couple leur paraît déjà très fragile et qu'ils veulent donc éviter que leur partenaire (ou eux-mêmes) songe à quoi que ce soit qui puisse aggraver une situation déjà chancelante. Certains commencent même à considérer la personne trompée comme une menace pour leur couple dans la mesure où elle pourrait elle-même se mettre en quête d'une aventure en guise de représailles.

D'autres encore réagissent violemment contre le partenaire infidèle ou même le partenaire trompé en raison de leur propre attitude envers l'infidélité. Une de mes patientes, proche de la trentaine et convaincue d'avoir une vie de couple fantastique, fut anéantie quand elle découvrit que son mari la trompait. C'était uniquement pour parler de ses sentiments qu'elle se tourna donc vers sa meilleure amie, qui lui répondit: « Sèche tes larmes et arrête de croire au père Noël. Ces choses-là arrivent tout le temps. » Or ma patiente apprit par la suite que son amie avait elle-même un amant. Parfois, la situation est encore plus douloureuse. Une femme téléphona à sa meilleure amie pour lui raconter ses problèmes de couple, ce à quoi celle-ci répondit qu'elle ne voulait rien entendre. Il s'avéra finalement que sa « meilleure amie » était la maîtresse de son mari.

■ *Une petite bulle bien confortable?*

Les bons amis à qui il est possible de se confier existent, bien sûr, mais beaucoup de personnes infidèles sont tellement absorbées par leur affaire de cœur et redoutent tant qu'on cherche à les détourner de leur engouement qu'elles évitent d'en parler avec qui que ce soit de leur entourage. Ils ne fréquentent plus dès lors que les connaissances de leur nouveau partenaire. J'ai évoqué plus tôt l'idée qu'une liaison se déroule souvent en vase clos, dans une petite bulle, ce qui permet au couple adultère de « planer », largement dégagé de toute responsabilité adulte. Or ce nouveau cercle d'amis a parfois pour effet d'agrandir cet espace irréel, tout en intensifiant le « cloisonnement » de la liaison dans l'esprit du partenaire infidèle.

Michaël se retrouva exactement dans cette situation. Après le début de sa liaison avec Zoé, il annonça à Natacha, son épouse depuis quinze ans, qu'il avait besoin de temps pour lui-même, niant, bien sûr, toute infidélité. Il prit un appartement mais rentrait souvent à la maison. En outre, il continuait de remplir son rôle de père auprès de ses deux garçons et de subvenir comme avant aux besoins financiers de sa famille. Néanmoins, sa vie affective se passait exclusivement avec Zoé. Leur liaison allait se poursuivre près de cinq ans. Pendant ce temps, Zoé, elle-même célibataire, avait tout lieu de croire que son amant divorcerait un jour pour l'épouser. Après tout, ne l'accompagnait-il pas dans sa famille? Ne s'était-il pas parfaitement intégré à son cercle d'amis?

Pas de doute: Michaël avait gagné la sympathie des amis de Zoé et il en jouissait pleinement, tandis que, du côté de Natacha et de sa famille, il passait pour un homme qui avait abandonné son foyer, qui pouvait se montrer très charmeur mais également capable de faire beaucoup de mal à autrui. La famille et les amis de Zoé renforçaient le caractère irréel de la liaison et comblaient agréablement le vide dont souffrait Michaël. Ce ne fut que lorsque son ambivalence ressurgit et qu'il décida d'entamer une thérapie avec sa femme que Zoé, ses amis et sa famille le virent sous un jour nouveau: voilà quelqu'un qui, ils en étaient témoins, trompait Zoé.

Michaël finit par rompre avec sa maîtresse. En se retournant sur son passé, il avait compris que les liens tissés avec l'entourage de Zoé avaient alimenté l'illusion qu'il pouvait réussir à vivre deux existences. Devant la désillusion et l'hostilité qu'il sentait à présent chez les familiers de Zoé, il fut enfin obligé de se faire face à lui-même et au vide qu'il fuyait depuis des années.

Le thérapeute recevait Michaël et Natacha tantôt ensemble, tantôt séparément. Pendant ses séances individuelles, Michaël réussit à retracer son vide intérieur jusqu'au foyer triste et froid dans lequel il avait grandi. Il avait passé l'essentiel de sa vie à rechercher des moyens faciles de se faire apprécier. Il en vint à comprendre que, chaque fois qu'une relation devenait un peu compliquée (comme son couple) et qu'il n'avait plus l'impression d'être aimé en toutes circonstances, il recherchait aussitôt un autre lieu où il se sentirait complètement accepté. Il lui apparut clairement que cela l'empêchait d'atteindre une véritable intimité, qui oblige parfois à accepter les souffrances de l'autre et d'y porter remède.

Les amis sûrs et bienveillants

Tout comme vos proches, l'ami réellement bienveillant sait prêter une oreille attentive. Si vous êtes dans l'embarras, il s'efforce de vous aider à vous comprendre vous-même et évite d'assener des jugements à propos de votre partenaire, se disant qu'il y a de bonnes chances pour que le couple tienne et qu'une telle prise de position risque de se retourner contre lui. Il est patient face à l'indécision et à l'ambivalence de son ami. Il a bien conscience que, en l'espace de vingt-quatre heures, une personne perplexe, paniquée ou furieuse aura changé d'avis plusieurs fois sur le choix entre divorcer et s'accrocher. Il sait aussi reconnaître quand il est dépassé face aux problèmes que lui soumet son ami. En pareil cas, il conseille une assistance professionnelle.

Trouver quelqu'un à qui parler

Il est primordial, bien entendu, de trouver quelqu'un de fiable à qui vous pouvez vous livrer au sujet de cette situation douloureuse. Un ami qui se veut un réel soutien écoute davantage qu'il ne parle, vous encourageant à vous exprimer afin de vous permettre de vous rendre compte de vos propres sentiments, surtout de votre ambivalence. Une bonne écoute se définit par l'attention et l'empathie. Ami ou parent, votre interlocuteur vous soutient sans commettre l'erreur de médire de votre partenaire. Car il sent intuitivement que, si jamais votre couple surmonte l'épreuve, son attitude partisane deviendra plus tard une source d'ennuis. C'est quelqu'un qui mérite toute votre confiance: vous êtes entièrement convaincu qu'il ne colportera pas de ragots sur ce qui vous arrive. Si vous pensez avoir trouvé un interlocuteur de ce calibre, pourquoi ne pas lui présenter en préambule ce que ce chapitre vous a appris au sujet de la famille et des amis? Vous pouvez expliquer que vous avez un problème très délicat à lui soumettre mais que vous voulez d'abord avoir la certitude que c'est une responsabilité qu'il peut et qu'il veut bien endosser.

Même s'il n'y a personne dans votre entourage qui corresponde à ce profil, vous avez néanmoins besoin de quelqu'un à qui parler en toute sécurité. Vous pouvez, dans ce cas, vous tourner vers un groupe de soutien, ou encore un psychologue. Dans le chapitre 11, vous trouverez des indications utiles sur le choix d'un bon thérapeute.

Rappelez-vous que…

- Les conseils que vous donnent vos amis et votre famille peuvent être influencés par leur propre situation ou leur histoire personnelle.
- C'est en vous accordant une bonne écoute qu'un ami ou un membre de la famille peuvent vous aider le plus.
- C'est en parlant à ceux qui vous écoutent sans émettre de jugements de valeur et sans donner des conseils non sollicités que vous aurez le plus de chances de clarifier vos idées.
- L'aide la mieux adaptée est parfois celle d'un professionnel.

CHAPITRE 10

Infidélité : la vérité est-elle toujours bonne à dire ?

Il peut sembler étrange de poser la question : « La vérité est-elle toujours bonne à dire ? » après avoir consacré une partie aussi importante de cet ouvrage à l'effet traumatisant de la découverte d'une infidélité et aux problèmes découlant inévitablement du maintien de son secret. D'un point de vue théorique, certes, la réponse est claire : l'honnêteté et la franchise sont les ingrédients indispensables à une relation forte et intime.

L'ennui, c'est que ce ne sont pas les théories qui dictent le comportement humain. Révéler son secret ou le dissimuler, partiellement ou totalement ? L'observation de mes patients aux prises avec cette interrogation m'a donné une meilleure appréciation de la complexité du problème. Une histoire me permettra d'illustrer ce point.

Que feriez-vous à la place de Cyril ?

Cyril et Arlette m'avaient consulté plusieurs années auparavant. À l'époque, Cyril entretenait une relation passionnée qu'il avait commencé par nier catégoriquement quand Arlette avait exigé des explications. Puis, après plusieurs semaines de dénégations, il confessa et mit rapidement un terme à sa liaison, qui, avoua-t-il, n'était pas non plus la première. Cyril et Arlette consacrèrent un certain temps en thérapie à parler en profondeur de leur couple, chacun assumant avec maturité sa part de responsabilité dans l'éloignement qui s'était déjà installé entre eux avant le début de la liaison. Une fois la thérapie achevée, ils conclurent que leur relation était plus solide et plus satisfaisante quelle ne l'avait jamais été. Arlette prévint néanmoins son mari que, en cas de nouvelle infidélité, ce serait le divorce. Quelques années plus tard, Cyril m'appela pour demander une consultation individuelle, car il se sentait, disait-il, au bord du précipice. Se trouvant de plus en plus sous le charme d'une jeune collègue de travail, il avait fini par l'inviter à déjeuner, puis ils avaient fait l'amour dans un hôtel. Par le passé, il aurait considéré un tel écart de conduite comme une broutille, alors que cette fois-ci il était submergé de remords. À peine avait-il fait ce faux pas qu'il le regrettait déjà. « J'ai été vraiment idiot. Après tout ce que j'ai appris en thérapie, se lamenta-t-il, comment ai-je pu penser qu'une seconde de plaisir valait la peine de risquer ma vie de couple? »

Plus j'écoutais Cyril, plus j'étais convaincu qu'il venait de franchir un cap. L'étude psychologique des processus d'apprentissage nous enseigne qu'il existe une catégorie particulière d'apprentissage qui provient d'expériences effrayantes. C'est peut-être malheureux à dire, mais c'est souvent en se brûlant qu'un enfant apprend à éviter les fours chauds: sa brûlure garantit qu'il ne recommencera jamais. Mon sentiment était que Cyril avait touché un four brûlant et qu'il en avait tiré la leçon.

La question de Cyril était la suivante: « Je suis sûr d'avoir changé. Je sais au fond de moi que cela ne se reproduira plus jamais. J'ai cru Arlette quand elle m'a dit qu'elle me quitterait en cas de nouvelle infidélité, et je la crois toujours. J'ai peur que, si je lui avoue ce nouvel écart, je ne détruise ce qui compte le plus pour moi. »

Je lui demandai si cette expérience lui avait apporté autre chose que la conviction qu'il ne devait plus tromper sa femme. « Oui, répondit-il, j'ai compris que l'envie me prend chaque fois que je traverse une période de stress intense au travail. J'ai remarqué avoir été tenté à d'autres occasions depuis que nous avons terminé la thérapie, et toujours pour cette même raison. Je sais aussi que, macho comme je suis, ma tendance a toujours été de ne pas avouer mon stress à Arlette. J'ai donc le sentiment d'avoir appris que, dès que je commence à être stressé, je dois en parler avec elle au lieu d'essayer de l'en protéger. De cette façon, la charge érotique que je tire de ces passades serait réinvestie là où elle doit être, entre ma femme et moi. »

Cyril décida de ne rien dire à sa femme mais d'assumer pleinement la tâche de continuer à mûrir dans le cadre de son couple. Bien sûr, cette décision comportait des risques qu'il n'ignorait pas. La jeune femme en question étant son assistante, que se passerait-il s'il lui prenait de le dénoncer pour harcèlement sexuel et abus de pouvoir? Ou s'il s'avérait qu'il avait contracté ainsi une maladie sexuellement transmissible et qu'il avait contaminé Arlette? Cette dernière hypothèse était facile à vérifier et Cyril consulta son médecin, qui le rassura complètement. Pour la première hypothèse, il expliqua: « C'est un risque qu'il faut quand même affronter. Si j'avouais tout à Arlette, je n'aurais aucune chance d'éviter le divorce, alors que la probabilité que mon assistante me fasse un procès est minime. Je suis un homme d'affaires et mon sens des affaires me dit que cela vaut la peine de risquer le coup. » De toute évidence, ce n'était pas une décision prise à la légère. Cyril résuma ainsi la situation: « La fois précédente, ma liaison était un secret qui fonctionnait contre Arlette et contre mon couple. Cette fois-ci, j'estime au contraire que je dois garder mon secret pour le bien de mon couple. »

La vérité si on vous la demande…

Et si la situation avait été un peu différente? J'interrogeai Cyril sur ce qu'il répondrait si Arlette, retrouvant sa méfiance, lui demandait explicitement s'il avait une nouvelle aventure. Il voulut savoir s'il s'agissait d'une question posée au moment des faits ou très longtemps après. « Envisageons tour à tour les deux cas de figure », proposai-je.

— Bien, commença-t-il, si c'était pendant que la liaison était en cours, je me sentirais obligé de confesser. Ce sont surtout mes dénégations mensongères qui l'ont poussée jusqu'au bord de la folie la dernière fois, et il est hors de question que je lui refasse le même coup. J'expliquerais donc ce que je vous ai dit, puis je prierais le ciel pour que cela restaure un peu sa confiance. Mais cela pourrait également la faire exploser et lui donner une bonne raison de divorcer. Je n'ose même pas y penser. Si j'en parlais après les faits, des années plus tard… eh bien, je serais davantage en sécurité, car nous aurions profité d'une accumulation de bonnes années. Je suppose qu'elle constaterait à partir de mon comportement des années suivantes que j'ai vraiment changé. Peut-être qu'à ce stade mon « casier » serait jugé vierge et qu'elle me pardonnerait. Mais au point où en sont les choses actuellement, je soupçonne que j'emporterai ce secret dans ma tombe.

■ *... et si on ne vous demande rien*

Les avis sont multiples sur l'utilité de dire la vérité même quand on ne vous demande rien. Frank Pittman préconise de révéler toutes les infidélités, présentes ou passées, car, selon lui, esquiver les problèmes en jeu suppose une malhonnêteté qui ne peut qu'affaiblir le couple. Les secrets, nous rappelle-t-il, entretiennent une distance entre les individus. Le thérapeute Fred Humphrey, lui, exprime un autre point de vue: « J'ai travaillé avec beaucoup de personnes qui ont maintenu une liaison sous le boisseau mais qui ont un jour décidé d'y mettre fin, toujours sans rien dire, et de consacrer toutes leurs forces à leur couple. » Dans certains cas, estime-t-il, l'honnêteté se retourne contre la personne infidèle: son partenaire n'oublie jamais complètement l'infidélité et peut même choisir bien plus tard de l'exploiter pour se venger.

Si vous songez à partager un vieux secret, vous aurez intérêt à réfléchir aux questions suivantes pour avoir les idées claires sur ce que vous souhaitez obtenir par votre aveu. S'agit-il...

- ✓ ... de dire ce que vous avez sur le cœur?
- ✓ ... d'améliorer la communication dans le couple?
- ✓ ... de faire mal à votre partenaire?
- ✓ ... d'obliger l'autre à demander le divorce?

Utilisez votre journal pour analyser les raisons qui vous poussent à faire cet aveu à ce moment précis. Vous pouvez aussi en avoir d'autres, qu'il convient alors de noter et de méditer. Si une telle révélation vous remplit de sentiments contradictoires, recourez à la méthode de questionnement « le mieux.../le pire... » exposée au chapitre 4. Le même exercice vous aidera également pour les autres points soulevés dans le présent chapitre.

Considérons le cas de ce septuagénaire, marié depuis cinquante ans, qui repensait de plus en plus à une liaison qu'il avait eue vers la trentaine. C'était à peu près à l'époque de la fête juive du Grand pardon, au cours de laquelle les fidèles doivent faire leur examen de conscience et demander pardon pour les torts qu'ils ont commis. L'homme éprouvait un désir puissant de révéler ce secret à sa femme, mais il préféra sonder préalablement le rabbin, qui connaissait le couple depuis des années. Celui-ci lui demanda ce qu'il attendait d'un tel aveu. Sa réponse: « Je serais soulagé après. » Le rabbin le pria alors de bien réfléchir à l'effet que sa révélation pourrait avoir sur son épouse. L'homme pensait qu'elle en serait certainement très affectée et que l'aveu n'aurait finalement aucune conséquence positive. Lui, de son côté, ne se sentirait pas bien en voyant sa femme aussi peinée. Il ne lui fallut pas plus longtemps pour prendre sa décision.

Le conseil « taille unique » et ses dangers

Qui n'a pas, un jour, fait l'expérience d'acheter un vêtement étiqueté « taille unique » pour constater, une fois rentré chez soi, qu'il n'allait pas? Or la plupart des conseils que l'on lit concernant l'aveu d'une infidélité appartiennent à la catégorie « taille unique ». Ainsi, dans son livre *Marital Myths* (« Mythes conjugaux »), le psychologue Arnold Lazarus dénonce l'idée selon laquelle « si l'on se sent coupable, il faut confesser ». En cataloguant cette idée comme « fausse », il laisse entendre que, dans la mesure du possible, il vaut mieux ne jamais révéler une infidélité à son conjoint. Il soutient que, alors qu'en amitié on peut parler de tout, ce n'est pas le cas dans le mariage. Certaines informations, affirme-t-il, risquent de « surcharger » le couple. Exemple cité: la révélation de rapports extra-conjugaux, qu'il s'agisse d'une aventure d'une nuit ou d'une longue liaison passionnée. L'auteur poursuit en relatant trois histoires d'hommes (les femmes sont absentes) qui ont payé leur sincérité au prix fort, qui fut dans certains cas un divorce qu'ils auraient préféré éviter.

Dalma Heyn, qui écrit notamment sur les femmes et leurs liaisons, cite des auteurs très respectés qui souscrivent à cette affirmation: « Pour la femme qui confesse, c'est le divorce plutôt que la réconciliation qui se profile à l'horizon. » Elle pense que c'est en grande partie pour cela que tant de femmes rechignent à avouer leur infidélité.

L'inconvénient d'affirmations aussi globales que la précédente est qu'elles font l'impasse sur des distinctions capitales. Il y a une grande différence entre offrir une confession non sollicitée et reconnaître la vérité quand on vous interroge directement. On ne saurait donc appliquer à ces deux cas de figure une règle générale telle que « N'admettez votre culpabilité sous aucun prétexte ». Or les « idées fausses » incriminées par Arnold Lazarus et les remarques rapportées par Dalma Heyn ne nous disent rien sur le type d'aveu dont il s'agit. D'un côté, j'ai connu des couples qui ont commencé à battre de l'aile tout simplement parce que l'un des conjoints a éprouvé à un moment donné la nécessité de confesser une vieille transgression jusque-là insoupçonnée. D'un autre côté, je n'ai encore jamais vu d'amélioration dans un couple dont l'époux infidèle a persisté dans le mensonge face aux questions directes de son partenaire. Pour en revenir au conseil d'Arnold Lazarus de ne jamais avouer, il met sur le même plan l'aventure d'une nuit et la relation de longue durée. Ce sont pourtant deux catégories d'infidélité très différentes puisque l'une suppose un investissement affectif et l'autre pas. Arnold Lazarus ne précise d'ailleurs pas si les faits à cacher relèvent du présent, du passé immédiat ou du passé lointain. Et il nous renseigne tout aussi peu sur les doutes éventuels du partenaire. On ne saurait toutefois prendre une décision fondée à propos d'un acte aussi important sans avoir longuement réfléchi à toutes ces questions.

Le partenaire violent, un cas de figure à part

Il est cependant une situation exceptionnelle où vous avez tout intérêt à mentir, même si votre partenaire vous mitraille de questions: c'est lorsque votre sécurité est en danger. Votre couple ne s'en portera pas mieux pour autant, mais vous sauverez peut-être votre vie. Pour déterminer si vous êtes dans ce cas, vous devez répondre aux questions suivantes: « Mon partenaire est-il dangereux? Serait-il capable de m'agresser ou même de me tuer? Y a-t-il un risque qu'il tente de me ruiner financièrement si j'avoue? » Il faut faire la différence entre des dangers de ce type et les conflits caractéristiques du couple lambda à la suite de la révélation d'une infidélité. Comme nous l'avons déjà dit, il est normal que le partenaire qui se sent trahi réagisse avec émotion sous l'effet d'une découverte traumatisante. Mais une réaction de ce type n'a rien à voir avec des violences physiques. Si, par exemple, une patiente m'affirme qu'elle risquerait sa vie en avouant une infidélité, je l'engage à trouver le plus rapidement possible un refuge, un conseil juridique ou des personnes de grande confiance. Qui souhaiterait rester dans un environnement aussi menaçant? (Il existe, bien entendu, des solutions concrètes mais que nous ne pouvons détailler ici. Le lecteur intéressé consultera les ouvrages concernant les femmes battues.)

Un autre cas de figure particulier, Rachel et Dorian

Je reste profondément convaincu que, dans la plupart des cas, il faut avouer une infidélité dès lors que l'on est mis en cause. On peut toutefois déroger à ce principe face au risque de violences et dans des circonstances inhabituelles comme celles de l'histoire qui suit.

Dorian, avocat spécialisé dans le divorce qui avait particulièrement bien réussi, était venu me consulter avec sa femme Rachel au sujet de leurs problèmes de couple. Il ne me fallut pas longtemps pour le soupçonner d'entretenir une liaison extra-conjugale. C'est mon habitude de rencontrer chaque partenaire séparément dès le début de la thérapie et, avant de le faire, je signale que la règle de la confidentialité absolue s'appliquera à toute séance individuelle. Cela signifie que chacun est libre par la suite de répéter ses propos à son partenaire mais que, moi, je ne le ferai pas. Grâce à cette assurance, les patients s'ouvrent avec une sincérité extraordinaire au cours des consultations. Dorian admit qu'il avait une maîtresse depuis longtemps et qu'il n'était pas certain de vouloir divorcer. À partir de là, je décidai de le voir seul, ayant constaté qu'il ne pouvait consacrer tous ses efforts à son couple, et je continuai en parallèle mes séances individuelles avec Rachel. Dorian finit par aboutir à la conclusion qu'il en avait terminé avec sa liaison et proposa de reprendre la thérapie de couple avec sa femme. Je lui demandai s'il se sentait prêt à tout lui raconter, mais il refusa. « Je sais que sur le plan théorique vos raisons sont convaincantes, expliqua-t-il, mais il ne faut pas oublier que je suis avocat, qui plus est, spécialisé dans le divorce. Si un client m'informait de son intention d'avouer des faits, je lui conseillerais de ne rien dire. Eh bien, moi non plus je ne dirai rien. »

Pas plus en consultation de couple que pendant ses séances individuelles Rachel n'exprima le plus léger soupçon quant à la fidélité de son mari. J'attendais qu'elle lui pose des questions, mais elle ne le fit jamais. Pendant tout ce temps, ils travaillaient avec beaucoup d'entrain et de créativité à leur relation, qui s'améliorait de semaine en semaine. Puis, un jour, Rachel me réclama une séance individuelle. « Je ne suis pas idiote, me confia-t-elle, et je sais qu'il a des aventures. Je sais également que, étant avocat, il n'avouera jamais. Mais il doit quand même se rendre compte que toutes ces séances individuelles que vous avez eues avec lui ont suffi pour me mettre la puce à l'oreille. J'ai décidé malgré tout que notre couple est fondamentalement sain, et je vais me concentrer là-dessus et oublier ses coucheries. Le plus drôle, c'est qu'il se doute certainement que je suis au courant. »

Dans le chapitre 2, j'ai évoqué le cas de figure où les deux époux décident explicitement d'admettre des liaisons extra-conjugales et donc de ne pas les considérer comme des affaires secrètes et potentiellement toxiques. J'ai aussi indiqué que certains couples, sans jamais en parler ouvertement, ont dans ce domaine une sorte d'accord tacite. C'est, me semble-t-il, dans cette deuxième catégorie qu'il convient de ranger Dorian et Rachel, qui avaient laissé de côté l'infidélité de Dorian pour mieux se concentrer sur l'amélioration de leur couple. Stratégie qui, en l'occurrence, a incontestablement porté ses fruits.

Les infidélités récentes

La liaison de longue durée n'est pourtant pas le seul cas de figure où le problème de l'aveu mérite toute notre attention. Nous allons à présent nous pencher sur les incidents récents, y compris les liaisons de courte durée, les rencontres de passage ou la fréquentation des prostituées.

Vous devez d'emblée vous poser cette question primordiale: « Quel risque ai-je fait courir à mon partenaire à cause de cette pratique, même si j'y ai mis fin? » Si vous aviez le choix, préféreriez-vous qu'il découvre la vérité parce que vous la lui avez révélée ou parce qu'il a appris qu'il avait une maladie sexuellement transmissible qu'il ne s'expliquait pas? Autre question importante: « Même si mon aventure est terminée, vaudrait-il mieux que mon partenaire l'apprenne de ma bouche ou par la rumeur publique? » N'oubliez pas: dès lors que votre conjoint vous a mis au pied du mur, il est très peu probable qu'il croie vos mensonges.

L'addiction sexuelle

Si vous reconnaissez vous-même être atteint d'une addiction sexuelle, vous avez certainement pris conscience des perturbations qu'elle cause non seulement dans votre vie, mais également dans celle de votre partenaire. Vous avez un long chemin à parcourir et vous aurez probablement besoin à la fois d'une thérapie individuelle et d'un travail de groupe. Or, si vous n'informez pas votre épouse/(mari) de votre addiction, comment justifier toutes les absences auxquelles vous contraint votre thérapie? Voyez-vous un quelconque avantage à communiquer votre prise de conscience à votre partenaire? Croyez-vous que, suivant l'inévitable émoi que suscitera cette nouvelle, vous vous sentirez plus ou moins proche de votre partenaire qu'à l'heure actuelle?

De la souffrance au renouveau

Il n'est pas facile de se résoudre à passer aux aveux ni d'en choisir les modalités. Dans ce chapitre, vous avez vu que des auteurs qui font autorité ont des idées très variées sur ce qui marche et ce qui ne marche pas, ce qui peut améliorer votre relation et ce qui risque au contraire d'entraîner une rupture non désirée. D'où l'énorme responsabilité que doit porter le partenaire infidèle. L'interrogation peut-être la plus importante à garder à l'esprit au moment de prendre votre décision est: « Comment profiter de cette situation douloureuse pour faire évoluer mon couple dans un sens positif? » Révéler la vérité constitue dans certains cas le meilleur moyen d'y parvenir. Dans d'autres, il convient plutôt de garder le silence sur certains faits tout en accomplissant une transformation profonde qui vous ramène au couple en partenaire plus engagé que jamais. Enfin, il arrive aussi qu'un aveu honnête prépare le terrain pour une séparation correcte.

Rappelez-vous que...

- Si l'on vous interroge sur une infidélité passée ou présente, vous avez intérêt à répondre honnêtement, à moins de craindre pour votre sécurité physique.
- Si vous envisagez d'avouer une « histoire ancienne » sans avoir été sollicité, examinez vos raisons avant de le faire.
- Si vous avez un comportement à risque, vous mettez la santé de votre partenaire en danger par votre silence.
- Si vous faites des révélations, essayez de vous concentrer sur la nature de vos mensonges et les moments où vous les avez racontés, en oubliant les détails sordides.
- Que vous décidiez de révéler votre secret ou de le garder pour vous, mettez à profit cette expérience pour faire évoluer votre relation.

CHAPITRE 11

Une option possible : la thérapie ; comment et avec qui ?

Qu'est-ce qu'un psychothérapeute ?

Vous aurez peut-être besoin d'un psychothérapeute pour vous aider à vous sortir d'une crise liée à l'infidélité. Il s'agit d'un professionnel formé à aider les patients à affronter des problèmes affectifs. Tout le monde ne peut pas s'improviser thérapeute ou conseiller conjugal, et il est important de comprendre que celui qui exerce un de ces métiers a reçu une formation et détient un diplôme qui l'autorise à intervenir dans ce domaine.

Il existe tout un éventail de spécialistes diplômés qui travaillent en tant que professionnels de la santé mentale : psychologues, psychiatres, psychanalystes, assistantes sociales et infirmières. Sachez, si vous cherchez conseil auprès d'une institution religieuse, qu'un ministre du culte n'est généralement pas qualifié pour prendre en charge de tels problèmes mais qu'il peut néanmoins avoir reçu une bonne formation (au séminaire ou ailleurs) et posséder un certificat qui le prouve. Méfiez-vous toutefois des thérapeutes ou des conseillers non qualifiés. Dans ce chapitre, le mot « thérapeute » se réfère toujours à une « personne habilitée à pratiquer la psychothérapie ».

Qu'est-ce qu'une thérapie familiale ?

Tous les thérapeutes passent par une formation à la thérapie individuelle. Malheureusement, rares sont ceux qui l'ont complétée par une formation à la thérapie de couple, branche spécifique de la psychothérapie qui habilite à accueillir en même temps deux ou plusieurs membres de la famille. Les études et les compétences nécessaires à ce travail sont quelque peu différentes de celles que supposent les thérapies individuelles. Il convient donc de questionner tout thérapeute que vous envisagez de consulter sur sa formation en thérapie conjugale ou familiale.

Même si vous pensez avoir besoin de voir un thérapeute en consultation individuelle, il est néanmoins préférable de choisir un spécialiste de la thérapie de couple, et cela pour deux raisons. D'une part, il aura une plus grande habitude de la vie de famille et des problèmes d'infidélité qu'un thérapeute qui n'a reçu qu'une formation générale. Et d'autre part, si vous avez envie par la suite de faire participer votre partenaire, le thérapeute formé à la thérapie familiale ou de couple saura passer sans difficulté du tête à tête à l'entretien à trois.

Comment trouver un psychothérapeute

Une bonne façon de trouver un psychothérapeute est d'en parler autour de vous. Si quelqu'un de votre entourage a eu recours à un thérapeute et qu'il s'en estime satisfait, vous pouvez vous sentir encouragé d'essayer vous-même. Si, en outre, cette connaissance veut bien s'ouvrir à vous, demandez-lui si elle l'a consultée pour une thérapie individuelle ou une thérapie de couple. Ses renseignements éventuels sur la formation de ce thérapeute vous permettront dc vous faire une idée encore plus claire de l'utilité de prendre rendez-vous avec lui.

Vous pouvez également trouver des informations par téléphone. Différentes associations comme les fédérations ou les syndicats de thérapeutes, les centres de PMI, des associations regroupant des conseillers conjugaux et familiaux, le dispensaire ou le centre médico-social de votre commune vous aiguilleront vers les thérapeutes existants ou proposeront même les services d'un psychologue ou d'un psychiatre, qui sont en partie remboursés par la sécurité sociale.

Vous trouverez une liste d'adresses en fin d'ouvrage.

À chacun son psy?

On me demande souvent s'il est souhaitable que chaque partenaire consulte un thérapeute différent quand le couple va mal. Or il s'avère plus prudent en général de se limiter à un interlocuteur unique pour le couple. Pourquoi? Parce que le thérapeute individuel s'efforcera de pénétrer dans l'univers de son patient pour appréhender les choses de son point de vue et l'encourager par son empathie. Ainsi, les deux partenaires risquent de s'éloigner encore davantage l'un de l'autre dès lors que chacun s'adresse à un professionnel qui travaille de cette façon. Cela peut les pousser à camper sur leurs positions et compliquer encore plus le dialogue.

Premier contact téléphonique

Un entretien téléphonique avec le thérapeute choisi vous permettra d'exposer les raisons de votre démarche et de vous assurer qu'il possède bien une expérience dans le domaine de l'infidélité. Selon toute probabilité, vous pressentirez à l'issue de votre conversation si vous serez à l'aise avec cette personne ou non. Des détails apparemment insignifiants peuvent revêtir beaucoup d'importance à ce stade. Une amie me raconta que, lors de son entretien téléphonique avec le thérapeute que je lui avais recommandé, celui-ci parlait tellement vite qu'il lui coupait le souffle. Je lui répondis que, malgré cet inconvénient, mon confrère faisait souvent des suggestions judicieuses. Sur mon conseil, elle et son mari prirent donc un premier rendez-vous. À l'issue de leur première consultation, tous deux s'accordèrent à dire que le thérapeute avait un débit tellement rapide que cela les rendait nerveux et qu'ils avaient du mal à le suivre. Ce fut probablement leur premier point d'accord depuis la mise au jour de l'infidélité. Résultat: ils durent se mettre à la recherche d'un autre thérapeute.

Première séance

La première consultation après la découverte d'une infidélité est difficile pour les deux partenaires ainsi que pour le thérapeute lui-même. Environ dix ou quinze minutes avant la fin d'une séance, beaucoup de thérapeutes diront quelque chose du genre: « Aujourd'hui, je vous ai posé beaucoup de questions à tous les deux. Je vous laisse quelques minutes maintenant pour me demander ce que vous voulez, sur moi-même, sur ma formation ou sur ma façon de travailler. » Les époux feraient bien de s'entendre avant la première séance pour solliciter un échange de ce type si jamais le thérapeute ne propose pas d'y réserver un peu de temps. C'est l'occasion de demander: « Comment décririez-vous le type de thérapie que vous faites? Avez-vous travaillé sur de nombreux cas d'infidélité? Avez-vous reçu une formation spécifique? »

Ne soyez pas timide dans vos questions. Posez celles qui vous semblent indispensables. Certaines personnes me demandent, par exemple, mon âge, si je suis marié et depuis combien de temps, si j'ai des enfants et des petits-enfants, voire combien de fois j'ai été marié. Cela peut sembler friser l'indiscrétion mais, pour le coup, j'y décèle plutôt la volonté des partenaires de savoir s'ils peuvent me confier le destin de leur couple. Je me suis souvent interrogé sur la réaction que j'obtiendrais si j'annonçais un jour: « Bon, j'en suis à mon cinquième mariage et je ne suis pas encore prêt à jeter l'éponge. »

Comment fonctionne une thérapie de couple?

Toutes les écoles de thérapie de couple s'accordent sur la nécessité de définir une série d'alliances dès le début de la thérapie. Les travaux d'Alan Gurman en identifient trois catégories. La première concerne chaque partenaire en tant que personne, la deuxième les deux partenaires en tant que couple et enfin la troisième se fait avec les partenaires dans leur rôle de mari et femme. Voyons de plus près le fonctionnement de chacune de ces alliances.

L'alliance avec chaque partenaire en tant que personne. Dès la fin de votre première séance, chaque partenaire devrait avoir l'impression d'avoir obtenu quelque chose de précieux du thérapeute. Il peut s'agir tout simplement de son empathie, la réaction du thérapeute à un sentiment exprimé vous révélant que vous avez bien été entendu. Vous constaterez peut-être, en échangeant après coup vos impressions sur la consultation, qu'aucun de vous deux ne s'est senti favorisé au détriment de l'autre.

L'alliance avec le couple. De même que les deux partenaires doivent avoir la conviction que, au propre comme au figuré, leur interlocuteur les considère comme deux personnes uniques, de même ils doivent se sentir pris en compte en tant que couple. Pour obtenir ce résultat, le thérapeute se concentre non pas sur chacun en tant que personne mais sur ce qui se passe entre vous. Il soulignera par exemple que, en dépit de votre colère réciproque, chacun demeure néanmoins à l'écoute de son partenaire avec toutes les fibres de son corps. Sa remarque s'adresse non pas à l'un ou à l'autre, mais à un aspect de votre relation. Comme l'a exprimé Alan Gurman : « Le thérapeute doit apprendre à communiquer avec deux époux en même temps. »

L'alliance avec le couple en tant que mari et femme. Le thérapeute doit aussi se concentrer sur les rôles particuliers que vous endossez en tant que mari et femme. Il arrive très souvent que des partenaires en crise prennent conscience de leurs différences en tant qu'individus et de l'intensité du conflit qu'ils vivent. Le but du thérapeute consiste à les aider à comprendre que, pour le moment, ce conflit est le meilleur moyen à leur disposition pour atteindre ce à quoi tous les couples aspirent : une intimité affective. Deux époux qui n'ont pas encore résolu les problèmes liés au foyer dont ils sont chacun issus ont plutôt besoin, au moment d'entamer leur thérapie, de passer par des rapports conflictuels pour établir un lien, à défaut de pouvoir mettre en œuvre des formes plus saines de communication affective. Mais si le thérapeute parvient à vous faire comprendre cette dynamique, vous aurez l'impression de beaucoup apprendre sur la façon dont vos rôles, en s'entrelaçant, ont fini par créer le couple que vous formez désormais. Vous aurez aussi le sentiment que, avec des efforts, il y a de l'espoir pour un authentique changement.

Des procédures claires

Votre thérapeute doit vous expliquer clairement sa façon de procéder et les modalités de la thérapie:

✓ le montant de ses honoraires et le niveau de prise en charge par des organismes payeurs dont vous pouvez bénéficier;
✓ ce qui se passe en cas d'annulation d'une séance ou si un seul d'entre vous est disponible à l'heure convenue (s'il doit venir tout seul, par exemple);
✓ les règles de confidentialité qu'il s'engage à respecter si vous venez séparément;
✓ si le thérapeute se sent libre de faire part à votre partenaire de ce que vous lui avez raconté en séance individuelle;
✓ si son but est de maintenir la cohésion de votre couple ou d'aider chacun de vous à tirer ses propres conclusions et à les mettre en pratique;
✓ son idée de ce que serait un bon aboutissement de la thérapie en cas de séparation;
✓ l'utilité éventuelle de faire participer vos enfants à la thérapie.

D'autres questions vous viendront peut-être à l'esprit avant ou après la première séance, et il faut les noter pour les poser au thérapeute. Dites-vous bien qu'elles seront bien reçues par tout professionnel compétent.

Le traitement dans sa continuité

Après quelques séances, vous devriez avoir une impression de continuité dans le travail accompli. Si, par exemple l'un de vous a évoqué, vers la fin d'une consultation, un aspect important de son enfance (un parent alcoolique, la mort d'un frère ou d'une sœur, des déménagements fréquents, etc.), il est normal que le thérapeute démarre la séance suivante sur ce sujet. S'il vous a donné du travail à faire entre rendez-vous (comme la rédaction de votre journal de bord), y a-t-il un suivi à la séance d'après? Évidemment, cette continuité peut subir des accrocs si vous arrivez en pleine crise, mais le thérapeute compétent essaiera de revenir dès que possible aux travaux que vous aviez à faire à la maison.

Votre thérapeute est votre collaborateur

On consulte un thérapeute pour résoudre un problème précis. Si l'un des deux partenaires commence à se sentir mal à l'aise face au tour que prend la thérapie ou que les propos du thérapeute le gênent ou le déconcertent, il est d'une importance capitale de le faire savoir. Exemple: cela vous trouble que votre thérapeute ait répondu au téléphone pendant une séance. Vous devez discuter entre vous de cette pratique et ensuite décider si vous êtes prêts à l'accepter. Ou peut-être vous semble-t-il que le thérapeute prend trop le parti de l'un des deux partenaires: dans ce cas, il est impératif de le mettre au courant de votre impression. Pour résumer, dès que l'un de vous se sent mal à l'aise, il doit le faire savoir. Si votre conjoint vous annonce son intention d'abandonner, engagez-le néanmoins à revenir ne serait-ce qu'une dernière fois et à en parler en début de séance. Vous aurez éventuellement envie de mettre vous-même le problème sur le tapis si votre partenaire refuse de le faire. Car une thérapie dont l'objectif est de vous permettre d'améliorer la communication au sein de votre couple doit de toute évidence être menée selon ce même principe. Si votre thérapeute se montre sur la défensive et qu'il semble ennuyé par vos questions, il faut envisager de vous adresser à quelqu'un d'autre.

Quand la thérapie n'avance pas

Vous avez toujours le droit de mettre fin à votre travail avec un thérapeute particulier et d'en trouver un autre. Dans certains cas, une mauvaise expérience avec un premier professionnel vous aidera à acquérir une idée plus claire de ce que vous recherchez et vous permettra de prendre une meilleure décision la prochaine fois. Mais avant de donner congé à votre thérapeute, il est sage d'évoquer vos préoccupations avec lui. Après tout, vous avez déjà investi du temps et de l'argent et la perspective de devoir recommencer depuis le début avec quelqu'un de nouveau peut être décourageante. Une solution possible consisterait à demander au thérapeute de faire un bilan avec vous afin d'évaluer les éventuelles causes de l'échec. Nombre de thérapeutes se félicitent de pouvoir en référer à un collègue estimé quand ils se voient confrontés à une difficulté de ce type. S'ils le font, ils vous rapporteront les remarques de ce dernier. Certains vous inciteront à consulter un autre spécialiste en cours de thérapie. Ou encore, le thérapeute invitera avec votre permission un confrère à observer une séance et à faire des propositions pour améliorer la situation. En général, le thérapeute compétent s'intéresse véritablement à la façon dont vous ressentez la collaboration avec lui et accueillera favorablement l'une de ces suggestions comme moyen de sortir de l'impasse.

Si toutes les solutions ont été essayées et que l'un des partenaires (ou même les deux) reste néanmoins convaincu que la thérapie ne lui est d'aucune aide, il est urgent de changer de thérapeute. En aucun cas il ne faut prendre cette démarche pour une critique contre vous ou contre le professionnel en question: c'est tout simplement que ce thérapeute particulier ne vous convient pas.

Rappelez-vous que…

- Vous avez entamé une thérapie pour y trouver une aide fondée sur l'expérience, la formation et la bienveillance; si l'un de ces ingrédients fait défaut, adressez-vous à un autre thérapeute.
- Votre thérapeute doit bien vous expliquer d'entrée de jeu sa façon de procéder.
- Votre thérapeute est votre collaborateur, pas votre chef.
- Si mari et femme ont leurs consultations ensemble, ils doivent tous deux avoir l'impression d'être entendus et traités de la même façon.

CONCLUSION

Quelques mots avant de nous quitter

Dans l'introduction de cet ouvrage, j'ai évoqué l'idéogramme chinois qui se trouve dans ma salle d'attente et qui symbolise le mot « crise ». J'ai précisé que l'explication inscrite au-dessous de ce symbole comporte deux mots, l'un signifiant « danger » et l'autre « opportunité ». J'espère que la lecture de ce livre vous a permis d'évoluer à une époque stressante de votre vie. Au moment de lire ces dernières phrases, vous êtes vraisemblablement sur le chemin d'une relation meilleure que celle que vous viviez avant la révélation de l'infidélité. Vous avez peut-être découvert en vous-même et chez ceux qui vous sont chers des ressources nouvelles qui dépassent tout ce que vous aviez pu imaginer.

Pour certains, la rupture semble inévitable. Si c'est votre cas, j'espère que vous réussirez à mettre fin à votre couple d'une façon qui soit juste pour les deux partenaires et qui, si vous avez des enfants, les respecte véritablement. Surtout, j'espère que vous comprenez mieux les écueils que votre couple a rencontrés et que vous avez acquis des outils dont vous profiterez bien le jour où vous entamerez une nouvelle relation.

Si, malgré tout, vous n'avez pas trouvé de solutions, je vous engage à chercher l'aide dont vous avez besoin, à la fois individuellement et en tant que couple. C'est ainsi que vous parviendrez à une séparation qui puisse être bénéfique à chacun des partenaires et aux enfants.

Quelle que soit votre décision, je vous souhaite bonne chance dans cette nouvelle étape de votre vie et j'espère que ce livre vous a permis de déceler, dans la crise de l'infidélité, une nouvelle occasion de développement et de renouveau.

BIBLIOGRAPHIE

BEATTIE, Melody, *Vaincre la codépendance,* Pocket, 1998.

BIDOT, Nelly et MORAT Bernard, *Que faire quand la vie nous malmène... agir ou subir?*, InterEditions, 2002

FORWARD, Susan, *Quand votre conjoint vous ment... – Le couple et les blessures du mensonge,* InterEditions, 1999.

FRANKL, Viktor, *Découvrir un sens à sa vie avec la logothérapie,* Éditions de l'Homme, 1988.

KELLY, Joan et WALLERSTEIN, Judith, *Pour dépasser la crise du divorce,* Privat, 1989.

LERNER, Harriet Goldhor, *la Danse de la colère,* First Éditions, 1990.

NORWOOD, Robin, *Ces hommes et ces femmes qui aiment trop,* Éditions de l'Homme, 1993.

SAINT PAUL, Josiane, *Estime de soi, confiance en soi - Les fondements de notre équilibre personnel et social,* InterEditions, 1999

SELIGMAN, Martin, *Apprendre l'optimisme*, InterEditions, 1994

SHEM, Samuel et SURREY, Janet, *Il faut qu'on se parle - (Re) construire un dialogue épanouissant pour le couple*, InterEditions, 2001

TENENBAUM, Sylvie, *Bien vivre sa vie de couple - Affectivité, psychologie, communication,* InterEditions, 1998.

WINICOTT, D.W., *Processus de maturation chez l'enfant,* Payot, 1989.

ADRESSES UTILES

Association Française des Centres de consultation conjugale
44 rue Danton
94270 Le Kremlin-Bicêtre
Tél. : 01 46 70 88 44
www.afccc.fr
Reconnue d'utilité publique et agréée comme organisme de formation, elle fournit sur demande l'adresse du centre le plus proche du domicile.
Elle publie la revue *Dialogues*.

CLER Amour et famille
Centre de liaison des équipes de recherche sur l'amour et la famille
65 boulevard de Clichy
75009 Paris
Tél. : 01 48 74 87 60
www.cler@cler.net
Reconnu d'utilité publique et agréé comme organisme de formation, il mène une activité de conseil conjugal et familial et dispose d'antennes dans toute la France.
Il publie la revue *Amour et famille*.

Fédération nationale Couples et Familles
28 place Sainte-Georges
75009 Paris
Tél. : 01 42 85 25 98
www.couples-et-familles.org
Reconnue d'utilité publique et agréée comme organisme de formation, elle regroupe 33 associations de conseilleurs conjugaux, familiaux et médiateurs en France.
Elle publie la revue *Couples et familles.*

et aussi, plus généralistes :

Familles de France
28 place Saint-Georges
75009 Paris
Tél. : 01 44 53 45 90
www.famillesdefrance.asso.fr

Familles rurales
7 cité d'Antin
75009 Paris
Tél. : 01 44 91 88 88
famillesrurales@wanadoo.fr

aini que les centres de thérapie familiale accrédités par l'Association européenne de thérapie familiale (tous ces centres peuvent vous indiquer des adresses proches de votre domicile) :

EFTA
Association européenne de thérapie familiale
32 avenue Bois Williame
5101 Erpent
Belgique
Tél. : (00 32) 81 310 439

CECCOF
Centre d'études cliniques de communication familiale
96 avenue de la République
75011 Paris
Tél. : 01 48 05 04 04
www.ceccof.com

Institut de la famille de Toulouse
46 rue de Metz
31000 Toulouse
Tél.: 05 61 52 31 34
www.institut-famille.com

Institut d'études de la famille de Lille
30 boulevard de la Liberté
Résidence Bourgogne
59000 Lille
Tél. : 03 20 54 83 05
www.institut-famille.com

SFTF (Jacques Miermont, président)
Société française de thérapie familiale
65-67 avenue Gambetta
75020 Paris
Tél. : 01 46 36 43 45
miermont@club-internet.fr

CERAS
Centre d'étude et de recherche sur l'approche systémique
3 rue Émile Augier
38000 Grenoble
Tél. : 04 76 17 03 65

Centre de Thérapie familiale Monceau
91 rue Saint-Lazare
75009 Paris
Tél. : 01 53 20 11 50
www.centre-monceau.com

IDES
Institut d'études systémiques
1 Le hameau
BP 11
77590 Chartrettes
Tél. : 01 64 87 10 13

IFATC
3 rue de la République
42000 Saint-Étienne
Tél. : 04 77 32 98 58